KB155562

오늘 만나는 미래학교

2030 대한민국 미래교육 보고서

조현희 · 조현영 · 엄수정
고유정 · 유지승 · 남궁인
교육부 미래교육위원회
고려대학교HRD정책연구소

부영story

발간사

　미래사회에 적합한 새로운 인재상에 대한 고찰은 학교교육을 조정하는 현실적 질문으로 연결된다. '미래인재를 길러내기 위해 학교는 무엇을, 어디까지 할 수 있는가?'라는 질문이다. 이러한 질문에 답하기 위해 2019년 교육부(유은혜 사회부총리겸 교육부장관)는 미래인재의 상(像)을 제시하는 동시에 미래교육의 새로운 방향에 대한 공감대를 확산하기 위한 교육정책 자문기구로서 '미래교육위원회'를 발족하였다(2019.02.27.).

　미래교육위원회의 출범을 이끈 교육부의 시도는 도전적이고, 개방적이며, 변혁적이었다. 무엇보다 미래인재의 상으로 제시된 창의와 도전정신, 다양성과 포용, 기술과 인간의 소통 등을 미래교육위원 선정의 기준으로 삼았다는 점에서 도전적이다. 미래교육위원으로 선정된 이들은 결코 기존의 직업 분야에서 최고에 이른 사람들이 아니다. 새로운 공간을 상상하고 개척한 경험, 그리고 이를 가능케 했던 도전과 실험정신이 충만한 사람들이다. 둘째, 교육계 안팎의 다양한 인사로 미래교육위원회를 구성했다는 점에서 개방적이다. 대학교수와 교사뿐 아니라 스타트업 기업 대표, 창업전문가, 고등학교 학생에 이르기까지 분야와 연령에 관계없이 창의와 도전정신, 소통과 신뢰의 가치를 각자의 삶으로 보여준 인재들이 미래교육위원으로 선정되었다. 셋째, 오늘날의 공교육체제에 대한 근본적인 성찰과 대안을 모색했다는 점에서 변혁적이다. 미래교육위원들의 삶을 들여다보면, 이들 대다수가 결코 기존의 공교육 시스템에 성공적으로 적응한 사람들이 아님을 알 수 있다. 이들은 기존

i

시스템의 가장자리에 제3의 공간을 창출하고, 자신만의 경로를 구축해 나간 사람들이다. 이들의 대안적 삶과 경험으로부터 현재의 교육시스템을 성찰하는 새로운 시도를 기존 시스템을 대표하는 교육부가 선도했다는 것은 가위 변혁적이다.

교육부의 담대한 출항을 이어간 정책연구진의 항해 또한 변혁적이었다. 정책연구진은 항해의 첫 번째 키를 진정한 학습의 장을 마련하는 것으로 잡았다. 각계각층의 전문가들로 구성된 미래교육위원들이 대학과 연구기관의 교육전문가들과 만나 현행 교육정책에 대한 공유된 이해에 도달하는 과정이 선행했으며, 이러한 이해를 토대로 미래 학교교육을 위한 정책 대안들을 함께 모색해나갔다. 미래교육에 대한 지난한 레토릭의 반복이나 '답이 정해진' 대화를 넘어서서 진정한 숙의의 장을 구현하고자 한 것이다. 고교학점제, 학교공간혁신 등 교육정책을 둘러싼 다양한 쟁점들을 살펴보며 정책과제의 복잡성을 함께 이해해나갔던 일련의 과정은 그 자체만으로도 '미래사회 융복합 학습공동체'의 새로운 서사를 제시한다.

본 연구를 진행한 6개월이라는 시간은 어쩌면 매우 짧은 기간일 수 있다. 하지만 2020년 여름, 미래사회나 미래교육에 대한 목소리는 2020년 봄의 이야기와 달라졌다. 전에 없던 등교중지로 피로와 혼란이 가중되어 비관론과 낙관론이 뒤섞였던 그때에 비해 지금은 미래에 대한 자신감이 조금 더 커진 것 같다. 그리고 2022년의 쟁점은 또다시 2021년과 완전히 달라질 것이다. 미래교육에 대한 가장 효과적인 해결책은 늘 새롭게 등장할 것이고 혁신 비전은 점점 진화할 것이다. 앞으로 더 많은 불확실성에 직면하고 더 큰 변화 요구를 받을수록 우리 사회는 더욱 탄력적이고 적절한, 더 나은 교육을 만들어 갈 수 있을 것이다.

오히려 우리가 두려워해야 하는 것은 미래사회에서 나타날 현재의 문제이다. 현대 미래학의 뿌리 철학은 사학이다. 과거 한국 교육의 병폐는 여전히 현재 한국 교육의 고질병이고, 미래 한국교육의 한계가 될 수 있다. 온라인 교육공동체가 활성화 되고 커뮤니케이션 채널이 첨단화 되어도 구성원들의 지향점과 상호신뢰가 구축되지 않으면, 미래학교에서도 여전히 지금과 같은 문제가 반복될 수 있다. 교육의 사회적 가치와 기능에 대한 갈등을 충분히 협의하고, 통섭적인 가치를 추구하는 정책개발과 실행방안을 지속적으로 모색해나가야 할 것이다.

이는 본서가 전하는 미래교육 논의의 서사가 의미 있는 이유이다. 미래교육에 대한 관심의 증가와 참여자의 확대, 다양한 관점의 유입은 미래교육의 방향 및 실천 방안에 대한 더욱 완성도 높은 해법을 만들어내고 더 나은 교육시스템의 설계를 견인할 수 있을 것으로 기대된다.

조 대 연(고려대학교HRD정책연구소 소장)

2019년 교육부는 미래사회의 전망, 미래인재상, 미래교육의 방향 등에 대한 대중의 인식과 공감대 확산을 위한 사회부총리 겸 교육부장관 자문위원회로서 '미래교육위원회'를 발족('19.2.27.)하였다. 지난 2년간 미래교육위원회는 온라인콘텐츠 제작, 현장간담회, 자문회의 등 미래교육의 방향을 설정하고 분야별 교육 의제를 발굴하는 데 방점을 둔 다양한 활동을 추진해왔다. 미래교육위원회 1기(2019)에서는 위원들 각자의 삶을 반영한 미래교육의 상(相)을 조명하였으며, 미래 교육정책과 관련하여 집중적 논의가 필요한 분야로서 '교육과정', '공간혁신', '디지털전환', '진로교육' 등 네 개 분야를 도출하였다. 미래교육위원회 2기(2020)에서는 분야별 현안과 쟁점에 대한 보다 구체적이고 초점화된 논의를 토대로 미래교육의 정책 방향 및 추진과제를 도출하였다. 이 책에서는 2020년 미래교육위원회 활동과 논의내용을 종합적으로 분석하여 미래 인재 양성을 위한 교육정책 방향 및 과제를 제시하고, 이러한 정책이 실현된 공간으로서 2030년의 미래학교를 상상해볼 것이다.

이 책은 크게 세 개의 장으로 구성되어 있다. 먼저 제1장에서는 4차 산업혁명 시대의 교육 패러다임을 그려낸다. 이 책의 저자들은 미래사회를 불확실성의 시대, 초연결성의 시대, 기술공존의 시대, 탈표준화의 시대로 정의하고, 이와 같은 미래상을 각각 교육과정, 포용교육, 테크놀로지 활용 교육, 진로교육이라는 주제와 연결하였다. 이 같은 4개의 주제는 이후 전개될 미래교육 정책회의와 미래학교 시나리오로 향하는 동맥이 된다. 미래사회는 어떻게 변화하고 있는가, 미래사회는 어떠한 인재를 필요로 하는가, 그리고 그러한 인재를 길러내기 위한 미래교육은 어떠해야 하는가? 이장의 주요 질문이다.

제2장에서는 미래교육위원과 교육전문가들이 참여한 미래교육 정책회의에서 오고 간 이야기들을 현장일지의 형태로 전한다. 각계각층에서 미래인재로서의 역량을 발휘하고 있는 미래교육위원들이 현시대의 교육전문가들과 만날 때 미래교육에 관한 어떠한 대화가 전개될 것인가, 이들이 주목하는 미래교육의 화두는 무엇인가, 이들이 제안하는 미래교육정책의 방향과 과제는 무엇인가? 자칫 무겁게 느껴질 수 있는 미래사회와 교육정책에 관한 사안들을 소담한 대화의 형태로 풀어본다. 더불어, 교육정책회의의 내용분석 결과로 도출된 미래교육 정책 방향과 15대 추진과제, 지원체계 등을 제시한다.

제3장에서는 2030년 미래학교의 일상이 남궁인 작가의 손길을 거쳐 생생하게 그려진다. 앞서 논의했던 미래교육 정책들이 '실현된' 미래로서 소설의 옷을 입고 독자에게 다가온다. 미래사회의 인간과 기술, 그리고 교육은 우리 아이들에게 어떠한 하루를 선사할 것인가? 미래를 살아가는 아이들은 어떠한 미래를 꿈꾸고 만들어갈 것인가? 쇼윈도 너머로 바라보았던 '언젠가'의 미래를 '오늘'의 미래로 만나보는 장이 되기를 기대한다.

이 책의 장과 절과 사이에는 미래교육위원 열두 명의 내러티브가 기다리고 있다. 미래교육위원들이 미래인재와 미래교육에 관한 생각을 자신의 삶과 엮어 소신껏 작성한 희망의 서신이다. 마지막으로 이 책의 부록에서는 빅데이터 분석기법을 통해 미래교육위원과 시민들의 대화를 구현한다. 미래교육위원들이 출연한 <나우미래> 동영상 5편에 대한 시민들의 댓글을 텍스트마이닝 기법으로 분석하였으며, 이를 통해 미래교육에 대한 현장의 공감과 간극을 동시에 들여다볼 수 있다.

수많은 교육정책과 현장의 수사학이 되어버린 '미래형(未來形)'이라는 단어는 본래 '미래에 대하여 계획하고 발전을 의식한 형태'라는 사전적 의미를 지니고 있다. 미래사회의 발전을 의식하는 가운데 미래교육을 위한 정책 방향과 과제를 다면적, 다차원적으로 논의한 미래교육위원회 2기의 활동과 성과는 '미래형' 논의로서의 의미와 가치를 충실히 반영하고 있다. 다양한 분야의 미래교육위원, 대학과 연구기관의 교육전문가, 교육부 담당관, 그리고 현장의 교원, 학부모, 학생들이 서로의 머리를 맞대고 미래교육에 대해 고민했던 시공간을 엮어나가는 과정은 단순한 네트워킹(networking)의 차원을 넘어 노트워킹(knotworking)이라는 매듭짓기의 세공을 보여주었다.

이 책의 저자들은 미래 교육정책의 핵심이 그 생태를 미래형으로 전환하는 데 있다고 보았다. 어떠한 정책과제를 선정하고 추진할 것인가에 관한 의사결정과 더불어, 그러한 의사결정의 구조와 과정을 미래형으로 전환하기 위한 움직임이 필요하다는 것이다. 여덟 차례의 기나긴 교육정책 회의에서는 '인간', '배움', '돌봄', '성장' 등과 같은 단어들이 미래교육의 키워드로 도출되었다. 정보와 기술의 혁신에 관한 열띤 논의가 이어진 이후에도 위원들이 바라는 미래교육은 마치 도돌이표처럼 '학습에 대한 집중(배움)', '타인에 대한 배려와 나눔(돌봄)', '결과 중심의 경쟁보다는 과정 중심의 질적 변화(성장)'와 같은 '변하지 않는 가치들'로 되돌아왔다. 결국 미래교육의 초점은 이러한 오랜 가치들의 변화보다는 실현에 있었다. 이러한 가치들은 미래사회 기술발전을 토대로 구축된 미래형 정책환경에서 '실현된 가치'로 전환될 것이며, 그러한 전환이 교육혁신이자 미래교육으로 정의될 것이다.

끝으로 이 책이 나오기까지 커다란 도움을 주신 박영스토리 노현 대표님, 전채린 과장님께 감사의 마음을 전하고 싶다. 학문의 경계를 넘나드는 도전과 실험을 감행한 미래교육 정책회의는 모종의 불확실성과 모호함을 안고 출발했다. 그러한 모호함과 불확실성의 불편감을 기꺼이 감수하고 교육의 전문성을 바탕으로 기꺼이 정책회의의 문을 열어주신 김봉환 교수님, 김명랑 교수님, 김진욱 교수님, 박성철 박사님, 성열관 교수님, 손은령 교수님, 정종원 교수님, 홍원표 교수님께도 깊은 감사의 마음을 전한다. 미래교육위원 활동의 기획과 운영을 전방위로 담당해주신 교육부 前미래교육기획과 권지영 과장님, 남윤철 사무관님, 이상돈 과장님, 황영숙 서기관님께도 감사의 인사를 전한다. 마지막으로 미래교육을 위한 소통의 장을 마련하는 데 뜻을 품어주신 유은혜 사회부총리 겸 교육부장관님과 그 뜻에 걸음을 더해 주신 고려대학교HRD정책연구소 조대연 소장님께 더 없는 감사의 마음을 전한다. 많은 분의 적극적인 후원에 힘입어 여기까지 달려온 미래교육위원의 활동과 성과가 미래 교육정책에 관한 시민들의 공감대를 확장하고, 정부와 기타 공공기관의 업무 활용성을 확대하며, 다양한 교육 및 연구 활동을 위한 기초자료로 활용될 수 있기를 기대한다.

저자 일동

차 례

Chapter 3

Appendix 1

Appendix 2

Chapter 1

제4차 산업혁명 시대와
교육 패러다임의 변화

들어가며

4차 산업혁명 시대와 미래 인재상의 변화

4차 산업혁명 시대가 도래함에 따라 과거와는 근본적으로 구별되는 인간, 사회, 과학기술의 변화를 목도하고 있다. 교육 패러다임의 변화를 추동하는 미래사회의 특징을 네 개의 시대적 키워드로 제시하면 다음과 같다.

첫째는 **불확실성**의 시대이다. 불확실성의 증가와 함께 미래사회에서는 지식의 습득보다는 융합과 활용이 중요해지고 있으며, 끊임없는 도전과 실험의 가치가 부상하고 있다. 이러한 흐름에 따라 창의융합교육에 대한 관심과 중요성이 증대되고 있다.

둘째, **초연결성**의 시대이다. 저출산, 고령화, 이주민 증가 등과 같은 인구문제는 미래에 대한 위협과 사회적 갈등의 요인으로 작용하는 동시에, 보다 민주적이고 다원적인 사회를 구현할 수 있는 가능성을 내포하고 있다. 많은 국가에서 다양한 인구문제의 위기를 기회로 전환하기 위한 원리로 '포용'과 '신뢰'에 주목하고 있으며, 두 원리를 교육혁신의 아젠다로 삼고 있다.

셋째, **기술공존**의 시대이다. 과학기술, 사회, 그리고 인간의 공진화(共進化)를 추구하는 미래사회에서는 혁신이 문화로서 그 깊이와 반경을 확장해나갈 것이다. 혁신을 주축으로 한 교육 패러다임의 변화가 요구된다.

넷째, **탈표준화**의 시대이다. 숙련된 노동자를 양성하는 데 집중했던 근대 산업사회와 달리 4차 산업혁명 시대에 새롭게 부상하는 기술·산업은 고용시장의 틀을 빠른 속도로 변화시키고 있다. 이러한 변화는 새롭고 다양한 인재를 요구하는 동시에, 현재의 표준화된 공교육 체제에 전면적인 도전을 제시한다.

위와 같은 시대적 변화는 이전 시대와 구별되는 새롭고 다양한 인재상을 요구한다. 이 장에서는 미래사회의 변화에 따른 인재상의 변화와 교육의 방향을 학교 교육과정(1절), 포용교육(2절), 디지털전환(3절), 진로교육(4절)의 맥락에서 전망해보고자 한다.

미래사회와 미래역량,
그리고 미래학교 교육과정

미래학교 교육과정으로 향하는 네 개의 역

미래교육에 대한 서적들이 그야말로 쏟아진다. 과거도 한때 미래였고, 현재도 한때는 미래였는데, 지금 우리는 미래교육이라는 구호를 내세워 어떤 새로움을 이야기하고 싶은 것일까? 본고에서는 그 새로움을 미래 교육과정의 맥락에서 풀어가고자 한다. 작은 손전등 하나를 들고, 미래학교 교육과정으로 향하는 철로를 비추어본다. 굽은 철로를 따라 네 개의 역이 보인다. 하나의 역을 지날 때마다 하나의 질문이 던져진다. 첫 번째 역에서 마주한 질문은 '미래사회는 어떤 사회인가'라는 질문이다. 다음 역에서는 '이러한 미래사회를 살아가는 데 필요한 역량은 무엇인지' 묻는다. 이어지는 세 번째 역에서는 이와 같은 미래역량을 함양하기 위해 '학교는 무엇을 할 수 있는지' 묻는다. 네 번째 역에서는 미래역량을 함양하기 위해 학생들은 무엇을, 어떻게 배워야 하는지, 즉 '미래학교 교육과정은 어떠해야 하는지'를 묻는다. 마지막 종착지에 이르렀을 때, 미래학교 교육과정에 비추어 '오늘날 교육과정의 한계와 가능성은 무엇인가'라는 질문을 마주한다.

미래사회: 지식기반사회에서의 초연결성과 불확실성

미래사회를 흔히 지식기반 사회라고 한다. 4차 산업혁명과 함께 도래한 지식기반 사회에서는 전문가 위주의 지식 생산과 유통을 벗어나 모든 이들이 생산과 유통의 주체가 된다. 근대 이후 지식과 사회의 지형은 '지식의 대중화'와 '지식의 민주화'를 넘어 '지식 민주주의'로 이행하고 있다. 먼저, 산업혁명을 기점으로 한 공립학교의 설립과 확산은 산업사회를 살아가는 대다수 국민에게 필요한 지식과 기술, 가치와 태도를 전수하며 '지식의 대중화'에 크게 기여했다. 당시 공립학교를 통해 학생들에게 전수되는 지식은 소수 엘리트 집단에서 향유되는 고등 수준의 지식과는 거리가 멀었다. 그러나 산업화 이후 생산성이 향상됨에 따라 보다 많은 이들이 고등교육에 참여할 수 기회가 확장되었으며, 이로써 엘리트 계층의 전유물이었던 고급지식이 일반 대중으로 확대되는 '지식의 민주화'가 실현되었다. 이어진 탈근대사회에서는 '지식의 민주화'를 넘어서 '지식 민주주의'의 저변이 확대되고 있다. '학문적 지식과 대중적 지식', '이론적 지식과 경험적 지식', '학교 지식과 학교 밖 지식' 등 고급지식과 저급지식을 구분하던 전통적인 이분법적 접근에서 탈피하여, 다양한 형태의 지식이 보다 적극적인 수준에서 연계·통합하며 역동적인 방식으로 상호작용하기에 이른 것이다. 이러한 지식 생태계의 변화는 누구든 자신의 경험으로부터 스스로의 지식과 정보를 창조하고 향유할 수 있다는 인식과 문화, 그리고 이를 가능하게 하는 물리적, 사회적 환경을 포함하는 이른바 '지식 민주주의'의 도래를 촉진하였다.

'지식 민주주의'는 미래사회의 초연결성과 초복잡성을 가속화하며 불확실성의 지대를 확장한다. 증가하는 복잡성에 대한 우려와 인간의 대응력이 지닌 한계는 무려 40여 년 전인 1979년 로마클럽에서 발행한 <인간의 딜레마, 미래와 학습>이라는 보고서에서도 확인된다. 이들에 따르면, '인간의 딜레마'는 "모든 상황의 복잡성 증가와 그 복잡성에 적절하게 대응하는 인간 능력 사이의 불일치"를 의미한다.1 인류의 지식과 권력이 정점에 이른 역사적 시점에서, 인류가 당면한 문제들이 사실상 지식의 축적과 극대화로 해결될 수 없다는 결론에 도달한 것이다. 이들은 지식의 극대화가 오히려 문제를 더욱 심각하게 만든다는 지적과 함께, 문제를 해결하기 위해서는 윤리적 차원의 변환적 접근이 필요함을 역설하였다. 이와 같은 변환적 접근의 추요(樞要)함은 "문제를 해결하고자 할 때 그 문제가 생성되는 데 사용된 동일한 방법이나 사고방식으로는 결코 문제를 해결할 수 없다"는 알베르트 아인슈타인의 생전 진술과도 맞닿아 있다.

어제의 처방으로 내일의 문제에 대응할 수 없다. 어제의 처방이 지식의 대중화와 민주화 시대에 유효했던 처방이라면, 초복잡성과 불확실성에 온당한 방식으로 대응하기 위한 지식 민주주의 시대의 해법은 무엇인가? 그 해법의 실마리는 '탈중심화' 또는 '탈표준화'에 있다. '표준화'라는 지배 담론을 근간으로 한 근대의 처방으로는 탈근대화 이후 도래한 지식 민주주의 시대에 당면한 문제들에 적절히 대응할 수 없다는 것이다.

---

1 Aurelio Peiccei, James W. Botkin, Mahdi Elmandjra, and Mircea Malitza (1979). *Das menschileche Dilemma, Clus of Rome,* Zukunft and learnen, München.

아직 감각적으로 느껴지지 않을지 몰라도 현대사회에서 탈표준화의 증거를 찾는 것은 그리 어렵지 않다. 사회경제 분야에서의 대표적인 예로 프로슈머(prosumer)의 등장을 들 수 있다. 프로슈머는 프로듀서(producer)와 컨슈머(consumer)의 합성어로 소비자인 동시에 생산자인 사람을 일컫는 용어이다. 4차 산업혁명 시대에는 다품종 소량생산 체제를 넘어 소비자가 자신의 기호에 맞는 맞춤형 제품의 생산을 제조업자에게 요구하기도 하고, 제작된 상품에 대한 유상 혹은 무상의 피드백을 보다 적극적인 수준에서 제공하며, 물건을 직접 제작하기도, 제작한 물건을 SNS와 스마트기기를 활용해 즉각 상품화하기도 한다. 소비자와 생산자의 경계가 점차 모호해지는 것이다.

탈중심화, 탈표준화에 관해서는 정치 분야도 예외가 아니다. 대표적인 예로 직접 민주주의의 제도화를 들 수 있다. 4차 산업혁명 시대의 핵심 기술 중 하나인 블록체인의 발달은 금융과 디지털 경제 영역을 넘어서 정치 영역에서의 직접 민주주의를 실현 가능케 할 기술로서 많은 이의 관심과 기대를 모으고 있다. 스위스 칸톤제가 대표적인 예이다. 그 밖에도 직접민주주의를 제도화한 핀란드의 '시민발의제도'는 개별 유권자들의 스마트기기(핸드폰)를 사용한 온라인 서명을 기반으로 실행되고 있다. 만 18세 이상의 유권자라면 누구든 법안 혹은 정책을 제안할 수 있으며, 제안된 법안이나 정책이 5만 명 이상의 유권자 서명을 획득하면, 법무부 검토 후 실제 의회에 진입하여 본회의를 통해 심의한 후 최종 결정되는 과정을 거친다.

블록체인 기술을 중심으로 전개되는 정치·경제 영역에서의 탈중심화와 탈표준화는 시장의 기능과 작은 정부를 옹호하는 자유주의자들의 철학을 상당 부분 내포하고 있다. 그럼에도 불구하고 직접 민주주의와 공유경제가 지닌 가능성을 토대로 온당한 지표와 방향성을 설정해나간다면, 이와 같은 변화의 움직임은 초연결과 초신뢰를 기반으로 한 국가 및 시민사회를 구축하는 데 크게 기여할 것으로 전망된다.

미래역량: 도전의식, 창의융합역량, 신뢰와 소통

초연결성과 불확실성이 확대되고, 탈중심화와 탈표준화가 가속화되는 미래사회를 살아가는 데 필요한 역량은 무엇인가? 미래인재상은 무엇이며, 미래인재에게는 어떠한 역량이 요구되는가?

미래역량의 첫 번째 키워드는 **도전의식**이다. 불확실성에 도전할 수 있는 용기, 나만의 구심을 구축함으로써 탈중심화와 탈표준화가 창출하는 다양함과 풍성함에 기여하겠다는 도전의식이 필요한 것이다.

두 번째는 **창의와 융합** 역량이다. 미래사회에서는 알고리즘과 패턴화가 가능한 대다수의 직업들이 기계로 대체된다. 보다 최근에 등장한 '딥러닝' 알고리즘은 인간이 기계에게 세상을 설명해주어야 했던 기존의 인공지능 학습법과 차원이 다르다. 세상에 관한 데이터를 넣어주기만 하면 기계가 자체 인경신경망 구조를 통해 데이터를 스스로 학습하는 것이다.[2] 이와 같은 미래사회를 살아가는 인간에게 필요한 역량은 더 이상 지식습득에 머무르지 않는다. 다양한 분야의 지식과 기술을 연계·통합하여 새로운 지식을 창출하고, 새롭게 창출한 지식을 활용하여 개인과 사회가 당면한 문제를 해결하는 융합과 창의 역량이 필요한 것이다. 초연결성과 탈중심화, 탈표준화는 이와 같은 융합과 창의 역량을 발휘하기에 좋은 토양을 제공한다.

미래사회의 미래역량의 마지막 키워드는 **신뢰와 소통**이다. 도전의식과 창의융합 역량을 지닌 인재가 풍부한 국가라도 국민들 간의 불신과

---

2 임진혁 외(2016). 지능정보사회를 대비한 평생교육 미래발전 전략구상. 국가평생교육진흥원.

갈등이 팽배한 경우 그러한 인적 자원이 결코 풍요로운 삶으로 연결될 수 없다. 최근 OECD가 신뢰, 소통, 공동체 등과 같은 사회적 자본에 주목하고 있는 이유이기도 하다. 사회적 자본의 긴요함은 다문화사회의 확산과도 관련이 있다. 다문화사회는 단순히 인구학적 다양성의 증가를 의미하지 않으며, 한 사회를 구성하는 다양한 집단의 권리가 정치, 경제, 문화 등 다양한 영역에서 인정(recognition)되는 사회를 의미한다. 이러한 다문화사회는 문화적 다양성과 풍요로움을 선사하는 한편, 탈중심화, 탈표준화의 조류를 타고 성장한 다양한 문화 집단 사이에 갈등을 촉발하기도 한다. 인종, 민족, 성별, 지역, 사회경제적 계층, 종교, 성적 지향, 장애여부 등을 기준으로 형성되는 다양한 집단 간의 긴장과 갈등에 적절히 대처하지 못하는 경우 전체 사회가 시간적, 재정적 손실을 감수해야 하는 상황에 이르는 것은 명약관화다. 그럼에도 불구하고 우리나라의 사회 통합 수준은 '사회적 결속', '형평성', '안정성'이라는 세 영역 모두에서 OECD 국가 중 중하위권을 차지하고 있으며, 특히 사회적 결속 및 안정성 지수는 OECD 평균에서 점차 하락하는 추세를 보이고 있다.[3] 도전의식과 창의융합역량이 실제 국민 삶의 풍요로움으로 연결되기 위해 신뢰와 소통 역량의 함양이 절실하다.

미래학교: 미래역량을 기르기 위해 학교는 무엇을 할 수 있는가

미국 교육혁신가 하그리브스가 강조하듯, 교육혁신의 주된 장소는 공교육 현장, 즉 '학교'이다. 미래를 향한 여정에 '학교'가 먼저 나아가 제도권 교육과 사회의 변화를 추동한 독일의 ESBZ 운동, 핀란드의 미래

---

3 한국고용학술정보원·국제미래학회(2017). 제4차 산업혁명 시대 대한민국 미래교육보고서. 광문각.

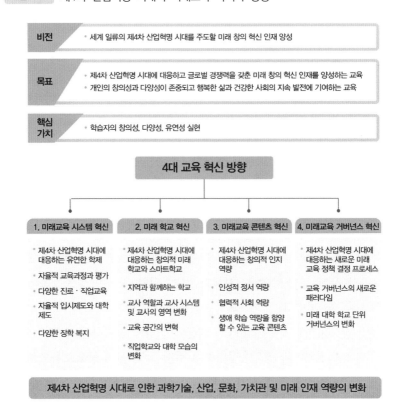

그림 1-1 제4차 산업혁명 시대의 미래교육 목적과 방향4

비전
• 세계 일류의 제4차 산업혁명 시대를 주도할 미래 창의 혁신 인재 양성

목표
• 제4차 산업혁명 시대에 대응하고 글로벌 경쟁력을 갖춘 미래 창의 혁신 인재를 양성하는 교육
• 개인의 창의성과 다양성이 존중되고 행복한 삶과 건강한 사회의 지속 발전에 기여하는 교육

핵심 가치
• 학습자의 창의성, 다양성, 유연성 실현

4대 교육 혁신 방향

1. 미래교육 시스템 혁신
• 제4차 산업혁명 시대에 대응하는 유연한 학제
• 자율적 교육과정과 평가
• 다양한 진로·직업교육
• 자율적 입시제도와 대학 제도
• 다양한 장학 복지

2. 미래 학교 혁신
• 제4차 산업혁명 시대에 대응하는 창의적 미래 학교와 스마트학교
• 지역과 함께하는 학교
• 교사 역할과 교사 시스템 및 교사의 영역 변화
• 교육 공간의 변혁
• 직업학교와 대학 모습의 변화

3. 미래교육 콘텐츠 혁신
• 제4차 산업혁명 시대에 대응하는 창의적 인지 역량
• 인성적 정서 역량
• 협력적 사회 역량
• 생애 학습 역량을 함양할 수 있는 교육 콘텐츠

4. 미래교육 거버넌스 혁신
• 제4차 산업혁명 시대에 대응하는 새로운 미래 교육 정책 결정 프로세스
• 교육 거버넌스의 새로운 패러다임
• 미래 대학 학교 단위 거버넌스의 변화

제4차 산업혁명 시대로 인한 과학기술, 산업, 문화, 가치관 및 미래 인재 역량의 변화

학교 프로젝트, 호주의 IBP 프로젝트 등이 생생한 증거를 전하고 있다. 학교를 필두로 한 미래교육 혁신 의지는 <제4차 산업혁명시대 대한민국 미래교육보고서>에서 제시한 '제4차 산업혁명 시대의 미래교육 목적과 방향'에서도 확인할 수 있다. [그림 1-1]에서 제시하는 바와 같이 '미래학교 혁신'은 4대 교육 혁신 방향을 구성하는 주춧돌이자 미래인재 양성을 위한 핵심 과제라 할 수 있다.

---

4 한국고용학술정보원·국제미래학회(2017). 제4차 산업혁명 시대 대한민국 미래교육보고

과거와 현재의 학교

오늘날 우리가 흔히 이야기하는 학교의 전형은 산업혁명 시기를 기점으로 한다. 물론 인류의 역사에서 학교가 처음 등장한 시기를 반추하려면 2000년 이상을 거슬러 올라가야 한다. 그러나 산업혁명 시기 이전의 학교는 대개 극소수 상위 계층의 전유물이었으며, 오늘날과 비슷한 유형의 학교는 제1차, 제2차 산업혁명 시기를 거치며 설립되었다고 할 수 있다.

모든 아동과 청소년의 교육받을 권리를 보장한다는 대의를 내세우기는 했지만, 사실상 근대 공립학교는 숙련된 노동자를 단시간에 대량 배출하기 위한 유용한 수단으로서 설립되고 확산되었다. 미국의 경우, 공립학교 설립과 확산의 기원은 1800년대 말로 거슬러 올라간다. 당시 교육계는 미국 경제의 구심점이 농업에서 산업으로 전환될 것을 예상하였으며, 이에 따라 공장형 모델의 학교 설립에 박차를 가했다. 딘터스미스는 당시 교육계의 시도와 성과를 다음과 같이 묘사한다.[5]

> 학생들에게 같은 과목들을 같은 방식으로 가르치고, 오류나 창의적 편차 없이 일상적인 작업을 효율적으로 수행하도록 훈련시켰다. 그 덕분에 극적인 성과가 나타났다. 20세기 동안 미국의 1인당 실질 국내 총생산은 3,500달러에서 2만 3,000달러로 급등하면서 탄탄한 중산층이 출현했고, 자연스레 미국은 세계적 국력의 모든 척도에서 상위권으로 도약했다. 1983년부터 이 공장형 모델이 많은 성과를 거두면서 현재까지

서. 광문각.

5 Dintersmith, T. (2018). **What school could be: Insights and inspiration from teachers across America.** Princeton University Press. 정미나 역(2019). 최고의 학교. 예담아카이브.

도 명맥을 굳건히 이어나가고 있다. 수십 년에 걸쳐 공장형 모델 중심의 교육 인프라가 성장해왔고, 실제로 이에 따라 미국 전역의 학교들이 교육환경을 재조성했다.

이와 같은 공장형 학교 모델은 존 듀이와 그를 위시한 진보주의 교육학자, 비판교육학자들에 의해 끊임없이 비판을 받으면서도 결코 사라지지 않고 노쇠한 명줄을 유지해왔다. 그러다가 2002년 부시 대통령의 아동낙오방지법(No Child Left Behind, NCLB) 서명에 힘입어 미국 사회에서 다시금 생명력을 얻었다. 당시 미국 교육계는 과목별, 학년별로 높은 수준의 성취기준을 설정하고, 학생의 기준 도달 여부에 따라 학교와 교사를 평가하는 학교책무성 시스템을 구축하였다. 결과에 따라 보상과 체벌을 가하는, 이른바 당근과 채찍 전략이다. 이로 인해 교사들은 시험에 나오는 것들만 가르치게 되었으며, 학생들이 학교에서 누릴 수 있는 경험과 학습의 폭은 시험의 폭으로 제한되었다. 학교는 '낙제학교'가 되지 않기 위해 온갖 수단과 방법을 가리지 않았다. 낙오될 것 같은 학생이 있으면, 학교가 학생을 먼저 포기했다. 교사들에게, 학교관리자에게, 그리고 학생들에게 말 그대로 '고부담(high-stake)' 시험이었다. 오바마 행정부는 '정상을 향한 경주(Race to the Top)' 정책을 통해 '경쟁을 통한 교육의 질 향상'을 주장하는 신자유주의자들의 열정에 기름을 부었다. 2014년 뉴욕시 차터스쿨에서 수행평가 직전 바지에 소변을 지린 한 초등학생의 일화는 당시의 교육 정책 행보와 무관하지 않다.

교육과정 성취기준의 표준화, 고부담시험, 학교책무성 등으로 얼룩진 미국 교육계는 학생들의 성취도 하락과 더불어 중도탈락 학생의 증가라는 뼈아픈 결과를 받아들여야 하는 시점에 이르렀다. 이러한 패배의 시점에서 미국은 기이한 현상을 목격하게 된다. 경쟁과 표준화에 의도적으로 역행하는 국가들에서 학생들의 학습 성과가 향상되는 모습을 목도

하게 된 것이다. OECD 국제학생평가 프로그램인 PISA 테스트를 남의 일처럼 외면하고 심지어 멀리하던 국가들이 해당 테스트에서 높은 성과를 거두는 아이러니한 사건을 목격한 것이다. 우리가 알고 있는 핀란드 교육혁명이 대표적인 사례이다. 당시 핀란드 교육혁신을 이끌었던 파시 살베리는 교육의 질을 저하시키는 네 가지 요인을 Globalization(세계화), Evaluation(평가), Regulation(규제), Measurement(측정)의 약자를 따서 GERM(세균)으로 칭하였으며, 이 네 가지 요인은 핀란드 교육혁명에서 '절대적으로 피해야 할' 요인으로 취급되었다. 이러한 상황에서 핀란드가 PISA 테스트 1위를 차지한 것이다.

이와 같은 역설적 사례는 미국 교육계의 지배 담론을 재고하는 기회로 작용하였다. 그리고 마침내 2015년 오바마 대통령이 '전원성취법(Every Student Succeeds Act)'에 서명함으로써 교육 통제권의 일부가 연방정부에서 주 정부로 이양되고, 교육과정의 다양성과 자율성을 실현할 수 있는 장이 다시금 확대되었다. 딘터스미스는 오바마 대통령이 그의 임기 말기가 되어서야 아래와 같이 언급했다는 사실에 아쉬움을 금치 못한다.

> "저는 시험만을 가르치는 학교를 바라지 않습니다. 그러면 세상을 배우지 못하기 때문입니다. 배우는 것이 단지 시험지의 작은 칸을 채우고, 시험을 잘 보는 요령뿐이라면 교육이 무슨 흥미를 끌겠습니까. 청소년들은 흥미를 느껴야 잘합니다. 지루함을 느끼면 그만큼 잘하지 못합니다."[6]

---

6 Dintersmith, T. (2018). **What school could be: Insights and inspiration from teachers across America**. Princeton University Press. 정미나 역(2019). 최고의 학교. 예담아카이브.

가능한 적은 시간에 가능한 많은 알을 낳아야 하는 양계장의 암탉들은 평생 A4용지만한 작은 공간을 벗어나지 못한다. 암탉 한 마리가 누릴 수 있는 평생의 반경이 A4용지 한 장인 것이다. 주어진 시간에 가능한 많은 지식을 습득하고, 가능한 빨리 나아가야 하는 우리 학생들의 일상이 기다란 시험지 한 장에 갇혀 있는 것은 아닌지 질문하게 된다.

미래의 학교

그래도 학교는 변화해왔고, 여전히 우리는 학교가 미래를 위한 변화를 추동할 것을 기대한다. 이러한 생각과 기대를 공유하는 교육학자들은 학교교육의 역사를 고찰하고, 학교교육을 통한 미래의 변화를 모색하고 있다.

교육부 차관과 한국교육개발원 원장을 지낸 김재춘 교수는 근대 이후 학교교육의 유형을 크게 3세대에 걸쳐 설명한다.[7] '학교교육 1.0'은 지식습득을 강조하는 교사 중심의 학교교육을 의미한다. 앞서 설명한 공장제 모델을 기반으로 한 학교교육으로 학생들은 동일한 철로를 따라 동일한 기차를 타고 무지에서 배움으로 이동한다. '학교교육 2.0'은 정보화 시대가 도래함에 따라 지식의 습득보다 지식의 활용 및 문제해결 역량이 강조되는 유형이다. 이러한 학교교육 유형은 목표에 도달하는 다양한 경로를 자유롭게 열어둔다는 점에서, 지식의 습득 자체보다는 활용을 중시한다는 점에서 이전의 유형보다 진전된 유형으로 볼 수 있다. 그럼에도 불구하고 두 유형 모두 '동일한 목표'를 전제로 한다는 점에서 '정답 찾기'의 반경을 넘어서지 못한다. 탈중심화, 탈표준화 시대에 요구되는 학교 유형으로서 적합성이 떨어지는 것이다.

---

7 한국고용학술정보원·국제미래학회(2017). 제4차 산업혁명 시대 대한민국 미래교육보고서. 광문각.

이전 버전의 한계를 극복하는 '학교교육 3.0'은 경로의 다양성, 즉 교육 내용과 방법의 다양성뿐 아니라 교육 목표의 다양성을 옹호한다. 학생들은 문제해결의 차원을 넘어 문제를 정의하고 설계하는 과정에 참여하게 되며, 학생들이 해결해야 할 문제는 정답이 전제된 혹은 교사에 의해 구조화된 '가짜 문제'가 아니라 불확실하고, 비구조적인 '진짜 문제'이다. 4차 산업혁명 시대의 불확실성 속에서 실제 개인과 사회가 당면할 법한 '진짜' 문제인 것이다. 학교교육 3.0은 학생들이 학교 밖 삶의 세계로 나아가 새로운 문제를 발견하고 설계하도록 촉진한다는 점에서 '교육의 항해 모형'으로 불리기도 한다. 이제까지 논의한 학교교육의 세 유형을 그림으로 나타내면 다음과 같다.

그림 1-2 학교교육의 세 유형

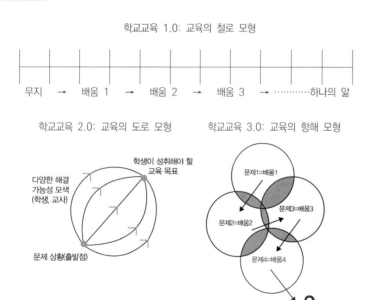

학교교육 1.0: 교육의 철로 모형

무지 → 배움 1 → 배움 2 → 배움 3 → ············하나의 앎

학교교육 2.0: 교육의 도로 모형

학생이 성취해야 할 교육 목표
다양한 해결 가능성 모색 (학생, 교사)
문제 상황(출발점)

학교교육 3.0: 교육의 항해 모형

문제1=배움1
문제3=배움3
문제2=배움2
문제4=배움4
?

비슷한 맥락에서 학교교육을 위한 '제4의 길(The Fourth Way)'을 제시한 하그리브스와 셜리의 논의를 주목할 만하다. 두 학자에 따르면, '제1의 길'은 교육에서의 진보주의가 번창했던 시기로 교육에 대한 국가의 지원이 풍부하게 제공되고, 교사들의 자율성이 한껏 보장되었던 시기를 의미한다. 수많은 학교현장에서 모종의 혁신이 시도되고, 나름의 성과를 거두었지만, 교육의 내용, 방법, 질적 수준 등에 있어서는 지역과 학교 간의 편차가 상당했던 길이다. '제2의 길'은 신자유주의 기조와 함께 교육에서의 경쟁과 시장주의가 만연한 시기를 지칭한다. 교육의 표준화와 학교 책무성이라는 지배 담론 하에 교사들의 자율성이 상실되고 사기가 저하되는 길이다. '제3의 길'은 시장주의가 지닌 장점을 국가의 풍부한 자원과 결합하여 교육의 표준화와 자율화 사이의, 교육과정의 엄격성과 적절성 사이의, 교사의 자율성과 책무성 사이의 균형점을 찾으려는 길을 의미한다. 중앙정부(교육부)와 지방정부(시도교육청), 단위학교의 위계적 구조와 체제하에서 교육과정 개발과 실행의 상호적응을 지향하는 우리나라의 교육과정 체제는 여기에서 말하는 '제3의 길' 위에 서 있다고 볼 수 있다. 가령, 국가 수준 성취기준을 기반으로 학교 및 교실 수준 교육과정 개발, 평가하는 형태는 '제3의 길'에서 지배적으로 나타나는 책무성(accountability), 즉 자율과 통제 기반의 거버넌스를 보여주는 대표적인 예이다.

그렇다면 '제4의 길'은 이전의 길과 어떻게 다를까? 하그리스브와 셜리에 따르면, '제4의 길'은 민주주의와 전문성, 즉 시민주의와 전문가주의 사이의 긴장과 갈등, 균형잡기 등에서 벗어나 양자 간의 통합을 모색한다는 점에서 다르다. 더불어, 효율성을 기반으로 한 기업경영식 교육시스템에서 벗어나 포용성과 공공의 참여를 중시하고, 책무성보다는 책임감을 우선시하며, 대량의 맞춤형 학습보다는 학습자의 마음을 챙기는 교수학습을 강조한다는 점에서 '제3의 길'과 구별된다. 교사 전문성

표 1-1 제1의 길, 제2의 길, 제3의 길8

	제1의 길	제2의 길	제3의 길
통제	전문성	관료주의와 시장	관료주의, 시장, 전문성
목적	혁신과 영감	시장과 표준화	성과와 파트너십
신뢰	수동적인 신뢰	적극적인 불신	대중의 신뢰
지역사회 참여	대체적으로 부재	학부모의 선택	지역사회에 서비스 제공
교육과정	비일관적 혁신	상세하게 사전기술된 표준화된 성취기준	코칭 및 지원을 수반한 사전기술의 다양화
교수와 학습	절충적, 비일관적	성취기준과 시험에 맞춰 지도	데이터 중심, 개인 맞춤형
전문성	자율적	비전문화	재전문화
교사 학습공동체	자율과 재량	작위적 협력관계	데이터 중시, 교사의 열의
평가와 책무성	지역별 표집	전수조사를 통한 고부담 평가	성취목표 높임, 자기감시, 전수조사를 통한 평가
수평적 관계	자발적	경쟁적	네트워크화

개발에 있어서도 성과와 보상보다는 사명과 근무환경이 중시되고, 교사 개개인은 개혁의 대상이 아닌 개혁의 주체가 된다. '제4의 길'에 먼저 들어선 국가로서 핀란드가 자주 등장하곤 한다. 이들의 교육시스템에 나타난 '제4의 길'의 여러 단면을 살펴보면 다음과 같다.

- 핀란드에서 국가(정부)는 국가 수준 교육과정을 통해 핀란드 교육의

---

8 Hargreaves, A., & Shirley, D. (2009). *The fourth way: The inspiring future for educational change*. Thousand Oaks. CA: Corwin. 이찬승, 김은영 역(2015). 학교교육 제4의 길. 1 학교교육 변화의 역사와 미래방향. 21세기교육연구소.

커다란 방향을 제시하지만, 교육과정을 상세히 규정하는 역할은 하지 않는다. 높은 교육 전문성을 지닌 현장 교사들로 구성된 교육과정 추진단을 중심으로 지역 단위에서 지역의 학생들에게 적합한 교육과정을 구안한다.

- 핀란드 교사들은 책무성보다는 책임감에 큰 가치를 둔다. 교사들은 또한 신뢰와 협력의 문화 속에서 학습공동체를 형성한다.
- 핀란드에는 비공개 표집평가를 제외하면 표준화된 평가체제가 존재하지 않는다.
- 핀란드에서는 성취가 높은 소수의 특정 학생들을 지원하기보다 다수 학생의 발달을 지원하여 전체적인 성취를 높이는 데 주력한다.

위와 같은 핀란드 교육의 길을 한걸음씩 되짚어보면, 2007년 국제 아동복지 실태조사에서 영국과 미국이 하위 1위, 2위를 기록한데 반해 핀란드가 상위 4위를 차지했다는 사실이 그리 놀랍지 않게 느껴진다.

우리 사회는 가능한 많은 사회구성원을 제도권 교육 안으로 불러들였던 제1차, 제2차 산업혁명 시기의 **학교교육 대중화** 시대를 넘어 특정 집단의 전유물이었던 고급지식과 고등사고능력이 일반 학생들에게 향유되는 **학교교육 민주화** 시대에 진입하였다. 적어도 형식적 수준에서는 정의와 평등에 도달한 셈이다. 이제는 학생과 교사, 학부모를 비롯한 모든 시민이 학교 교육의 주체가 되어 무엇을 가르치고 배울지에 관한 의사결정 과정에 참여하고, 이제까지 주변으로 밀려났던 다양한 실천적, 경험적, 학교 밖 지식들이 학교 지식과 연계·통합되어 그 위상을 회복하는 학교교육 민주주의 시대로의 진입이 과제로 남아있다.

미래학교 교육과정
: 미래역량의 함양을 위해 무엇을, 어떻게 가르칠 것인가?

학습자주도 맞춤형 교육과정

제4차 산업혁명 시대에는 기술의 발전에 힘입어 수요자 중심의 경제 및 정치체제가 강화되고 있으며, 학교 교육도 예외가 아니다. 이와 같은 사회체제의 근본적이고 총체적인 변화가 미래사회의 초연결성과 불확실성, 탈중심화와 탈표준화를 가속하는 가운데 '도전의식'과 '창의융합' 역량은 미래 인재에게 필요한 핵심역량으로 그 중요성이 강조되고 있다. 학습자주도 맞춤형 교육과정은 이러한 미래사회 핵심역량을 함양하기 위한 교육과정 프레임워크를 제공한다.

'학습자주도 맞춤형 교육과정'은 종래의 '학습자중심 맞춤형 교육과정'과 어떻게 다른가? 기존의 학습자중심 맞춤형 교육과정에서는 어디까지나 동일한 목표를 전제하였다. 목표에 도달하는 방법은 학생마다 다양할 수 있으나 종국에는 동일한 목표에 도달해야 한다는 것이다. 맞춤형 교육을 차별화, 개인화, 개별화로 나누어 살펴봄으로써 두 교육과정의 차이를 한층 명확히 이해할 수 있다.[9] **차별화**는 모든 학생이 도달해야 하는 동일한 목표가 있으나 개별 학습자의 선행학습 정도와 학습 속도를 고려하여 소규모 집단별 수업을 진행하는 것을 의미한다. **개인화**는 동일한 목표하에 개별 학습자의 선행학습 정도와 학습 속도를 고려하여 개인별 지도를 행하는 것을 의미한다. 반면, **개별화**는 학생에 따라 교육 목표와 내용, 방법을 달리하는 것을 의미한다. 이러한 개념적 틀에서 본다면 학습자주도 맞춤형 교육과정은 학습의 차별화와 개인화를 넘어서 개별화를 목표로 하고 있음을 알 수 있다.

---

9 한국고용학술정보원·국제미래학회(2017). 제4차 산업혁명 시대 대한민국 미래교육보고서. 광문각.

초연결성과 불확실성이 일상화되고, 탈중심화와 탈표준화의 영역이 확장되는 미래사회라면, 이러한 미래사회를 살아가기 위해 도전의식과 창의융합 역량이 요구된다면, 미래학교의 교육과정은 차별화와 개인화에 머무를 수 없다. 학습자주도의 개별화된 교육과정을 구현하기 위한 움직임이 본격화될 시점이다. '동일한 목표'에 대한 신념은 미래사회에 유효하지 않을 수 있다.

융합 교육과정

학생들의 창의융합역량을 길러주기 위한 학교 교육과정은 어떠해야 하는가? 다양한 학문(교과)의 지식과 기술을 연계·통합하여 새로운 지식을 창출하고, 그러한 지식을 활용하여 개인과 사회가 당면한 문제를 새롭게 정의하고 해결할 수 있는 능력을 체계적인 방식으로 길러줄 수 있어야 할 것이다. 미래사회의 융합 교육과정은 종래 이공계 우수한 학생들을 중심으로 운영되던 STEM 혹은 STEAM 교육에서 나아가 '모든 학생을 위한' 융합 교육과정으로, '보다 다양한 학문의 경계를 넘나드는 혹은 그 경계를 허무는' 융합 교육과정으로 확산할 필요가 있다. 여학생들에게 초점을 맞춘 STEM, 인문사회와 과학기술을 가로지르는 다양한 융복합 프로그램의 개발 등은 융합 교육과정 대상 및 범위가 확산하고 있음을 보여주는 좋은 예이다. 더불어, 학습자주도의 맞춤형 교육과정의 도입은 융합 교육과정 설계의 중심을 점차 학습자로 이동하고, 나아가 학습자 개개인이 융합 교육과정 설계의 주체로 설 수 있도록 촉진할 것이다.

역량 교육과정

지식의 폭발적 증가와 초연결, 이로 인한 급속한 사회변화와 불확실성에 능동적으로 대처할 수 있는 미래세대 양성을 위해서는 학생들이 '무엇을 알아야 하는가'에서 '무엇을 할 수 있어야 하는가'로 교육과정 논의의 초점이 전환될 필요가 있다. 역량교육에 대한 관심은 기존의 학교교육이 삶에서 직면하는 다양하고 복잡한 문제들을 해결하는 데 실질적인 도움이 되지 못한다는 문제의식과 학교교육의 학습자의 삶과 긴밀히 연결되어야 한다는 탄원 속에서 여러 형태의 교육개혁 운동으로 전개되어왔다.

역량은 일찍이 직업훈련 분야에서 사용되어 온 개념이기는 하나, 2003년 경제협력개발기구(OECD)에서 추진한 '역량의 정의와 선택 (Definition and Selection of Competencies, DeSeCo) 프로젝트'에서 미래사회를 위한 역량 함양의 중요성을 공식적으로 표명함에 따라 교육 혁신의 키워드로서 전 세계 교육계의 커다란 관심을 받게 되었다.[10] DeSeCo 프로젝트에서 정의한 역량은 '특정한 상황이나 맥락에서 발생하는 복잡한 요구들을 개인의 심리사회적 특성들을 동원하여 성공적으로 해결하는 능력'을 의미하는 것으로, 기존의 직업훈련 분야에서 사용되었던 기능 중심의 역량 개념을 넘어선다. 지식, 행동, 가치 및 태도를 포괄하는 전인적 능력으로서의 성격을 지니고 있는 것이다.[11]

물론 역량 교육과정이 미래사회에 필요한 인재 양성을 위한 만병통치약이 될 수는 없다. 실체 없는 역량 교육과정이 무비판적으로 수용되

---

10 이주연, 이근호, 이병천, 가은아(2017). 역량기반 학교 교육과정의 실천 사례 특징 분석: 교육과정 연구학교를 중심으로. 교육과정평가연구, 20(1), 1–30.

11 Rychen, D. S., & Salganik, L. H. (Eds.). (2003). *Key competencies for a successful life and well-functioning society.* Cambridge, MA: Hogrefe Publishing.

고 있는 현실에 대한 비판도 존재한다. 그러나 역량 교육과정에 대한 비판의 상당수는 역량 교육과정이 '지식 대신 역량을 가르치는 것'이라는 오해에서 비롯된다. 역량 교육과정은 지식 대신 역량을 가르쳐야 한다는 주장도 아니요, 지식의 습득에서 지식의 활용으로 선회해야 한다는 주장도 아니다. 오히려 지식과 역량을 긴밀히 연결하는 것, 지식을 기반으로 역량을 발휘하도록 하는 것, 역량 함양을 위해 지식을 습득하는 것을 의미한다. '해야 할 것'이 있으면 아이들은 스스로 '알아야 할 것'을 찾아 나간다는 존 듀이의 주장과도 맞닿아 있다. 이러한 원리에 따라 역량 교육과정은 '할 수 있어야 하는 것(역량)'을 바탕으로 '알아야 하는 것(지식)'을 선정하고 조직해나가는 교육과정 설계방식으로 이해될 수 있다. '우리는 교과를 가르치지 않는다. 아이들을 가르친다'라는 진보주의 교육학자들의 오랜 선언에 (교과를 가르치지 않는다는 의미보다는) 아이들을 중심으로, 아이들의 삶으로부터 무엇을 가르칠지를 선정하고 조직한다는 의미가 내포되어 있듯이 말이다.

민주적 교육과정

미래사회를 살아갈 학생들이 서로 '신뢰'하고 '소통'할 수 있는 역량을 함양하기 위해서는 민주적 교육과정의 설계와 운영이 필요하다. 민주적 교육과정이 지닌 가치와 잠재성은 독일의 학교혁신을 주도적으로 이끌어 간 라스펠드와 브레덴바흐의 진술을 통해 들여다볼 수 있다.12

민주주의와 사회적 포용은 세계화라는 압박하에서 점점 더 이질화되

---

12 Rasfeld, M., & Breidenbach, S. (2014). *Schulen im Aufbruch—Eine Anstiftung*. *Kösel—Verlag*. 류동수 역(2019). 학교가 시작하라: 변화하는 학교 ESBZ의 부추김. 에듀티니.

어가는 사회를 하나로 유지하는 데에 없어서는 안 될 요소다. 살아있는 공동체로서의 민주주의는 우리 사회 전체가 더욱 발전하고 향상될 수 있도록 열린 구조와 과정을 만들어야 할 책임이 있다. 우리는 깨어 있고, 주목하고, 참여하고, 타협함으로써 이러한 민주주의를 계속해서 재획득해야 한다. 항상 새로 배울 것이 요구되는 것이다. 학교는 그렇게 하기 위한 이상적인 터전이며, 성숙한 시민을 키워내는 일은 모든 학교의 핵심과제이다.

민주적 교육과정은 학생들이 민주시민으로서 필요한 가치와 덕목을 배워가는 '민주주의에 대한 교육'뿐 아니라 학교의 일상을 통해 민주주의를 경험해가는 '민주주의를 통한 교육', 더 나은 형태의 민주주의를 꿈꾸고 가꾸어나가는 '민주주의를 위한 교육'이 통합된 교육과정을 의미한다. 학교 교육과정을 통해 민주주의에 대해 배우고, 더 나은 민주주의를 상상하는 동시에, 학교 교육과정이 민주적인 방식으로 개발되고 운영되어야 한다는 것이다. 비슷한 맥락에서 '소통과 신뢰'는 미래 인재에게 필요한 역량과 자질인 동시에 미래학교 교육과정 운영의 가치와 원리로서 작동해야 한다.

미래의 교육혁신은 학교가 먼저 시작하지만, 학교를 중심으로 다양한 교육 주체들(학생, 교사, 학부모, 지역사회 등)이 학교교육의 생태계에서 함께 움직인다. 방대하고도 촘촘하게 엮인 교육과 사회의 관계망 속에서 일상을 살아가는 모든 구성원에게 소통과 신뢰, 책임감과 공동체의식, 가치의 존중과 갈등의 중재를 실천하기 위한 힘이 필요하다. 학교는 민주적 교육과정을 통해 이러한 역량을 가르치고, 실현할 수 있다.

반추: 오늘의 교육과정이 지닌 한계와 가능성

당초의 질문으로 돌아가 본다. 과거도 한때는 미래였고, 현재도 한때는 미래였는데, 지금 우리는 미래교육, 미래학교라는 구호를 내세워 어떤 새로움을 이야기하고 싶은 걸까?

필자는 미래교육에 대한 논의가 '새로운 꿈'에 관한 논의보다는 이제까지 꿈꿔왔던 이상적인 교육을 현실화하는 가능성과 방안에 관한 논의에 집중될 필요가 있다고 생각한다. 그러한 가능성과 방안을 실현하기 위해서는 체제의 변화가 필수적이다. 미래사회를 주도하는 데 필요한 핵심적인 역량을 중심으로 학교 교육과정이 만들어진다고 해도 공장형 학교의 낡은 컨베이어 벨트 위에서는 무용지물일 뿐이다. 학생주도의 맞춤형 교육과정을 현실화한다는 야심찬 기대를 품고 출발하는 고교학점제도 교육과 사회의 근본적인 체제 변화와 맞물리지 못하면, 구겨진 신문 속 TV 프로그램 편성표 수준의 기능을 넘어서지 못할 것이다.

우리가 목도하는 기술과 문화의 공진화(共進化)는 과거의 꿈을 현재와 미래의 실제로 전환할 가능성을 확대하고 있다. 가령, 정보기술의 발전과 함께 민주주의가 삶의 양식으로 성숙됨에 따라 **정보의 대중화**에서 한 걸음 더 나아가 **정보의 민주화와 정보 민주주의**가 확대되고 있다. 특정 계층의 전유물이었던 고급 정보들이 대중에게 향유되는 것에서 나아가 그러한 정보를 생산하고 소비하는 주체로서 대중의 역할과 권한이 강화되고 있는 것이다. 국가교육과정을 둘러싼 전문가주의와 시민주의의 경합과 통합, 학교교육과정 및 학교민주주의의 성장과 발전 등 교육과정 생태의 변화 또한 이러한 커다란 맥락에서 이해될 수 있다. 그 밖에도 AI 등을 비롯한 각종 첨단기술의 발달은 이제까지 꿈꿔왔던 학생주도의 맞춤형 교육과정을 '학교'라는 제도권 공간에서 현실화할 수 있는 가능성을 확대하고 있으며, 보다 넓은 맥락에서는 주류 중심 제도권 교육의 포용성(inclusiveness)을 강화할 수 있는 장을 확대하고 있다. 이러한 관점과 맥락에서 볼 때 미래학교와 교육과정에 대한 논의는 교육과정에 어떠한 새로운 내용과 목표를 담을 것인지에 대한 논의보다는 '교육과정 체제와 환경을 미래형으로 전환하기 위한 노력'에 집중될 필요가 있다.

미래학교의 교육과정은 내용과 목표의 변화 못지않게 교육과정 생태를 미래형으로 전환하는 데 주력해야 할 것이다. 다양한 교육 주체들의 재량권이 확대되는 위글룸(wiggle room)을 어떻게 가꾸어갈 것인가에 대한 고민이 필요하다.13 '잠재력의 육성'이라는 학교의 꿈을 '잠재력의 서열화'가 대신해온 시간이 너무도 길었다. '시대를 앞서가는 지식과 안목'이라는 인재 양성과 선발의 기준을 '시대에 뒤떨어진 것을 잘하는 것'이 대신해 온 시간이 너무도 길었다. 오래된 미래를, 오랫동안 그려왔던 학교교육의 미래를 이제 만들어갈 시간이다.

---

13 Erickson, F. (2001). Co—membership and wiggle room: Some implications of the study of talk for the development of social theory. *Sociolinguistics and social theory*, 152−181.

"힘들어도 자기가 좋아하는 일을 하세요."

안서형 (주)비트바이트 대표이사

내 스마트폰 키보드 앱으로 100만 유저를 거느리다

IT 스타트업 비트바이트를 경영하고 있는 안서형입니다. 소프트웨어로 사람들의 일상을 편리하게 하고, 사회에 이로운 가치를 주고 싶은 꿈을 달성하기 위해, 2016년 창업하여 5년째 사업을 키워오고 있습니다.

비트바이트는 전 세계 220개국에서 160만 명이 다운로드한 플레이키보드 앱을 서비스하는 회사입니다. 좋아하는 캐릭터나 다양한 디자인으로 스마트폰의 키보드를 꾸며서, Z세대 모바일 사용자가 나만의 개성과 멋을 표현할 수 있습니다.

사업을 시작하게 된 계기

2014년 친구들과 함께 10대의 비속어 사용을 줄여주는 '바른말 키패드' 앱을 개발하여 사회문제를 해결하는 공모전 <삼성 투모로우솔루션>에서 최우수상을 수상했습니다. 바른말 키패드는 출시 후 17만 명의 사용자가 다운로드하고 83%의 사용자가 비속어를 줄이는 데 성공했으며, 수많은 사용자로부터 '덕분에 언어습관이 깨끗해져 감사하다'는 응원을 받았습니다.

이런 경험을 한 후로 소프트웨어로 더 많은 사람들의 일상을 행복하게, 사회를 이롭게 만들고 싶다는 꿈이 생겼고, '지금 사업을 시작하지 않으면 평생 후회하겠다'는 확신에 2016년 창업을 결심했습니다.

지금 하는 일의 매력

스타트업 경영이 매력적인 이유는, 직접 개발한 서비스가 수많은 사람들의 응원과 피드백을 들으며 성장할 수 있기 때문이라고 생각합니다. 특히 2018년 초 팀원들과 함께 플레이키보드 앱을 런칭한 후, "카톡하려고 키보드를 열었는데, 귀여운 캐릭터가 나와서 너무 행복했다", "힘들다고 쳤는데 캐릭터가 토닥여줘서 위로가 되었다"라는 앱 리뷰가 가장 기억에 남습니다. 우리의 제품이 얼굴도 모르는 누군가의 일상을 더 행복하게 만들었다는 점이 정말 보람 있었고 뿌듯했습니다.

힘들었던 점과 그리고 극복!

반면에 어렵고 힘든 일도 많습니다. 저는 소프트웨어를 전공한 개발자기 때문에 사업 초기에 세무, 노무, 특허, 투자 등 모든 경험이 처음이었고, 처음 하는 모든 일을 혼자 해내야 하는 것이 큰 부담이었습니다.

다행히 초기 스타트업에 도움을 주고 싶어 하시는 분들과 인연이 닿아, 주위에 10년 이상 스타트업 사업을 진행하시는 대표님들께 조언을 구하고, 특히 기업의 경영자로서의 마음가짐과 어떤 마인드로 사업을 해야 하는지에 대해 멘토링도 받았습니다. 선배 창업가분들의 노하우와 경험이 5년간 사업을 이끌어가는 데 큰 도움이 되었습니다.

사업에서 중요한 점

스타트업 사업을 하며 사용자 목소리를 귀담아 듣고, 사용자가 진정으로 원하는 서비스를 만드는 것이 가장 중요하다고 생각합니다. 비트바이트는 사용자가 남긴 모든 리뷰와 피드백에는 답글을 남겨드리며, 서비스 기획과 개선 과정에도 중요하게 반영됩니다.

또한 '할 수 있는 일'이 아니라, 목표를 이루기 위해 '해야 하는 일'을 하는 것이 중요합니다. 매일 수백만, 수천만 명이 사용하는 서비스를 만드는 과정은 어렵고 힘들며, 불가능해 보일 때도 있습니다. 하지만 스타트업은 상상할 수 없을 만큼 많은 사람을 행복하게 하고, 세상에 이로운 영향력을 주기 위해 모인 팀이기 때문에 우리의 능력으로 가능한 일이 아니라 그걸 뛰어넘는, 목표를 이루기 위한 일을 해야 한다고 생각합니다.

미래 학교는 어떤 방향으로 가야 할까?

학교 건물 안에서만 진행되는 교육이 아닌, 학교 밖으로 나가는 교육이 지금보다 더 많아졌으면 좋겠습니다. 중학교 시절, 방과 후 교육청에서 진행하는 정보영재교육원에서 처음으로 C언어 프로그래밍을 접하고, 평소에 궁금하고 배워보고 싶었던 컴퓨터 이론 수업을 들었던 경험이 아직도 생생하게 기억에 남습니다.

특성화고등학교 재학 시절에는 학교 선생님, 친구들과 함께 네이버, 구글코리아, 이베이코리아, 삼성전자 본사에 견학을 가서 현업에 종사하시는 개발자분과 만나 대화를 나눌 수 있는 기회가 있었습니다. 평소에는 만나기 어려운 큰 회사의 개발자분들에게 회사생활, 담당하시는 일, 훌륭한 개발자로 성장하기 위해서 배우고 성장해야 하는 분야에 대한 이야기를 들으며 소프트웨어 개발과 IT 사업에 대한 꿈을 키울 수 있었습니다.

제 학창시절을 돌아보면, 학교 안에서의 교육보다는 밖으로 나가 평소에 동경하던 회사, 그리고 그 산업에 종사하시는 선배님들의 이야기를 들을 수 있었던 교육이 더 기억에 남습니다. 이러한 학교 밖 교육을 통해 나도 저렇게 멋진 사람이 되고 싶다'는 꿈이 생기게 되었고, 장래의 목표가 생기는 그 순간이 너무 설레고 행복했습니다.

미래의 교육은 학교 건물 안에서만 이루어지는 것이 아니라 기업, 연구기관, 대학, 문화시설 등 다양한 장소에서 뛰어난 성과를 내고 있는 여러 사람들을 만나며 꿈을 키울 수 있는 교육이 되었으면 좋겠습니다.

미래교육 담론과 포용을 위한
작은 변화들

요즘 '미래교육'이라는 단어가 많이 들린다. 미래교육이 현재 우리 교육계의 키워드라고 해도 과언이 아니다. 사실 미래사회를 전망하고 교육의 역할과 과제를 재정립하려는 노력은 언제나 있어왔다. 모든 영역에서 그렇듯, 과거의 교육 문제와 제도적 한계를 성찰하고 이를 해결하려는 시도는 교육계의 존립을 위한 필수불가결한 것이다. 즉, 미래교육 개념은 항상 여기에, 우리와 함께 있었다.

그렇다면 최근 미래교육 담론은 과거의 그것과 어떻게 다른가? 4차 산업혁명을 구체적으로 언급한 2016년 1월 스위스 다보스에서 개최된 세계경제포럼(World Economic Forum: WEF, 다보스포럼) 연례 총회에서 그 답을 찾을 수 있다. 1971년에 시작된 WEF는 경제 및 정치 분야의 리더들이 모여 세계의 경제에 대해 논의하는 국제포럼이다. WEF는 비영리재단 형태로 운영되며, 운영 자금은 WEF에 가입한 세계 각국의 1,000여 개의 기업을 통해 마련한다. WEF는 세계무역기구(WTO), G7 및 G20 정상회담에 영향력을 미치고 있지만, 동시에 비판도 받는다. WEF는 친기업적이며, 권력을 지닌 국가들의 이해관계를 전 세계의 가치로 둔갑시킬 뿐 아니라, 신자유주의 이데올로기를 강화시킨다는 비판을 지속적으로 받는 조직이다. 2016년 WEF 연례 총회의 화두는 4차 산업혁명이었다. WEF에 따르면, 1차 산업혁명은 기계적 생산과 증기기관, 2차 산업혁명은 대량 생산과 전기에너지, 3차 산업혁명은 전자장치와 IT를 통한 사회 구조의 큰 변화를 일컫는다. 4차 산업혁명은 3차 산업혁명의 연속선상에 있지만, 인공지능, 사물인터넷, 빅데이터 등을 통해 자동화와 연결성이 극대화된다는 특징이 있다. WEF는 4차 산업혁명이 세계 경제에 미칠 변화에 대해 논의하였다.

우리 사회는 4차 산업혁명이라는 개념에 대해 크게 주목하였다. 사람들은 기술 혁신과 그것이 가져올 사회 변화에 대한 흥분과 기대, 우려를 보였다. 4차 산업혁명에 대한 우리 교육계의 관심 역시 증대되었다. 학술연구정보서비스에 등록된 교육 분야의 국내학술논문을 살펴보면, '4차 산업혁명'이라는 키워드를 넣었을 때 2016년에 42건, 2017년에 494건, 2018년에 587건, 2019년에 539건, 2020년에 387건이 검색된다. 4차 산업혁명 시대에 대한 전망이 나온 후, 미래교육에 관한 연구의 증가 추세가 두드러진다. 대부분의 연구들은 4차 산업혁명 시대가 인간에게 어떠한 능력을 요구하고 그러한 능력을 기르기 위해 교육은 어떠한 역할을 수행해야 하는지 등에 대한 논의에 집중한다. 과학기술과 사회경제의 혁명적 변화가 요구하는 미래사회의 교육 개혁 방향과 과제를 탐색한다. '미래 인재'의 역량으로 창의성, 호기심, 문제해결능력, 자기주도성, 융합 능력 등이 식별된다. 이러한 역량을 제고하기 위해서는 기존의 교과 중심의 주입식, 강의식 교육에서 탈피해야 한다는 인식이 증대되고 있다. 다양한 미래교육의 모습이 제안되고 있지만, 미래교육을 표현하는 데 있어 빈번히 사용되는 단어들은 수업 선택권, 학생 주도, 융합, 평생교육, 온라인 플랫폼, 코딩교육, 디지털교육 등이다. 미래교육의 상으로 미네르바스쿨과 알트스쿨 등 원격수업을 전면적으로 시행하는 국제 사례들이 주목받고 있다.

이러한 미래교육 담론에 대한 비판의 목소리도 존재한다. 국내학술지 논문을 토대로 미래교육 담론을 분석한 양은주(2019)는 교육이 과학기술과 산업구조의 변동에 따른 종속변수로 간주되고 있는 현상을 비판한다.14 최소희 외(2019)는 '미래인재'의 역량을 지나치게 강조하는 미래교육 담론은 기술주의적이고 환원주의적인 오류를 범할 수 있다고 지적한다. 또한, 최소희 외(2019)는 WEF의 4차 산업혁명을 토대로 증폭된 최근의 미래교육 담론이 시장 중심의 신자유주의 교육관과 긴밀한 연관성을 갖는다는 것을 비판하며, 미래교육 담론에 대한 비판적이고 철학적인 성찰을 촉구한다. 남미자(2020)는 과학기술을 객관적이고 가치중립적인 것으로, 사회 발전을 위한 선한 도구로만 간주하는 미래 교육 담론을 주의해야 한다고 주장한다. 그녀는 과학기술이 의존하는 자본의 역할을 꼬집으며, 과학기술을 교육에 무비판적으로 적용할 때 발생할 수 있는 계층화의 문제를 인식해야 한다고 본다.15

이처럼 4차 산업혁명으로 일컫는 과학기술과 산업경제 영역의 급격한 변화가 최근 형성된 미래교육 담론의 배경으로 작용하고 있다. 그러나 최근 발생한 코로나19는 미래교육 담론에 또 다른 변화를 가져오고 있다. 코로나19는 우리가 경험하고 있지만 미처 깨닫지 못했던 것을 인식할 수 있는 기회를 제공하였다. 그 중 하나는 인간과 자연 간, 인간과

---

14 양은주(2019). 듀이의 교육적 가치 이론과 오래된 미래 학교: 미래교육 담론에 대한 성찰. 교육철학, 72, 183−210.

15 남미자(2020). 코로나19로 촉발된 원격수업에 대한 소고. 경제와 사회, 12, 105−133.

인간 간의 연결성이다. '나'는 내가 속한 자연 및 타인과 별개로 존재하는 것이 아님을, 우리는 서로에게 중요한 영향을 미치며 살아가고 있음을 깨닫게 되었다. 제러미 리프킨과 반다나 시바 등 세계 석학들은 코로나19가 생태계 파괴와 기후 변화가 가져온 인간 문명의 위기이며, 개발과 이윤에 집중한 경제 질서가 초래한 위기라고 지적한다.16

코로나19는 사회의 불평등을 드러내기도 하였다. 모든 사람이 재난 상황에 놓여있지만, 그로 인한 피해, 위험과 고통은 다르게 경험한다. 젠더, 인종 혹은 이민자 지위, 장애, 연령, 그리고 언제나 이러한 범주와 연관되는 경제적 여건에 따라 코로나19로 인한 인적, 물적 피해 정도가 다르다. 코로나19가 야기한 학교생활의 변화는 어떠한 집단의 학생들이 위기에 취약한지 보여주었을 뿐 아니라, 교육 격차와 불평등을 더욱 심화시켰다. 코로나19는 혐오와 차별 문제를 부각시켰다. 바이러스 감염 위험에 대한 사람들의 우려는 중국인, 신천지 신도, 기독교인, 대구 거주자, 성 소수자, 콜센터 혹은 배송 노동자, 젊은 세대 등에 대한 혐오와 차별로 번졌다.

코로나19가 가져온 재난의 위기는 우리가 존재하는 '지금' 그리고 '여기'를 이해하는 우리의 감각을 변화시켰다. 이는 미래교육 담론의 변화로 이어지고 있다. 4차 산업혁명이 가져올 과학기술 발전과 사회 변화에 대한 막연한 흥분과 기대, 우려와 걱정은 그것이 코로나19로 인해 도드라진 사회 문제를 어떻게 심화 혹은 개선시킬 수 있을지에 대한 논의로 구체화되고 있다. 인공지능, 사물인터넷, 빅데이터 등과 연관된 기술주의적 담론이 만연했던 우리 교육계에 미래교육에 대한 비판적 성찰을 시도하는 철학적 담론이 유입되기 시작했다.

이와 관련하여 경기도교육연구원은 최근 '코로나19와 교육' 연구 시

---

16 안희경(2020). 오늘부터의 세계. 서울: 메디치미디어.

리즈를 출간하였다. 온라인 교육, 학교자치, 교사전문성, 학습복지, 학교 구성원의 생활과 인식이라는 키워드를 중심으로 코로나19가 교육에 주는 시사점을 탐구하였다. 백병부, 이수광, 박복선(2020)은 이러한 '코로나19와 교육' 연구 시리즈를 아우르며, 교육체제의 생태적 전환을 주장하였다. 이들은 메리토크라시(능력주의, meritocracy)를 기저로 하고 있는 현 교육체제를 디그노크라시(dignocracy), 즉 "모든 학생의 존엄의 동등성을 보장하고 개별 학생이 지닌 고유성의 탁월한 발현을 공교육의 목적으로 삼는 이념"을 토대로 전환시켜야 한다고 주장한다.[17] 백병부 외(2020)에 따르면, 우리가 지향해야 하는 미래교육은 디그노크라시가 주목하는 사회적 약자, 미래세대, 지구공동체의 인간 외의 구성원 등 '모두'가 공존하는 데 필요한 생태적 비전을 익히고 실천할 수 있는 교육이다. 백병부 외(2020)는 코로나19가 들춰낸 문제를 극복하기 위한 방안으로 미래교육에 대한 포용적, 민주적, 생태적 관점을 제시하였다.

유네스코(2020)는 최근 '포용교육: 모두는 모든 이를 의미한다(Inclusive Education: All Means All)'는 제목으로 2020 세계 교육 현황 보고서(GEM Report)를 발표하였다.[18] 유네스코는 매년 세계 교육 현황 보고서를 발간하여 유엔이 2015년 발표한 '지속가능발전목표(Sustainable Development Goals: SDGs)' 중 교육 분야의 목표인 SDG 4와 관련한 국가별 실태와 과제를 제시한다. 유네스코는 코로나19로 인해 우리 사회의 불평등과 취약성이 더욱 심화된 점에 주목하며, 2020년 보고서에서 배제와 포용의 문제를 다루었다. 보고서는 세계의 교육 시스템이 배경, 정체성, 능력 등을 근거로 학생들을 배제하는 여러 요인을 분석하였다.

---

17 백병부, 이수광, 박복선(2020). 코로나19와 교육: 교육체제 전환에 주는 시사점(이슈페이퍼 2020-07). 경기: 경기도교육연구원.

18 유네스코(2020). 포용과 교육: 모두는 모든 이를 의미한다(All Means All). 세계 교육 현황 보고서. 파리: 유네스코.

'모두는 모든 이를 의미한다'라는 접근 방식을 통해 저소득 계층 자녀, 이민 가정 자녀, 특수교육대상자, 여학생, 성소수자 학생 등 모든 학생들이 일반교육 맥락에서 배제되지 않고 다양한 학습 접근법의 혜택을 받아야한다는 것을 강조한다. 유네스코는 보고서에서 포용을 "모든 학습자가 가치가 있고 존경을 받는다고 느끼며, 뚜렷한 소속감을 누릴 수 있도록 보장하는 것"이라고 개념화하며, 교육 격차를 줄이는 것뿐 아니라 "학생에게 붙여진 낙인의 꼬리표를 떼어내는 것"을 의미한다고 설명하였다(p. 9). 유네스코는 코로나19가 드러내고 심화시킨 사회 불평등 및 교육 불평등을 해소하기 위한 방안으로 포용교육을 앞으로 지향해야 할 교육의 방향으로 제시하고 있다.

미래교육은 기존 교육과 대비되는 개념이 아니며, 과거 및 현재 교육과의 분절을 통해 성취할 수 있는 무언가가 아니다. 미래교육의 방향을 설정하기 위해 사회 변화를 분석하고 미래 사회의 모습을 예측하는 것이 중요하지만, 과거와 현재를 성찰하는 것도 중요하다. 이는 앞으로 도래할 사회가 우리의 과거와 현재에 그 뿌리를 두고 있기 때문이다. 우리가 마주하고 있는 교육 현상과 문제를 면밀히 분석하고 비판적인 관점에서 해석할 때, 우리는 미래교육의 지향점을 보다 명확히 볼 수 있을 것이다. 이러한 점에서 코로나19가 교육에 시사하는 바를 무심하게 넘겨서는 안 된다. 미래교육에 대한 논의를 위해서는 우리 사회와 학교에 만연해 있는 소외, 배제, 차별, 불평등, 부정의의 문제에 집중하는 것이 반드시 필요하다.

다양성과 배제, 학교교육

슬리(2011)는 학교라는 곳이 '모든' 학생들을 위한 공간이었던 적이

단 한 번도 없었다고 주장한다.19 역사적인 맥락에서 볼 때 학교는 일부 학생들을 배제하였고, 분리하였으며, 차별하였다. 공교육 제도의 보편화가 일어나기 전에 학교교육은 특권을 가진 계층의 전유물이었다. 세계 여러 국가의 학교에서 인종에 따른 분리는 당연한 것으로 간주되었다. 미국에서는 1954년에 대법원이 'Brown vs. Board of Education' 판결을 내리기 전까지 인종에 따라 학생들을 분리시켜 교육하였다. 그러나 이와 같은 대법원 판결에도 불구하고 백인 학생과 유색인종 학생 간의 통합이 원활하게 이루어지지 않아, 미국 정부는 여전히 학교통합(school desegregation) 정책을 펴고 있는 중이다. 많은 국가에서 장애학생들은 장애통합교육 법 조항과 정책이 마련되기 전까지 지역사회에 위치한 일반학교에 입학할 수 없었다. 한국에서는 1994년에 제정된 「특수교육진흥법」이 통합교육 관련 조항을 포함하기 전까지 장애학생이 일반학교에 입학하는 것은 법으로 보장되지 않았다. 이러한 제도들이 마련되었지만, 학교에서 발생하는 배제와 분리는 과거의 문제만이 아니다. 지금도 많은 학생들은 성별, 인종, 언어, 장애, 성적, 사회 경제적 지위, 성적 지향성 등을 근거로 학교에서 배제를 경험하고 있다. 다만, 학교에 존재하는 배제의 메커니즘은 더욱 미묘해졌고, 감지하기 어려워졌다.

학교는 가치중립적인 곳이 아니다. 학교에서 학생에 대한 기대는 규정되고 제한된다. 학생은 특정 수준 이상의 학업성취를 보여야 한다는 기대를 한 몸에 받는다. 이때, 학업성취는 특정 평가 방법을 통해 확인될 수 있는 무언가로 간주된다. 학업성취는 미래의 사회경제적 지위와 밀접하게 연결되기 때문에, 학생은 더 높은 학업성취를 위해 또래와 경쟁할 것이 기대된다. 학생은 교사 및 또래와 사회적 상호작용을 맺을

---

19 Slee, R. (2011). *The irregular school: Exclusion, schooling, and inclusive education*. New York, NY: Routledge.

때 '허용'되는 양식과 범위가 존재한다. 이러한 기대는 특정한 개인이나 집단에 의해 만들어진 것이 아니라 규범이나 관습, 통념, 상식의 형태로 사회 전반에 깊숙하게 자리 잡고 있으며, 일상의 실제와 사회적 상호작용에 의해 끊임없이 (재)생산된다. 학교는 다양한 장치, 예를 들면 학생 및 부모의 자기 검열 및 교정, 교사의 평가, 학교 구성원 간의 상호작용 등을 통해 학생을 사회적 규준에 따라 범주화한다. 학교에서 정상과 비정상, 모범생과 문제아, 또는 일반 학생과 위기학생, 장애학생, 다문화학생 등을 범주화하는 과정에서 일부 학생의 '다름'이 생성된다. 학생이 보이는 '다름'의 종류와 정도에 따라 학생에게 부여되는 가치는 서열화된다. '다름'을 보이는 학생을 대상으로 하는 분리와 차별적 교수는 불평등의 문제가 아니라 그들의 '특수성' 때문에 발생하는 어쩔 수 없는 것으로 정당화된다.

그러나 유네스코(2020)가 제시한 <그림 I-3>이 나타내듯이, 우리는 모두 '다름'을 지닌다. <그림 I-3>은 '다름'을 보이는 학생 집단을 하나씩 제외하다보면 교실에 누가 남는지 문제 제기를 한다. 보통의, 평범한, 일반 학생이 얼마나 허구적인 개념인지 드러낸다. 물론, 이 허구적 개념은 현실

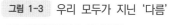

그림 1-3 우리 모두가 지닌 '다름'

우리 모두가 공통적으로 가지고 있는 한 가지는 우리의 다름(differences)이다

100명의 학생들 중에

이들이 장애가 있을 수 있다.

그 나머지 중, 이들은 가난할 수 있다.

그 나머지 중, 이들은 특수교육 대상자일 수 있다.

그 나머지 중, 이들은 성 소수자일 수 있다.

그 나머지 중, 이들은 이주자, 국내 실향민 또는 난민일 수 있다.

그 나머지 중, 이들은 민족, 종교, 언어의 소수 집단 또는 토착민 집단에 속할 수 있다.

그 나머지 중, 이들은 오지의 농촌 지역에 살 수 있다.

그 나머지 중, 이들은 다른 인종이나 계급과 같은 소외집단에 속할 수 있다.

그 나머지 중, 이들은 여아일 수 있다.

그 나머지 중, 이들은 방과 후 일을 하거나, 비만, 우울증, 파괴적인 성격, 고아, 비행 청소년, 원손잡이, 천식 환자, 알레르기 체질일 수 있다.

그리고 이 마지막 학생은? 그는 새로 왔어요! 안녕!

세계에서 그 힘을 발휘하고 있지만 말이다.

필자는 2018년부터 2019년까지 수행했던 연구에서 공립학교를 떠나 대안학교를 선택한 학부모들의 내러티브를 탐구하였다.[20] 연구에 참여한 학부모들은 규준 중심의 학교 문화와 교수적 실제가 그들의 자녀를 어떻게 소외시키고 배제하였는지 이야기하였다. 특정한 앎의 방식을 강요하는 학교에서 '학습 부진아'가 된 아이의 이야기, 갈등 상황에 대응하는 방식으로 인해 '잠재적인 문제아'로 낙인된 아이의 이야기, 장애를 이유로 또래 관계에서 소외되어 나흘 동안 잠을 자지 못할 정도로 힘들어한 아이의 이야기 등이 쏟아졌다. 학부모들은 자녀들이 그들 본연의 특성 자체로 그 가치를 인정받을 수 있는 공간으로의 이동을 계획했고, 대안학교로의 전학을 결정했다. 돌뢰즈는 이 세상의 모든 존재는 '차이 그 자체(difference in itself)'를 지니며, 이것은 우리가 사회의 표상 체계를 통해 인식하는 '차이'와는 다르다고 말한다.[21] '차이 그 자체'라는 개념은 이 세상에 존재하는 모든 것에는 지금 이 순간에 드러나지 않는 무한한 잠재력이 있다는 것을 내포한다. 연구에 참여한 학부모들의 이야기는 학생들의 '차이 그 자체'를 인식하려고 하지 않는 학교 공간에서 학생들의 소외와 배제, 차별이 발생하고 있음을 보여준다. 연구가 조명하고 있지 않는 다양한 배제의 사례들을 고려해 볼 때, 학교가 얼마나 배제적인 공간인지 가늠해볼 수 있다.

우리는 모두에게 평등하고 민주적이며 포용적인 사회를 꿈꾼다. 그러나 현재 우리의 학교는 그러한 사회로 가꾸어 나갈 수 있는 시민을 길러내지 못하고 있다. 지금의 학교에서 제도적인 환경, 자원의 배분, 교

---

20 엄수정(2019). 포용교육을 위한 교원양성 교육과정: 미국 대학의 한 교사 자격 프로그램에 대한 질적 사례 연구. 교육과정연구, 37(3), 29-55.

21 Deleuze, G. (1994). *Difference and repetition*. New York, NY: Columbia University Press.

육과정 및 교수와 관련한 실천, 여러 교육 주체들의 태도와 행위를 통한 배제가 끊임없이 발생하고 있다. 학교는 학생 다양성을 포용하지 못함으로써 학생의 잠재력을 제한하고 사회집단 간 교육 격차를 심화시킬 뿐 아니라, 학생에게 꼬리표를 부과하며, 학생의 사회·문화 정체성을 훼손하고 학생으로 하여금 자신이 보이는 차이를 스스로 지우도록 강요한다. 또한, 학교는 학생에게 자신과 다른 타인을 이해하고 타인과 더불어 살 수 있는 능력을 길러주지 못하고 있다. 학생은 학교에서 개인과 사회 집단 간에 존재하는 차이와 다름을 어떻게 해석해야 하는지 배우지 못하고 있다. 이러한 상황에서 우리는 미래교육의 방향을 어떻게 설정해야 하는가?

포용교육의 의미와 가치

포용교육(inclusive education)은 미래교육에 대한 방향 설정에 있어 중요한 시사점을 제공할 수 있다. 포용교육이 어떠한 배경에서 등장했고 어떠한 특징을 가지며, 미래교육에 대한 논의에서 어떠한 함의를 갖는지 살펴보기로 한다.

포용교육은 장애통합교육에 그 뿌리를 두고 있다. 포용교육은 장애통합교육에서 시작된 특정 집단의 교육적, 사회적 통합에 대한 논의를 모든 학생으로 확장하며 발전하였다. 1990년대 후반부터 장애통합교육을 모든 이를 위한 포용교육으로 재개념화하려는 움직임이 시작되었다. 그러한 움직임은 '장애학(Disability Studies)'이라는 신생 학문을 중심으로 일어났다. 장애학은 장애인권운동을 토대로 북미와 서유럽에서 발전한 다학제적 학문 분야로, 장애를 사회정치적인 개념으로 이해하고 장애에 대한 대안 담론을 생산한다. 장애학자들은 '무엇이 정상인가?'라는 문제를 제기하며 사회의 정상성(normalcy) 이데올로기가 장애를 정의하고 장애를 진단받은 사람들을 주체화하는 방식을 조명한다. 장애를 개인의 결함이나 비극이 아닌, 특정 정치·사회·문화·경제 맥락 안에서 생성된 개념으로 보며, 장애와 관련된 사회적 배제의 문제를 비판적으로 분석한다. 장애학은 역사, 사회학, 문학, 문화학, 철학, 교육 등 다양한 학문에 영향을 미치고 있다. 일부 교육학자들은 장애학을 토대로 교육법과 정책, 제도, 교육학 지식, 학교 문화, 교육과정, 학교 구성원의 가치와 신념, 교수적 실천에 내재한 정상성 이데올로기와 그로 인한 배제의 메커니즘을 탐구한다. 그들은 왜 특정한 존재 방식이 바람직하거나 혹은 바람직하지 않은 것으로 인식되는지, 그러한 인식이 어떻게 학교라는 공간 안에서 상식으로 자리매김 되어왔는지, 이는 특혜와 억압을 어떻게 생성하는지를 면밀히 살핀다.

특히, 교육 영역에서 장애학자들은 장애통합교육이 갖는 한계와 가능성에 집중하였다. 이들은 특수교육 영역에만 국한된 논의를 아쉬워하는 동시에, 결핍 중심의 담론을 비판하고 포용교육으로의 재개념화를 시도해오고 있다. 학자들은 우리가 통합과 포용을 '장애'라는 라벨을 가진 학생을 일반학교에 재배치하는 것으로 이해할 때, 학교의 뿌리 깊은 배제성(exclusivity)에 집중하기 어렵다고 지적하였다. 이는 우리가 일부 학생의 '특수성'에만 집중한다면, 다양한 앎과 삶의 방식을 포용하지 않는 학교 공간을 성찰하기 어렵다는 것이다. 장애학자들은 장애통합교육을 모두를 위한 포용교육으로 재개념화하며 교육적 통합 혹은 포용에 대한 포괄적인 관점을 제시한다. 밸러드(1999)는 포용교육을 장애뿐만 아니라 "빈곤, 젠더, 소수 인종 지위, 사회의 지배 문화에 의해 중요하다고 간주되는 다양한 특성들"과 관련하여 학교에서 불이익을 경험하는 모든 학생의 교육 접근성과 참여를 증진시키는 것이라고 본다(p. 2).[22] 바튼과 암스트롱(2001)은 포용교육의 핵심이 교육에의 접근에 있어 장벽을 제거하는 것이라고 주장한다. 이들은 포용교육에 대한 우리의 관심을 일부 학생의 '결함'에서 배제적인 교육 체제와 제도, 학교 문화와 공간, 교육과정, 교수적 실제로 이동시킨다. 바튼과 암스트롱(2001)은 다음과 같이 서술한다.23

우리가 채택한 관점에서 포용교육이란, 기존의 시스템으로의 배치를 의미하는 것이 아니다. 단순히 범주화된 개인들의 집합체의 참여를 일컫는 것도 아니다. [중략] 포용교육은 접근성과 관련된 모든 종류의 장벽을 제거하는 것, 차별을 경험하는 모든 학생들을 위한 교육을 의미한다. 이러한 접근은 민주주의, 시민권, '좋은' 사회라는 개념에 뿌리를 둔다. [중략] 그러므로 포용교육이란, 그 자체가 목적이 아니라 포용 사회의 실현을 위한 수단이다. (p.708)

이와 같이, 바튼과 암스트롱(2001)은 포용교육을 학생들의 부정의와 차별에 대한 경험을 생성해내는 배제적 시스템을 변화시키는 것이라고 주장하며, 포용교육의 대상을 '모든' 학생으로 확대한다.

유네스코가 주장하는 포용교육의 개념은 장애학 관점과 깊은 관련성이 있다. 유네스코는 1990년 태국 좀티엔에서 열린 세계교육회의에서 '모두를 위한 교육(Education for All)'이라는 모토를 내세웠다. 유네스코는 인간의 존엄성을 보장하는 인간 기본권으로서 교육의 중요성을 강조하면서 교육 받을 권리가 빈부, 지역, 성별 등에 관계없이 모두를 위해 보장되어야 하고 이러한 이상의 실현을 위해 국제사회가 공동으로 노력

---

22 Ballard, K. (1999). (Ed.). *Inclusive education: International voices on disability and justice.* London, UK: Falmer Press.

23 Barton, L., & Armstrong, F. (2008). *Policy, experience, and change: Cross cultural reflections on inclusive education.* London, UK: Springer.

해야 한다는 내용을 담은 교육공약인 '모두를 위한 교육(Education For All: EFA)'을 선언했다. 10년 후, 2000년 세네갈 다카르에서 개최된 세계 교육포럼에서 유네스코는 EFA 목표를 보다 구체화하였고, '다카르 행동 계획(The Dakar Framework for Action)'이라는 실천전략을 발표하였다. EFA에 대한 유네스코의 개념 및 실천은 장애학자들이 장애통합교육을 포용교육으로 재개념화하는 데 중요한 동기와 동력을 제공하였다. 반대로, 포용교육에 대한 장애학자들의 학술적 의견은 유네스코의 EFA 운동의 구체화 작업에 영향을 미쳤다. 예를 들어, 장애학자인 로저 슬리(2018)가 작성한 'Defining the Scope of Inclusive Education'라는 보고서는 앞에서도 언급한 유네스코의 '2020 세계 교육 현황보고서'의 이론적 토대로 활용되었다.[24]

포용교육은 모든 학생들이 어떤 종류의 차별 없이 질 높은 교육에 접근할 수 있도록 동일성이 아닌 다양성에 근거하여 교육 체제 전반의 변화를 꾀하는 교육 운동이다. 포용교육은 '특수성'을 지닌 일부 학생들의 '정상화'에 중점을 두는 것이 아니라, 모든 학생을 위해 교육 환경과 교육과정을 변화시키는 것에 중점을 둔다. 학생이 보이는 차이를 긍정적으로 받아들이고 포용하며, 이를 고려한 교육을 제공할 수 있는 일반적이고 보편적인 교육 환경을 구성하는 것이 포용교육의 핵심이다. 그러나 포용교육은 여기서 더 나아가 학생들이 그들과 다른 존재를 존중하며 함께 살 수 있는 능력을 기르도록 하는 것 또한 강조한다. 포용교육의 기본원리를 다음과 같이 정리할 수 있다.

첫째, 포용교육은 사회에 존재하는 다양성이 반영된 교육 환경을 구성한다. 학교가 학생들이 다양한 경험과 정체성을 가진 타인과 함께 생

---

24 Slee, R. (2018). *Defining the scope of inclusive education: Think piece prepared for the 2020 Global Education Monitoring Report.* Paris, France: UNESCO.

활하고 학습할 기회를 제공하는 것이 중요하다. 다양성이 존재하는 환경에서 학생들은 자신이 다른 존재와 관계를 맺는 경험을 할 수 있으며, 이에 따라 다양성에 대한 학습의 기회를 가질 수 있다. 학교 및 학급이 사회에 존재하는 다양성을 반영할 수 있도록 하는 정책과 실천 전략을 도입하는 것이 필요하다. 이를 위해서는 수준별 학급이나 모둠 구성, 특수학급 운영 등 배제적인 교수·학습 실제에 대한 깊은 성찰이 요구된다. 학생 다양성뿐 아니라, 교사 다양성을 확장할 필요도 있다. 유네스코(2020)가 지적하듯이 세계 많은 국가에서 교사 다양성은 전체 인구의 다양성보다 떨어진다. 이것은 소외 집단 구성원이 교사 자격을 취득하여 교사로 임용되고, 교직을 유지하는 것을 막는 사회 구조에서 비롯된 문제이다. 한국 사회에서도 교사 다양성이 제한되는 현상이 발생하고 있다. 부모의 사회경제적 지위와 자녀의 대학진학 간의 깊은 연관성으로 인해 교육대학이나 사범대학에 진학하는 예비교사의 인구통계학적 다양성이 높지 않다. 교사 다양성을 증대시킴으로써 학교교육에서의 포용을 강화할 수 있다는 점을 인식해야 한다.

둘째, 포용교육은 학생의 다양한 삶과 앎의 방식을 존중한다. 교사는 교육과정이 특정 교육 내용과 방식, 관점에 대한 선택의 산물이며 일부 학생들이 살아온 경험과 형성해온 정체성을 배제할 수 있다는 사실을 인식해야 한다. 포용교육에 있어서 학생들이 보이는 다양한 방식의 삶과 앎의 방식을 존중하는 교육과정 개발 및 교수적 실천이 중요하다. 다문화교육 분야의 학자들이 주장하는 것과 같이, 다양한 사회·문화적 정체성을 갖는 사람들의 사회적 기여를 가시화할 수 있고, 다양한 관점을 포용할 수 있는 반-편견 교육과정을 구성하는 것이 중요하다. 그뿐 아니라, 학교가 학생들에게 강조 혹은 강요하는 앎의 방식을 비판적으로 고찰하고 그것을 확장해야 한다. 이를 위해서는 다중적인 교수학습 접근을 취하는 것이 필요하며, 보편적학습설계(Universal Design for

Learning: UDL)를 그 예로 제시할 수 있다. UDL은 '평균' 또는 '일반' 학생들을 대상으로 교육과정을 개발한 후에 '특수한' 일부 학생들을 위해 교수적 수정을 시도하는 것이 아니다. UDL은 교육 계획을 수립하는 그 순간부터 학생들의 다양한 학습 양식, 흥미, 배경 지식 등을 고려하는 다중적 교수학습 접근법이다. UDL에서 테크놀로지의 활용은 중요하다. 교사는 키보드, 음성 입력 소프트웨어, 화면 확대기, 3D 프린터, 점자 프린터 등의 보조 입·출력 기술과 보완대체 의사소통의 활용을 통해 다양한 앎의 방식을 포용할 수 있다. 포용교육에서 중요한 또 다른 부분은 평가이다. 일회성의 고부담 총괄평가와 지필고사 방식으로는 다양한 앎의 방식을 포용하기 어렵다. 포용교육의 목적에 맞는 다양한 과정 중심 평가 방법에 대한 고민이 필요하다.

셋째, 포용교육은 학생 다양성을 포용할 뿐 아니라 다양성에 대한 비판적 이해를 도모한다. 포용교육에서 모든 학생은 고유의 강점과 요구를 동시에 지니는 존재이다. 학교 및 교실 공동체는 학생이 자신만의 독특함을 표현하고 본인의 정체성과 가치를 인식할 수 있도록 지원해야 한다. 포용교육을 실천하기 위해서 동질성을 강조하는 것이 아니라, 학교 안팎에 존재하는 개인 및 사회 집단의 차이와 다양성을 가르쳐야 한다. 사람들의 다양한 사회문화적 정체성에 영향을 미친 과거와 현재의 경험에 대해 가르치며, 이를 통해 다양성을 인류의 존재와 함께하는 당연한 것, 사회를 더욱 풍요롭게 만드는 것으로 다루어야 한다. 그러나 다양성에 대한 관용(tolerance)의 담론에 주의해야 한다. 다양성이라는 것이 사전에 주어지는 것이며 극복할 수 없기 때문에 관용의 대상이 된다는 가정 자체에 오류가 있다. 예를 들어, 다문화학생은 그들의 특성이 '다름,' 즉 특수성이나 일탈로 표상되는 맥락 안에서 인종차별주의(racism)를 경험한다. 관용의 담론은 그들의 '다름'을 기정사실화함으로써 차별주의를 인식하지 못하게 하며, 그 악순환을 끊지 못한다. 포용교육을 지향하는 교사는 다양성이 사회적 배제로 연결되는 메커니즘에서 무엇이 '다름'으로 인식되고, 사회에서 '다름'이 어떻게 해석되는지, 그러한 의미화 과정은 사회경제적 지위와 어떻게 연결되는지 주목하고 이에 대한 논의를 교실의 장으로 가져온다. 포용교육에서 다양성 문제는 인정(recognition)과 재현(representation)의 관점에서 다루어지며, 불평등의 문제와 관련하여 논의된다.

마지막으로, 포용교육은 학생의 행위주체성(agency)을 촉진하는 교육을 추구한다. 포용교육을 추구하는 것은 학교 문화와 교수적 실천 방식에 내재한 배제적이고 차별적인 사고와 행동 양식에 저항하고 이를 변화시키기 위해 노력하는 것을 의미한다. 변화를 위한 노력의 주체는 교사만이 아니다. 포용교육에서 학생은 자신과 타인을 옹호하며, 자신과 타인의 존엄을 보호하고 권한을 확장하기 위해 노력하는 주체로 여겨진다. 교사는 학생이 포용적인 교실과 학교, 더 나아가 포용 사회를 형성하기 위해 주변을 분석하고 문제를 해결하기 위해 적극적으로 참여하고 행동할 수 있는 역량을 기를 수 있도록 지원해야 한다. OECD는 Education 2030 프로젝트를 통해 학생의 행위주체성을 강조하고 이와 관련하여 변혁적 역량(transformative competencies)을 제시하였다. Education 2030 프로젝트는 학생이 학습에서 주도적인 역할을 할 뿐 아니라 사회 변혁에 공헌할 수 있는 '변화 주체(change agent)'로서 역할을 할 수 있도록 교육해야 한다고 보았다. Education 2030의 표현을 빌리면, 포용교육은 학생의 행위주체성을 촉진하기 위해 변혁적 역량을 기르는 교육이라고 볼 수 있다. 즉, 학생으로 하여금 자신이 살아가는 세상에서 포용이라는 목적을 가지고 참여하고 행동할 수 있도록 학생을 지지하고 지원하는 교육인 것이다.

그렇다면, 포용교육은 미래교육을 논하고 있는 우리에게 어떠한 시사점을 제공하는가? 포용교육은 우리가 꿈꾸는 미래사회가 어떤 모습인지

되묻는다. 우리가 희망하는 미래사회를 맞이하기 위해 교육은 어떠한 역할을 해야 하고 학교는 어떠한 공간이어야 하는지 되묻는다. 포용교육은 미래교육에 대한 기술주의적이고 방법론적 담론의 전환을 요청하며, 미래교육에 대한 가치 중심적이고 철학적 논의를 촉구한다.

필자는 누구나 성별, 연령, 계층, 지역, 국적, 인종 등에 상관없이 소외나 배제를 경험하지 않는 포용사회를 꿈꾼다. 포용사회는 다양한 사람들이 공존하고 상생하는 사회, 평등과 정의라는 가치를 중요하게 여기는 사회일 것이다. 현 정부는 '혁신적 포용국가'라는 슬로건을 걸고 혁신능력을 기르는 동시에 사회 통합을 강화하고 사회적 지속가능성을 높이는 것을 국가의 비전으로 삼고 있다. 포용과 통합, 지속가능성의 가치를 강조하는 정부의 정책기조는 안도감을 준다. 그러나 여전히 우리 사회는 배제적이고 차별적이다. 사회 불평등은 우리 사회가 직면한 문제이다. 코로나19를 계기로 더욱 명백히 드러난 사회집단 간 격차는 사회 불평등의 문제를 단적으로 보여준다. 평등사회, 포용사회로 나아가기 위해 교육, 특히 학교교육은 어떠한 역할을 해야 하는가? 학교교육만으로는 사회 문제를 온전히 해결할 수 없다. 학교교육에게 사회 변화의 짐을 모두 지우는 것은 비현실적이다. 그러나 학교는 사회 기관 중 하나로서 민주적이고 포용적인 사회를 구성하는 데 중요한 역할을 할 수 있고, 해야 한다. 그러한 학교가 그러한 역할을 수행하기 위해서는 과학기술의 혁신과 산업구조의 변동이 가져올 사회 및 우리 삶의 변화에 어떻게 '적응'할 것인지 문제에만 몰입해서는 안 된다. 다시 말해, 학교는 변화하는 기술, 변화하는 경제 체제에 순응하는 미래 시민을 기르는 데에 집중해서는 안 된다. 우리에게는 사회 변화를 비판적으로 읽을 수 있고, 포용적인 관점에서 변화의 방향을 안내할 수 있는 시민이 필요하다. 기술혁신과 그로 인한 변화가 '누구'를 위한 것인지 질문할 수 있고, '모두'를 위한 사회로의 변화를 촉진시킬 수 있는 시민이 필요하다. 학교는 그러한 주체를 길러낼 수 있어야 하며, 포용교육은 그 방향을 제시한다.

포용사회를 향한 사회적 상상력

교육 철학가 맥신 그린은 '사회적 상상력(social imagination)'이라는 개념을 제안하였다. 그린(1995)은 사회적 상상력을 "결함이 있는 우리 사회에서, 우리가 살고 있는 이 거리에서, 그리고 우리의 학교에서 반드시 있어야 하는 것(what should be)과 있을 법한 것(what might be)을 상상할 수 있는 능력"이라고 정의한다(p. 5).25 우리가 살아가고 있는 사회, 우리가 경험했던 혹은 경험 중인 학교의 모습은 원래 그러한 것, 당연한 것이 아니다. 오랜 시간에 걸쳐 다양한 사회적, 문화적, 정치적, 경제적, 역사적 변화에 따라 구축되어 온 것이다. 그럼에도 불구하고 우리는 지금의 사회 제도, 문화, 교육체제, 교육과정, 교수적 실천을 너무나 당연한 것으로 받아들여, 그것에 내재한 배제의 메커니즘을 인식하지 못하는 경향이 있다. 그러나 우리 사회와 학교에서 소외, 배제, 차별, 불평등과 부정의가 지속적으로 발생하고 있다. 지금 우리에게 필요한 것은 사회적 상상력이다. 우리가 바라는 미래사회는 어떠한 모습인지, 그러한 사회를 이루기 위해 학교라는 공간은 무엇이며, 무엇일 수 있는지, 혹은 무엇이어야 하는지에 대한 논의가 필요하다. 포용교육은 포용사회를 향한 사회적 상상력을 촉진시킬 수 있다.

---

25 Greene, M. (1995). *Releasing the imagination: Essays on education, the arts, and social change.* San Francisco, CA: Jossey—Bass.

내 마음 속에 간직하고 있는 세 문장

첫 번째, 나는 나를 사랑합니다.

두 번째, 나는 남을 도와주겠습니다.

세 번째, 천천히 부지런히 정성껏 하겠습니다.

위의 문장들은 초등학교 3학년, 10살 때 1년 동안 각 2,000번 이상 크게 소리 내 말했던 문장입니다. 3학년이 되던 첫날 담임선생님께서 저 문장들을 칠판에 크게 써주셨고 앞으로 학교에 오면 이 문장들을 하루 10번 이상 큰 목소리로 말할 것이니 잘 봐두라고 하셨습니다. 어떤 의미인지 모른 채 따라 읽고 말하다 보니 어느새 저 문장들을 외우게 되었고 15년이나 지났는데도 저 문장은 제 기억 속에 뚜렷하게 남아있고 절대 잊히지 않습니다. 지금 생각해보면 그냥 따라 했던 저 문장들에 기반을 둬 지금의 저의 가치관이 형성된 것 같습니다. 대학과 전공 분야, 직업과 직장을 선택하는 데에도 큰 영향을 주었고, 지금도 항상 마음속에 새겨두는 말입니다.

나는 나를 사랑합니다.

자존감은 누구에게나 꼭 필요하고 중요하다고 얘기합니다. 하지만 그만큼 자존감이 부족한 사람들이 많이 있습니다. 나 자신을 남들과 비교하고 내가 없는 것, 그들이 가진 것을 보며 남들의 시선에 나를 맞추려고 하다 보면 자신을 잃게 되는 일도 있습니다. 저 역시도 사춘기 시절 다른 친구들의 삶과 나를 비교했습니다. 친구의 성적, 어느 대학을 쓰는지, 무슨 학원에 다니는지, 선행학습은 어디까지 하고 있는지 등 여러 가지를 비교했습니다. 하지만 남들과 비교를 하면서 보이는 것은 부족하기만 한 제 모습이었고 열등감과 스트레스가 제게는 큰 압박이 되어 더욱 나 자신을 작아지게 만들었습니다.

고등학교 2학년 겨울방학 때 우연한 기회로 '전국 청소년 신제품 아이디어 공모전'에 참가하게 되었고 정전기를 이용한 청소기로 미세먼지 문제를 해결하는 프로젝트를 진행했습니다. 수업시간에 배운 과학 원리들을 적용하며 새로운 아이디어를 도출하는 게 너무 재밌었습니다. 학교 공부와 병행해야 하기 때문에 늦은 저녁 시간을 이용했지만 힘든 것도 모른 채 밤을 새워가면서 친구들과 준비했습니다. 그 결과, 전국에서 2등으로 최우수상을 받았습니다. 공모전을 준비하며 제가 개념을 응용하고 토론하고 프레젠테이션 하는 것에 흥미를 느끼고 있다는 것을 알게 되었습니다. 이 경험을 통해 저는 남들과 비교하는 것보다 내가 잘하는 일에 집중하고 재밌는 일을 해야겠다고 생각했습니다. 내가 진짜하고 싶은 일, 도전할 수 있고 내 색깔을 찾아갈 수 있는 일을 하고자 다짐했습니다.

지금도 저만의 고유한 색깔을 찾아가는 일을 계속 진행 중입니다. 재밌고 하고 싶고 내가 발전할 수 있는 일들은 꾸준히 도전하고 있습니다. 자존감을 키우고 지키는 것은 어렵습니다. 하지만 남들과의 비교보다는 나 자신에게 집중하고 나 자신을 사랑하는 것이 꼭 필요합니다. 하루를 돌아보며 자기 자신을 세 번 칭찬하고 과거의 나보다 현재의 나에게 더 집중하는 것이 자존감을 높이고 자신을 사랑하는 하나의 방법입니다.

나는 남을 도와주겠습니다.

남에게 피해를 주지 않는 것, 남을 도와주는 것은 모두 남을 배려하는 행동에서 시작됩니다. 자신을 돌보고 사랑하는 것도 중요하지만, 주변을 돌보고 사랑하는 것 또한 중요합니다.

어릴 적 가난한, 부유한, 건강하지 못한, 건강한 등 다양한 환경의 친구들과 함께 자라왔고 그 과정에서 자연스레 도움을 받는 일과 도움을 주는 일 즉, 배려를 배우게 되었습니다. 저는 고등학교 3년 내내 멘토링 프로그램을 했습니다. 제가 제일 좋아하고 자신 있었던 수학과 과학 과목을 후배들과 친구들에게 일주일에 약 두 시간씩 알려줬습니다. 멘토링을 하다 보면 멘토링을 준비하고 가르쳐주는 데 많은 시간이 필요해서 봉사라고만 생각했습니다. 멘티들이 더욱 이해하기 쉽게 알려주기 위해서는 더욱 많은 공부가 필요했고 확실히 이해해야 했습니다.

그러다 보니 집중하며 공부하는 시간이 늘었고 저 또한 성적이 많이 올랐습니다. 그때 저는 내가 잘하는 것을 나누는 것은 봉사가 아니라 공유하고 함께 성장하는 것이라고 알게 되었습니다. 이 경험을 통해 저는 어떤 일이든 혼자 하는 것보다 여럿이 함께하는 것을 선호하게 되었습니다.

대학교에 입학하여 교내 정보보안 동아리 CSS에서 선후배들과 함께 보안공부를 시작했습니다. 그리고 전국정보보호동아리 연합회 KUCIS 활동을 하며 더 많은 사람과 함께했습니다. 좋은 사람들과 함께하다 보니 제 진로와 미래에 대해 다양한 방면에서 생각할 수 있었고, 계획할 수 있었습니다.

과학기술정보통신부에서 주관하는 차세대 보안리더 양성프로그램 (Best of the Best, BoB)에 교육생으로 뽑히게 되었고 좀 더 깊이 있는 보안공부를 할 수 있었습니다. 더 좋았던 것은 정보보안에 열정을 가지고 노력하는 많은 분과 현업에서 종사하고 계신 멘토님들을 만나게 된 것입니다. 그때부터 화이트 해커라는 구체적인 꿈을 꾸게 되었습니다. 제가 지금 이 자리에 오기까지는 정말 많은 분의 도움과 가르침이 있었습니다. 그렇기에 저도 2017년 BoB 수료 후에도 후배 기수들에게 도움을 주기 위해 PL로 활동하고 있습니다.

빨리 가려면 혼자 가고 멀리 가려면 함께 가라는 말도 있듯이 남을 돕고 나도 도움을 받는 것이 중요합니다. 사람마다 잘하는 분야는 다 다르고 재능도 흥미도 다릅니다. 세상에 똑같은 사람은 단 한 명도 없는 것처럼 우리는 매일매일 새로운 사람들을 만나면서 좋은 영향을 받아 거기서 끝나지 않고 나도 좋은 영향을 줄 수 있는 사람이 된다면 좋은 선순환이 생길 수 있으리라 생각됩니다. 나에게 집중하고 나를 사랑하는 만큼, 주변에 피해 주지 않고 주변을 사랑하는 것도 매우 중요합니다.

천천히 부지런히 정성껏 하겠습니다.

저는 어떠한 운동도 취미도 꾸준히 오래 한 적이 없습니다. 하지만 고등학교 1학년 때부터 지금까지 꾸준히 하는 것이 있습니다. 다이어리를 쓰는 것입니다. 한 가지 일에 큰 성과를 이루기 위해서는 1만 시간 동안의 학습과 경험을 통한 사전 준비 또는 훈련이 이루어져야 한다는 말이 있습니다. 하지만 세상은 빠르게 변화하고 있고 앞으로는 더더욱 빠르게 변화할 것입니다. 저는 이러한 변화 속에서도 어느 정도의 여유로움을 가지고자 노력합니다. 이를 실천하기 위한 저만의 방법은 다이어리를 꾸준히 쓰는 것입니다. 다이어리를 쓰면 과거와 현재, 미래를 모두 생각하고 기록할 수 있습니다.

매년 초 다이어리 앞장에 1년 동안 달성할 10가지의 목표를 정합니다. 그리고 매년 말 그 목표들을 얼마나 달성했는지 확인합니다. 책 읽기, 운동하기와 같은 일상의 목표도 적고 직업과 관련된 목표와 자기계발을 위한 목표도 적습니다. 그리고 다이어리를 펼칠 때마다 천천히, 한 발자국씩 부지런히 앞으로 나아갑니다.

저는 새로운 도전을 하거나 어떠한 일을 처리할 때 개인적인 일이든, 업무로서의 일이든 제가 세운 계획은 꼭 지키자는 신념이 있습니다. 한 번 시작한 일은 나중에 후회하지 않도록 최선을 다하자는 것입니다. 회사 팀원들과 함께 공모전을 준비하거나 대회를 나가면 그 순간을 즐기려 합니다. 도전한다면 때로는 실패할 때도 있고 내 한계를 넘어서는 일로 힘들 때도 많지만 시작한 일을 포기하지 않으려 합니다. 조금은 늦더라도 천천히 목표를 향해 나아간다면 혹 좋지 않은 결과가 나오더라도 다음을 기약할 새로운 발판이 된다는 것을 알고 있기 때문입니다. 인생은 속도가 아닌 방향이라는 말이 있습니다. 이 말을 기준 삼아 살아가는 게 천천히, 부지런히 그리고 정성껏 살아가는 저의 방법입니다.

미래 교육에 필수적인 3가지 교육 요소: 정보 수집하기, 생각 말하고 표현하기, 함께 배우기

정보 수집하기

지금까지의 교육은 교사 위주의 단방향 교육, 교과서 중심의 교육, 획일화된 교육이었다면 미래의 교육은 열린 사고를 가능하게 하는 교육

일 것입니다. 이미 구성된 교과서나 교육 커리큘럼 안에서 지식을 습득하는 것이 아닌 내가 하고 싶은 것을 스스로 찾고 공부하는 방법을 터득하고 스스로 정리하고 수집하는 그런 교육이 필요합니다.

지금 이 순간에도 새로운 정보들은 무척 빠른 속도로 무한히 생성, 공유됩니다. 학생들에게 살아있는 교육을 하는 것은 스스로 정보를 수집하고 그 정보 중 나에게 필요한 정보와 필요 없는 정보를 구분할 수 있는 능력과 비결을 쌓을 수 있도록 환경을 만들어 주는 것입니다. 교사의 역할이 현재는 지식을 알려주는 일이라면 미래에는 지식을 알려주는 것이 아닌 방향성을 제시하고 조언을 해주는 조언가로 바뀔 것입니다.

생각 말하고 표현하기

많은 전문가가 이전부터 수업에서 발표와 토론의 중요성을 강조하지만 실제 수업에서는 진도를 맞추느라, 원활한 수업을 위해서, 입시 준비를 위해서 등 다양한 이유로 어려운 현실입니다. 지식을 습득하고 내 것으로 만드는 것도 중요하지만 세상을 살아가는 데 있어서 더 중요한 것은 내 생각을 말하고 표현하는 것입니다.

하지만 대부분 학생은 자신이 아는 것과 모르는 것을 구분하기 어려워하고 아는 것에 대한 설명도 어려워하는 경우가 매우 많습니다. 단순 지식에 대한 설명도 어려워하는 학생들에게 본인의 생각을 말하고 표현하기는 어려울 수밖에 없습니다. 사회에서 일어나고 있는 현상들과 가정, 학교에서 일어나는 현상들에 대한 생각을 충분히 할 수 있는 시간이 주어져야 하고 더 나아가 내 생각을 진솔하고 효과적으로 말하고 표현할 방법을 배우는 것이 필요합니다.

함께 배우기

막 고등학교를 졸업한 학생들이 대학교에 진학하거나 취업을 해서 회사 생활을 할 때 가장 어려워하는 것이 팀별 과제, 협업입니다. 실제 사회생활을 하면 협업능력, 커뮤니케이션 능력은 어디서나 가장 중요한 역량이라고 말합니다. 학교 교육 과정에서 함께 배우고 성장하는 것에 대한 중요성을 강조하지만, 실제 교육 과정이 그렇게 이루어지고 있지 않습니다.

지식을 습득하고 단순한 시험을 통해서 줄 세우기식 평가가 이뤄지는 현 교육 체계에서는 학생들이 다른 학생과 함께 공부하거나 도울 수 있는 환경이 아니기에 더욱 개인주의적인 성향이 많이 드러납니다. 자연스레 대학 진학 또는 직장생활에서도 개인의 업무는 잘 처리하지만, 타인과 협업하는 것에 큰 어려움을 겪는 경우가 종종 발생합니다. 우리 학생들에게 함께 살아가고 같은 목표를 가지고 함께 목표를 달성해 나가는 것에 대한 즐거움과 가치를 알 수 있도록 함께 배우는 교육 과정이 꼭 필요합니다.

미래교육과 테크놀로지의 활용

시각매체 기술이 본격적으로 발전하기 시작한 1900년 이후부터 오늘날에 이르기까지 교육현장에서는 새로운 테크놀로지가 끊임없이 유입되어 왔다. 새로운 테크놀로지는 교실이라는 물리적 공간을 변화시키기도 하고, 새로운 유형의 다양한 학습활동을 가능하게 하는 등 크고 작은 변화를 만들며 교육효과의 증진을 위해 노력해왔다. 특히 최근에는 코로나19 상황으로 인해 비대면 중심의 원격수업이 전면적으로 이루어짐에 따라 교육 분야에서의 테크놀로지 활용이 더욱 큰 관심사로 떠오르고 있다. 그동안 기술발전 및 사회변화와 궤를 같이하며 다양한 테크놀로지가 교수학습 활동을 위해 활용되었고, 이제는 4차 산업혁명의 대표 기술인 인공지능(AI)의 교육적 활용방안을 본격적으로 논하기에 이르렀다. 본 절에서는 테크놀로지 발전에 따른 교육현장의 변화와 그 효과를 광각 렌즈를 통해 둘러보고자 한다. 다음으로 이러한 변화와 효과의 전선(frontline)에 서 있는 교사 변인에 초점을 맞춰보고자 한다. 그리고 이러한 논의를 토대로 테크놀로지 활용 교육을 위한 교사 지원방안을 제시해보고자 한다.

과학기술의 발전과 사회의 변화, 그리고 교육현장

오늘날의 사회는 인공지능(Artificial Intelligence, AI), 사물인터넷 (Internet of Things, IoT), 빅데이터, 증강현실(Augmented Reality, AR) 및 가상현실(Virtual Reality, VR) 등의 첨단 기술을 필두로 하는 4차 산업혁명의 시대라고 일컬어진다. 과거 1차 산업혁명에서는 증기기관 발달을 기반으로 수공업 시대에서 기계화 시대로의 변화가 이루어졌고, 이후 2차 산업혁명에서는 전기에너지를 기반으로 대량생산이 가능하게 되었다. 20세기 후반에 이르러 진행된 3차 산업혁명은 컴퓨터와 인터넷을 기반으로 한 디지털 혁명으로 정보의 생성과 공유를 키워드로 삼았다. 그리고 현재 우리가 살아가는 4차 산업혁명 시대에서 과학기술의 발전은 전례 없는 속도로 가속화되고 있으며, 지식의 팽창 또한 기하급수적으로 빠른 속도로 진행되고 있다.

과학기술 분야에서의 발전은 사회 전반에 걸쳐 변화를 야기하고 있으며 이는 교육 분야에도 영향을 미치고 있다. 특히 4차 산업혁명 시대에서는 '무엇을 어떻게 배우고 가르칠 것인가'에 대한 근본적인 변화를 요구하고 있고, 이에 대한 범사회적 기대가 잇따르고 있다. 과거 교육의 가장 중요한 초점은 3R로 대표되는 읽기(Reading), 쓰기(Writing), 셈하기(Arithmetic) 능력을 기르는 것이었다. 그러나 4차 산업혁명과 지식기반사회로 특징지어지는 오늘날의 교육에서는 4Cs, 즉 창의력(Creativity), 비판적 사고력(Critical thinking), 협업능력(Collaboration), 의사소통능력 (Communication)이 학습을 통해 배양되어야 할 능력으로 자주 언급되고

그림 1-4 21세기 학습 프레임워크

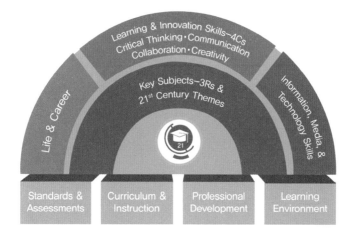

출처 : https://www.battelleforkids.org/networks/p21

있다. 미국의 '21세기 학습을 위한 파트너십(Partnership for 21st Century Learning, 2019)'에서는 21세기 학습자가 지녀야 할 역량인 4Cs와 관련하여 [그림 1-4]와 같은 프레임워크를 제시하였다.26

'21세기 학습 프레임워크'는 교육전문가, 비즈니스 리더 등 사회 각 분야 전문가들의 노력을 통해 개발되어 올바른 시민성을 바탕으로 성공적인 일과 삶을 영위하기 위해 학생들에게 필요한 기술과 지식, 전문성을 비롯하여 이를 지원해주는 시스템에 대한 정의 및 설명을 제공한다. 여기서 주목해야 할 점은 4Cs를 비롯하여 정보, 미디어, 테크놀로지를 활용할 수 있는 능력 등 미래 인재가 지녀야 할 총체적인 능력, 즉 '역량'의 중요성이다.

---

26 Partnership for 21st Century Learning (2019). *Framework for 21st Century Learning.*
http://static.battelleforkids.org/documents/p21/P21_Framework_Brief.pdf

역량에 대한 강조와 함께 현재 교육현장의 변화를 추동하고 있는 또 다른 요인은 첨단기술의 발전이다. 특히 4차 산업혁명에서의 주요 기술인 AR과 VR, AI 등을 교육적으로 활용하고자 하는 시도가 꾸준히 증가하고 있다. 예를 들면, VR의 교육적 활용과 관련하여 2019년에는 모든 초등학교에 VR교실을 보급한다는 계획이 수립되었고, 대학교를 비롯한 성인교육기관에서도 VR 도입이 확산되고 있는 등 다양한 교육시설에서 적용이 확대되고 있는 추세이다. 학교의 울타리를 넘어 여러 산업현장에서도 위험시설에 대한 안전교육부터 시작하여 다양한 영역에 걸쳐 VR 활용 교육이 적용되고 있다.

이와 더불어 교육 패러다임의 변화 또한 주목할 필요가 있다. 기존 교수자 중심의 강의식 교육 형태에서 실습 및 활동 위주의 학습자 중심 교육으로 패러다임이 변화하고 있다. 테크놀로지는 학습에의 몰입, 흥미, 동기 등을 높이는 데 도움을 주어 학습자 중심 교육을 지원하는 데 효과적인 수단이 될 것으로 기대되고 있다. 이는 앞으로 테크놀로지와 밀접한 관계 속에 살아가게 될 학습자들에게 테크놀로지 활용을 위한 (for) 교육뿐 아니라 테크놀로지 활용을 통한(through) 교육이 병행되어야 함을 의미한다.

그럼에도 불구하고 우리나라 교육현장에서 이제까지 테크놀로지의 활용이 원활하게 진행되어 왔다고 자신하기는 어렵다. 대한민국이 '높은 교육열'과 'IT 강국'으로 대표되는 사실에 비추어보면 아이러니하다. 즉, 높은 교육열과 IT산업 발전이 무색하게도 실제 공교육 현장에서는 이와 관련한 인프라와 환경이 충분히 조성되지 못했던 것이다. 학교에 무선 와이파이가 제공되어도 교실에서는 여전히 사용이 불가능했으며, 테크놀로지 기기 도입에 대한 비용적 부담, 테크놀로지 활용 수업에 대한 지원 부족, 이에 대한 교사와 학부모의 부정적 인식 등이 복합적으로 작용한 결과이다. 특히 테크놀로지가 활발하게 사용되는 학교는 주로 시범학교이거나 연구학교에 제한되었으며, 테크놀로지 활용 수업에 관심이 있는 몇몇 선생님들에 의해 이루어지는 경우가 많았다. 그러나 2020년 코로나19의 확산으로 인해 유례없는 '온라인 개학'이 실시되자 그동안 관심 있는 특정 교사들에 의해 이루어지던 테크놀로지 활용 수업, 즉 교육에서의 디지털 전환과 관련된 이슈가 수면 위로 떠올랐다. 원격수업을 진행하기 위해 교사뿐 아니라 교육 이해관계자들이 모두 함께 테크놀로지를 활용한 교육에 대해 고민해보게 되었으며, 현재에도 그 해결방안을 찾기 위해 노력하고 있다. 학생들이 미래사회의 일원으로서 갖추어야 하는 역량을 기르기 위해 테크놀로지를 어떻게 활용할 것인지에 관한 고민, 학생들의 창의성을 발휘하고 더 큰 사회적 가치를 창출해 내기 위해 테크놀로지가 어떠한 역할을 할 수 있을지에 대한 고민이 논의의 중심으로 떠오른 것이다.

테크놀로지 활용 교육에 대한 통시적 고찰

테크놀로지 활용 교육의 과거와 현재

교육현장에서의 테크놀로지는 과학기술의 발전에 힘입어 지속적으로 변모해왔다. 교육매체에 대한 이해로부터 시작하여 시대에 따라 등장하는 다양한 테크놀로지와 그 교육적 효과에 대해 살펴보고자 한다.

교육은 교수자가 교육매체와 교수법을 활용하여 교육환경 속에서 학습자가 학습내용을 배울 수 있도록 하는 교수(teaching)와 학습(learning)이 함께 이루어지는 활동이다. 교육의 주요 구성요소로는 교수자, 학습자, 학습내용, 학습환경, 교수법, 교육매체 등을 꼽을 수 있다. 이 중 '교육매체'는 학습내용을 포함하는 동시에, 가르치는 교수자와 배우는 학습자 사이의 상호작용을 매개하는 역할을 담당한다. 즉, 교육매체는 효과적이고 효율적으로 학습목표를 달성할 수 있도록 교육 주체(교수자 및 학습자) 간의 소통을 돕는 매개 수단으로 작용하며, 여기에는 다양한 형태가 포함된다.[27]

교육매체가 의미하는 바는 시대에 따라 변화되어 왔다. 교육매체가 사용되던 초창기에는 대개 하드웨어(hardware) 측면의 기자재를 교육매체로 보았다. 예를 들면 1910년대부터 도입되기 시작한 시청각 기자재가 교육매체로 인식되었으며, 이후 라디오, 텔레비전, OHP(overhead projector), 컴퓨터 등이 교육매체로 분류되었다. 이후 1950년대 들어 통신이론이 등장하면서 메시지를 전달하는 매개물까지 교육매체로 보게 되었다. 즉, 교육매체를 기자재에 국한시켜 생각하던 것에서 나아가 교육활동에서 교수자와 학습자 간의 교육내용 전달에 관여하는 모든 매개물을 교육매체로 인식하게 된 것이다. 그리고 기술과 컴퓨터 공학이 지속적으로 발전하면서 이제 교육매체는 단순히 기자재나 메시지와 관련된 측면을 넘어 교육환경을 조성하고, 교수 기능의 상당 부분을 담당하는 등 교육활동 전반으로 그 영역이 확장되고 있다(예: 학습관리시스템 [Learning Management System, LMS]).

교육매체 활용의 효과에 대한 연구는 교육공학 분야를 중심으로 지속적으로 수행되어 왔다. 특히 1990년 이후 첨단 정보통신기술 (Information and Communications Technology, ICT)이 학교현장에 적용되면서 테크놀로지의 교육적 활용 가능성을 탐색하고자 하는 시도들이 꾸준히 진행되었다. 그 결과, 교육매체는 전반적으로 학습자의 주의를 집중시키고 동기를 향상시키는 데 도움이 되는 것으로 나타났고, 각종 멀티미디어 자료 및 디지털 기기를 활용하여 교수학습활동이 진행될 때 학습자가 다양하고 풍부한 정보를 접할 수 있을 뿐 아니라 보다 생동감

---

27 박성익, 임철일, 이재경, 최정임(2000). 교육방법의 교육공학적 이해(제5판). 파주: 교육과학사.

넘치는 수업에 참여할 수 있는 것으로 보고되었다.28

2000년대 중반 이후부터는 e-러닝(e-learning), m-러닝(mobile learning), u-러닝(ubiquitous learning) 등의 개념이 등장하기 시작하였고, 새로운 테크놀로지가 등장할 때마다 이에 대한 교육적 활용가능성 및 효과를 탐색하는 연구들이 잇따라 수행되었다. 특히 2010년 이후부터는 스마트기기가 등장하면서 이를 활용한 학습에 관한 연구가 많이 이루어졌다. 초창기에는 대부분 탐색적인 성격을 띠는 연구가 주로 진행되었고, 이후에는 스마트폰, 스마트패드 등의 스마트기기들이 교육현장에서 어떻게 활용될 수 있는지, 학습에 어떠한 영향을 미치는지에 대한 연구가 진행되었다. 이러한 연구 결과들은 다양한 테크놀로지를 통해 조성된 학습환경과 이를 활용한 교수학습활동이 학습에 긍정적인 영향을 끼침을 확인해 주었다.

학습에 대한 교육매체의 긍정적인 연구 결과와 더불어 최근 중요성이 대두되고 있는 부분은 학생들의 지식정보처리 역량, 디지털 리터러시, 미디어 리터러시와 같은 역량이다. 이는 교실 현장에서 테크놀로지의 활용이 지속적으로 증가하면서 더욱 주목을 받고 있는 부분이다. 실제로 스마트패드를 사용하여 진행된 초등학교 수학 수업에서 디지털 리터러시는 학습 만족도와 학업성취도를 유의미하게 예측하는 주요 변인으로 나타났다.29 한편 학습자의 디지털 리터러시는 테크놀로지의 활용을 통해 증진될 수도 있다. 초등학교 5학년 학생들을 대상으로 AR 기술을 활용하여 진행된 학습활동은 정보처리능력, 협동능력, 의사소통 및 공유 능력 등 학생들의 디지털 리터러시 향상에 도움을 준 것으로

28 임정훈(2015). 학교교육에서의 교육공학 실천에 관한 연구동향: 1985년~2014년을 중심으로. 교육공학연구, 31(2), 311-339.

29 조애영, 박인우, 고유정(2019). 스마트패드 기반 수학 수업에서 디지털 리터러시와 학습만족도, 학업성취도에 대한 학습몰입의 매개효과. 교육문제연구, 32(4), 163-189.

보고되었다.[30]

향후 디지털 기기의 보급, 교육용 멀티미디어 콘텐츠의 증가, 수업 현장에서의 테크놀로지 활용 증대 등과 맞물려 이를 활용할 수 있는 학생들의 역량이 보다 중요해질 것이며, 이러한 역량이 학업성취도, 만족도, 교과 태도 등에도 영향을 미칠 것임을 예상해 볼 수 있다. 나아가 이러한 역량은 학생들의 진로에도 상당한 영향을 끼칠 것으로 예상된다. 학교교육에서 다양한 테크놀로지 활용을 통해 학생들의 디지털 역량을 높이는 것이 미래교육을 추동하는 강력한 축이 될 수 있음을 짐작해볼 수 있다.

4차 산업혁명 시대의 테크놀로지와 교육

교육매체와 교육현장은 서로 불가분의 관계를 유지해왔다. 과거에는 교수매체를 교수학습의 효율성을 위한 보조적인 도구로서의 역할 수행 정도로만 생각해 왔으나 끊임없는 기술의 발전과 함께 테크놀로지 또한 나날이 진보하여 이제는 보조수단이 아닌 그 자체로 학습환경을 형성하거나 학습에 적극적인 영향력을 끼치는 수준으로 발전하였다. 최근에는 빅데이터, AI 등과 같은 최첨단 기술이 접목되면서 효과적인 학습을 촉진하는 데 커다란 도움을 줄 것으로 기대되고 있다. 여기서는 미래의 교육현장에서 테크놀로지가 활용되는 구체적인 모습을 4차 산업혁명의 대표 기술인 VR과 AI를 중심으로 살펴보고자 한다.

VR은 다른 각도로 촬영된 영상을 VR 기기의 렌즈를 통해 바라보며

---

30 Hsu, H.‒P., Wenting, Z., & Hughes, J. E. (2019). Developing elementary students' digital literacy through augmented reality creation: Insights from a longitudinal analysis of questionnaires, interviews, and projects. *Journal of Educational Computing Research, 57*(6), 1400‒1435. https://doi.org/10.1177/0735633118794515

사람의 두 눈동자의 차이를 이용해 입체감을 느끼게 하는 기술이다. VR 기기를 사용하기 때문에 사용자 주변의 실제 환경이 차단된다는 특징이 있으며, 사용자는 가상현실 속에서 실제와 매우 유사한 경험을 할 수 있다. 해외에서는 컴퓨터를 기반으로 구현되는 3차원의 가상세계(virtual world)에 대한 관심을 기점으로 이를 활용한 교육이 주목받기 시작하면서 1990년대 중·후반부터 가상현실을 교육에 적용하려는 다양한 연구들이 시도되었다. 이 중 가상 시뮬레이션(virtual simulation)은 학습자들가 가상의 세계에서 물체를 직접 만들어낼 수 있는 교육적 환경을 의미하는 것으로, 초기에는 세컨드 라이프(Second Life)라는 가상공간에서 이루어지는 교육활동에 대한 많은 연구가 진행되었다. 이후에는 특정 교과나 학습주제에 초점을 맞춘 다양한 가상 시뮬레이션이 개발되기 시작했다. 대표적인 예로는 아나토미 빌더(Anatomy Builder) VR을 들 수 있는데, 학습자는 HTC사의 바이브(Vive)라는 안면(또는 머리) 착용형 디스플레이(head-mounted display, HMD)와 동작 컨트롤러, 센서를 사용하여 아나토미 빌더 VR 내의 가상환경에서 사람과 동물의 뼈를 직접 조작하여 분류하거나 조립하여 비교해보는 등 실질적인 학습활동에 참여한다.31 이와 같은 3차원 공간의 가상현실에서 학습자는 3차원의 뼈를 여러 각도로 돌려보는 등의 활동을 통해 뼈의 구조에 대한 공감각적, 시각적 이해도를 증진시키고 여러 해부학 관련 개념들을 습득할 수 있게 된다.

　VR을 활용한 또 다른 교육활동은 가상 체험학습(virtual field trip)이다. 이는 가상현실에서 체험학습을 진행하는 형태로, 종래에는 주로 문

---

31 Seo, J. H., Smith, B., Cook, M., Pine, M., Malone, E., Leal, S., & Suh, J. (2017). Anatomy builder VR: Applying a constructive learning method in the virtual reality canine skeletal system. *2017 IEEE Virtual Reality* (*VR*), 399–400. https://doi.org/10.1109/VR.2017.7892345

자나 음성, 사진, 비디오 등과 같은 멀티미디어 자료를 혼합한 웹 링크 방식을 활용하는 것이 일반적이었으나 최근에는 줌(Zoom), 웹엑스(Webex)와 같은 화상회의 도구나 구글어스(Google Earth), 구글맵(Google Map) 등과 같은 360도 파노라마 뷰를 바탕으로 하는 새로운 도구가 활용되고 있다. 이 중 구글 익스페디션(Google Expeditions)이라는 앱을 통한 가상 체험학습은 중고등학교 및 대학교 수업에서 폭넓게 활용되어 학생들의 학습경험을 풍부하게 하는 데 도움을 주고 있다. 또한 VR을 통한 교육활동은 가상세계 안의 아바타를 활용하여 체험학습 장소를 실제로 탐험해 보는 것과 같은 경험을 가능케 한다.

이외에도 현실세계와 디지털 요소를 함께 활용하는 혼합현실(Mixed Reality, MR)이 교육적으로 다양하게 활용되고 있다. MR은 실제 물리적인 공간에 컴퓨터 그래픽으로 생성된 가상의 정보, 이미지 등을 겹쳐 보이게 제공하는 것으로, 현실세계의 물리적 공간과 가상의 현실 또는 정보가 혼합된 환경을 의미한다. MR 기반 학습환경의 가장 대표적인 예로는 미국 하버드 대학교의 리버시티(River City) 프로젝트를 들 수 있다. 중학생들은 리버시티 프로젝트의 가상환경에서 실생활과 유사한 복잡한 문제를 해결하게 되는데, 이를 통해 과학적 탐구 과정을 거치며 과학자의 역할을 수행하고 궁극적으로는 과학적 사고능력을 향상시키

그림 1-5 에코모바일(EcoMobile) 과학교육 혼합현실

그림 1-6 미티오(MEteor) 과학교육 혼합현실34

게 된다. 이후 리버시티 프로젝트는 실제 물리적인 공간과 연결된 가상의 정보를 모바일 기기로 전송받는 혼합현실 형태의 에코모바일(EcoMOBILE)로 발전하여 보다 효과적인 학습을 지원하고 있다. 이를 통해 학습자는 물리적 환경인 실제 연못을 탐방하는 가운데 모바일 기기를 통해 문자, 그림, 오디오, 비디오, 3차원 모델 등과 같은 위치기반 정보를 다양하게 제공받을 뿐 아니라 자료를 수집하고 분석하는 등 과학적인 탐구활동의 전반을 경험해볼 수 있다.32

AR 및 MR 활용 교육의 효과성과 관련해서는 고도의 실감성 및 학습에 대한 흥미와 긍정적인 태도 향상 등을 꼽을 수 있다. 연구결과를 통해 가상의 현실과 물리적 공간이 혼합된 MR 환경에서의 학습활동은 학습에 대한 학습자의 흥미를 높여주는 것으로 나타났을 뿐 아니라33 동

---

32 Dede, C. J., Grotzer, T. A., Metcalf, S., & Tutwiler, M. (2012). EcoMOBILE: Blending virtual and augmented realities for learning ecosystems science and complex causality. *Journal of Immersive Education*. Retrieved from https://dash.harvard.edu/handle/1/37245692

33 Khan, M., Trujano, F., & Maes, P. (2018). Mathland: Constructionist mathematical learning in the real world using immersive mixed reality. In D.

작 감지 센서를 함께 사용하는 경우 학습자의 흥미와 교과에 대한 긍정적인 태도를 증진시켜 줄 수 있는 가능성 또한 확인되었다. 과학학습의 예를 들면, 중학생들은 미티오(MEteor)라는 MR 내에서 직접 몸을 움직여 가상환경 내의 행성을 조작하며 우주에서 행성의 움직임과 중력의 관계를 배우는 활동에 참여하였다. 여기서 학습자의 움직임은 동작 감지 센서를 통해 감지되며, 이를 바탕으로 가상환경 내의 물체와 상호작용하는 것이 가능해진다. 이렇듯 몸 전체를 움직이며 인지적 활동에 참여하는 과정은 학생들로 하여금 학습에 대한 유의미성뿐 아니라 과학학습에 대한 흥미, 과학 교과에 대한 긍정적인 태도 등을 향상시키는 데 커다란 영향을 주었다.[35]

최근 교육계에서 특히 각광을 받고 있는 테크놀로지는 AI이다. AI를 통해 학생 개개인에게 맞춤형, 개별화 학습이 가능해질 수 있기 때문이다. AI를 기반으로 한 진단 테스트를 통해 해당 학생이 현 시점에서 무엇을 알고, 무엇을 모르고 있는지에 대해 파악할 수 있게 되고, 이 데이터를 기반으로 학생 개인에게 적합한 맞춤형 학습 경로가 설계된다. 이와 같은 AI가 활용되는 대표적인 예로는 지능형 개인교습 체제로 불리는 Intelligent Tutoring System(ITS), 학생이 지식을 스스로 구성할 수 있는 환경을 제공해주는 Exploratory Learning Environments(ELEs), 학생들의 작문 활동을 AI가 자동으로 채점하는 Automatic Writing Evaluation(AWE), 질문에 대해 AI가 응답을 제공하는 챗봇, AI학습친구

Beck, C. Allison, L. Morgado, J. Pirker, A. Peña－Rios, T. Ogle, J. Richter, & C. Gütl (Eds.), Immersive Learning Research Network (pp. 133-147). Springer International Publishing.

34 https://www.nsf.gov/news/mmg/mmg_disp.jsp?med_id=81506&from=

35 Lindgren, R., Tscholl, M., Wang, S., & Johnson, E. (2016). Enhancing learning and engagement through embodied interaction within a mixed reality simulation. *Computers & Education, 95,* 174－187.

(AI Learning Companion), AI조교(AI Teaching Assistant) 등을 들 수 있다.

실제로 미국의 애리조나 주립 대학교(Arizona State University, ASU)에서는 알렉스(Assessment and Learning in Knowledge Spaces, ALEKS)라는 AI 기반 프로그램을 통해 학생들의 학습을 돕고 있다. 애리조나 주립 대학교 신입생들은 알렉스 프로그램을 통해 자신의 기초실력을 진단받고 이에 따라 적합한 수업을 맞춤형으로 제공받는다. 65,000여 명의 학생이 알렉스를 통해 12개 기초과목을 맞춤학습체제로 학습하였으며, 그 결과 수학 과목에서 평균 이수율이 20.5% 향상되었다. 특히 수학에 기초가 없는 학생들의 경우 이수율이 25.8% 향상되는 등 변화의 폭이 한층 큰 것으로 확인되었다.[36] 향후 AI를 활용하여 교수학습의 효과성을 높일 수 있다는 기대와 가능성에 힘을 실어 준 것이다.

테크놀로지와 미래학교, 그리고 교사 역량강화의 공진화를 위한 과제

새로운 교육매체 및 테크놀로지가 소개될 때마다 교육현장에서는 이로 인한 기대감이 형성되었다. TV의 등장으로 인해 교육이 변할 거라고 생각했고, 교실에 컴퓨터가 등장하고 활용됨으로써 수업을 획기적으로 변화시킬 것으로 보았다. 최근의 테크놀로지인 VR, AI 등도 이를 교육에 활용하는 것만으로 교육이 근본적으로 변할 것이라는 기대감을 수반하는 듯하다. 그러나 막연한 기대보다는 교육적으로 어떻게 활용할 수 있을지를 고민해 보는 자세가 필요할 것이다. 현재 코로나19로 인한 원격수업에서도 교수자 중심의 강의식 수업만으로 진행되는 경우가 있

---

36 이주호(2020). 하이터치 하이테크: 코로나 이후 교육의 방향. 2020 한림대학교 대학 혁신지원사업 심포지엄 자료집.

는가 하면 각종 테크놀로지를 활용하며 온라인상에서 학습자들의 참여를 이끌어내는 수업도 있다. 이는 테크놀로지를 활용하여 학습자들에게 풍부한 교육적 경험을 제공하고 교육의 효과를 높일 수 있을지에 대한 '어떻게'의 측면을 고민하는 교사 덕분일 것이다.

테크놀로지가 새롭게 등장할 때마다 이를 교실 수업에서 활용할 것인지, 그리고 더 나아가 어떻게 활용할 것인지를 결정하는 주체는 교사이다.37 테크놀로지 활용 교육을 실천하는 일선의 현장이 학교라면, 그 실천의 전선(frontline)에 교사가 있는 것이다. 수업에서 테크놀로지 활용을 시도하기 위해서는 교사들에게 적잖은 노력이 요구되며, 이는 일부 교사들에게 낯설고 부담스러운 과제가 되기도 한다. 해당 테크놀로지의 작동 방법, 기능, 특성 등 기본적인 요소부터 파악해야 함은 물론이거니와 이를 적극적으로 수업활동에 활용하기 위해서는 기존에 진행해왔던 커리큘럼을 바꾸고 교수학습 방법과 전략에도 수정을 가해야 하는 등 많은 수고와 노력이 요구되기 때문이다. 이러한 현실을 고려한다면 테크놀로지 활용 교육을 활성화하기 위한 노력을 교사 개인의 노력에만 맡겨두어서는 안 될 것이다.

실제로 테크놀로지 활용 교육의 확산 방안에 관한 연구 결과를 살펴보면, 교사 개인 변인뿐 아니라 테크놀로지 인프라 구축, 학교와 해당 교육청으로부터의 다각도의 지원이 중요함을 피력하고 있다. 이는 지난 30여 년 동안 교사의 테크놀로지 활용을 촉진 또는 방해하는 요인과 관련하여 수행된 수많은 연구의 결과를 통해 알 수 있다. 연구 결과로 테크놀로지의 교육적 활용을 위해 교사는 이와 관련된 지식(knowledge)과 더불어 이를 잘 활용할 수 있다는 자신감(confidence)이 있어야 하며,

---

37 Ertmer, P. A. (2005). Teacher pedagogical beliefs: The final frontier in our quest for technology integration? *Educational Technology Research and Development, 53*(4), 25-39. https://doi.org/10.1007/BF02504683

학습에 대한 구성주의적인 신념과 함께 테크놀로지의 활용이 구성주의 교육을 실현하는 데 도움이 된다는 신념(belief)을 지니고 있어야 한다는 것이 밝혀졌다. 그리고 이 모든 개인적인 요인들과 함께 학교의 관리자, 동료 교사 등 교사가 처한 학교 환경과 문화, 행정적 지원 등이 중요한 것으로 보고되었다.38

교원의 테크놀로지 활용 교육 역량 강화를 위해서는 앞서 언급된 지식, 자신감, 신념을 향상시킬 수 있는 교원연수 프로그램을 지속적으로 계획하고 운영하는 것이 필요하다. 보다 구체적으로는 테크놀로지 기기 자체에 대한 지식뿐 아니라 이를 본인의 교과에 어떻게 활용할 수 있을 것인지, 그리고 테크놀로지의 활용과 교수법의 활용을 어떻게 연결시킬 수 있을지 등 테크놀로지(technology), 교과내용(content), 교수법(pedagogy)적 측면의 지식을 통합적으로 기르고 현장에 적용할 수 있는 능력을 배양하는 데 초점을 두어야 할 것이다. 또한 테크놀로지 활용에 관한 교원연수 프로그램은 테크놀로지 활용 교육에 대한 교사의 자신감, 긍정적 태도 등을 고양하고, 구성주의 교수학습에 대한 신념을 강화하는 등 정의적(affective) 영역의 변화를 위해서도 노력해야 할 것이다.

끝으로 테크놀로지 활용을 통해 교수학습의 효율성과 효과성을 꾀하고자 하는 학교 전체의 비전, 수업에서 테크놀로지의 활용을 자유롭게 시도해볼 수 있도록 장려하는 학교의 분위기와 인적·제도적 인프라, 학교 관리자 및 동료 교사들의 지원이 함께 발맞춰 이루어져야 할 것이다. 교장, 교감을 비롯한 학교 관리자는 학교의 테크놀로지 활용에 대한 비전을 품고 이를 교사들과 공유할 필요가 있으며, 학교 전반에 걸쳐 테크놀로지 활용을 독려하는 문화를 형성할 수 있도록 해야 한다. 나아가 학교 관리

---

38 Ertmer, P. A., & Ottenbreit-Leftwich, A. T. (2010). Teacher technology change: How knowledge, confidence, beliefs, and culture intersect. *Journal of Research on Technology in Education, 42*(3), 255-284.

자와 교육청은 교사들의 테크놀로지 활용을 촉진하는 교사 공동체 활동과 연수 참여를 독려함과 동시에 테크놀로지를 활용할 수 있는 방안, 교수학습 방법에 대해 배움의 기회를 여러 형태로 마련해야 할 것이다.

최근 우리나라에서도 '지식샘터'라는 온라인상의 공간을 만들어 교사들의 지적 공유와 성장을 돕고 있다. '지식샘터'에서는 교사 개개인이 테크놀로지 활용 수업에 관한 자신의 경험과 전문성을 자유롭게 공유할 수 있다. 강사 교원이 연수 주제, 내용, 시간 등을 구성할 수 있다는 점에서 볼 때, 기존의 기관 주도의 천편일률적인 연수방식에서 벗어나 현장의 목소리에 밀착하여 교사들이 궁금하거나 고민이 되는 사항들을 함께 해결하는 플랫폼이 될 수 있을 것으로 기대된다. 특히 코로나19로 인해 원격수업이 장기화되고 있는 현 상황에서 원격수업에 대한 노하우를 공유하고 온라인상에서 학습자 참여 수업을 구현하는 데 많은 도움을 받을 수 있을 것이다.

코로나19 상황으로 시작된 원격수업으로 인해 디지털 기반의 교육 인프라가 구축되면서 테크놀로지 활용 교육에 대한 본격적이고 깊이 있는 고민이 더욱 필요해지는 시점이다. 요즘 'V세대'라는 신조어가 등장했다고 한다. V는 바이러스를 뜻하는 것으로 코로나19로 인해 비대면 학교생활을 경험하며 비대면 사회생활이 어색하지 않은 세대를 의미한다. 미래사회에서 학생들은 코로나19 상황의 호전이나 종결과 상관없이 테크놀로지와 밀접한 관련을 맺고 살아가게 될 것이다. 미래사회를 살아가는 데 필요한 최소한의 역량을 넘어서서 새로운 가치를 창출하며 변화를 주도하기 위한 역량을 함양하는 차원에서 테크놀로지 활용 교육이 이루어지기 위해서는 학교현장과 교원의 성장을 아우르는 총체적인 노력과 지원이 필요할 것이다.

"로봇이 인간의 일을 대신해 주는
세상이 되면 나는 무슨 일을 해야 할까요?"
한재권 한양대학교 로봇공학과 교수

저는 로봇을 만들고 있는 사람입니다. 특히 키가 150cm 정도 되고 두 다리로 걸으면서 인간의 명령을 받아 일을 하는 인간형 로봇을 만듭니다. 영화 속에서는 이런 인간형 로봇들이 인간의 명령을 거부하고 반란을 일으키곤 하죠. 그래서 인간은 로봇의 노예가 되는 영화 속 이야기가 많습니다. 이러한 이야기를 보고 듣다 보면 로봇은 무서운 존재가 되기도 합니다.

현실에서는 이 정도는 아니더라도 일을 잘하는 로봇을 보면 처음에는 신기하다가 자꾸 보면 덜컥 겁이 나기도 합니다. '로봇이 저렇게 일을 다 해버리면 우리 인간은 과연 일을 할 수 있을까? 로봇이 인간의 일을 모두 다 빼앗아서 인간이 실업자가 되면 우리 모두 가난해지는 것은 아닐까? 그렇다면 나는 무슨 일을 할 수 있을까? 미래를 위해서 무슨 준비를 할 수 있을까?' 등 비관적인 생각들이 꼬리에 꼬리를 물고 이어집니다.

로봇과 함께 사는 미래는 어떤 모습일까요? 비극적인 미래를 막기 위해 더 이상 로봇을 개발하면 안 되는 것일까요? 학생 여러분들은 어떻게 생각하시나요? 미래를 대비하기 위해 우리는 무엇을 준비해야 할까요?

사실 영화 속에서 보는 로봇은 실제 로봇과 많이 다릅니다. 영화는 이야기를 자극적으로 만들어야 관객이 좋아하기 때문에 적은 가능성을 크게 확대해서 만드는 경우가 많습니다. 실제 로봇은 영화 속의 로봇처럼 만능의 존재가 아닙니다. 아주 먼 미래에는 어떻게 될지 저도 모르지만 현재의 학생들이 사회에 나갈 10년~20년 후까지 인간의 일을 완벽하게 대체할 수 있는 로봇이 만들어지기는 쉽지 않을 것 같습니다. 그렇기 때문에 실제 로봇을 잘 아는 것이 중요합니다. 그래야 우리의 미래를 정확하게 예측하고 미리 준비할 수 있으니까요.

솔직히 말씀드리자면, 로봇은 잘 하는 것도 많지만 잘 못하는 것도 많습니다. 그런데 특이한 것은 그 잘하는 것과 잘 못하는 것이 인간과는 완전 반대입니다. 인간이 잘 못하는 일은 로봇이 잘 하구요, 반대로 인간이 잘 하는 일은 로봇이 잘 못합니다. 이상하지 않나요?

예를 들어보면, 자동차 공장을 가보면 로봇들이 무거운 자동차를 번쩍 들어 옮기면서 하루 24시간 쉬지도 않고 용접을 합니다. 반도체 공장에서는 눈에 보이지도 않는 작은 반도체 칩을 로봇들이 정밀하게 만듭니다. 인간들이 과연 이렇게 일을 잘 할 수 있을까요? 인간이 잘 못하는 일을 로봇들은 정말 잘합니다.

그런데 반대 현상도 있습니다. 우리는 다른 사람의 감정을 느낄 수 있습니다. 공감이라고 하지요. 물론 공감 능력이 안 좋은 사람도 있고 좋은 사람도 있긴 하지만 대부분의 사람들은 다른 사람의 감정을 느낍니다. 어떻게 이런 일이 가능한지 잘 모르겠습니다. 하지만 우리는 당연한 듯이 하고 있지요. 그리고 또 엉뚱한 상상도 잘 합니다. 전혀 논리적이지도 않은 생각이 불현듯이 떠오르기도 합니다. 더 나아가 그 엉뚱한 상상을 실현하는 경우도 있습니다. 공감능력, 논리적이지 않은 상상에 의한 창의력, 모두 로봇이 해내기 너무 어려운 일입니다.

로봇이 잘 못하는 일은 이 이외에도 수없이 많습니다. 한번 우리 인간이 너무 쉽게 잘 해내고 있는 일들을 곰곰이 생각해 보십시오. 그리고 그 일을 로봇이 잘 할 수 있을까? 하고 상상해 보십시오. 로봇이 잘 못하는 일 아닌가요? 만약 로봇이 잘 못하는 일이 생각났다면 꼭 기억해 주십시오. 바로 그 생각이 우리의 미래를 희망적으로 만들 수 있습니다. 왜냐하면 로봇과 함께 사는 미래의 우리는 로봇이 잘 못하는 일을 하면서 살 테니까요.

한 가지만 더 추가하자면, 그 인간이 잘하는 일을 내가 좋아하는 일과 연결시켜 보십시오. 그런데 로봇이 잘 못할 것 같아 보이고 내가 좋아하는 일은 현재는 대부분의 인간들이 다 잘하고 있기 때문에 아무 가치가 없는 일처럼 보일 수도 있습니다. 그러나 인간이 로봇과 함께 일하는 시대가 되면 로봇이 못하는 내가 좋아하는 일은 충분히 가치 있는 일이 될 수 있습니다. 친구들과 수다 떠는 일을 좋아하나요? 좋습니다. 친구들과 공차고 노는 것을 좋아하나요? 이 또한 아주 좋습니다. 아이돌 스타들의 팬클럽 회장인가요? 동네에서 게임을 제일 잘하나요? 그 좋아하는 것이 무엇이든 좋습니다. 그것이 무엇이든 그 분야에서 제일 잘할 자신이 있으신가요? 그렇다면 그 일이 미래에 어떻게 변할지 상상해 볼까요? 과연 로봇이 나보다 더 잘할 것 같나요? 만약 내가 로봇보다 더 재미있게 잘할 자신이 있다면 한번 나의 미래의 일로 만들어 볼까요?

　로봇보다 더 좋은 경쟁력을 가지려면 공감능력 같은 감수성이 필요하고 창의력 넘치는 일을 해야 하는데요. 이 감수성과 창의력은 내가 좋아하는 일을 할 때 나옵니다. 내가 좋아하지도 않는 일을 억지로 하는데 그 일을 창의적으로 할 수 있을까요? 열정적으로 할 수 있을까요?

　즉, 로봇과 함께 일하는 미래에서 경쟁력을 가지려면 내가 좋아하는 일을 신나게 해야 합니다. 그래야 로봇이 못하는 감성적이고 창의적인 일을 인간인 내가 더 잘해낼 수 있을 테니까요. 그래서 지금부터라도 내가 어떤 일을 좋아하는 사람인지 곰곰이 살펴볼 필요가 있습니다. 정말 솔직하고 진지하게 자신에게 물어보고 진짜 해답을 찾아 보세요. 그 답은 모두가 다 다를 수 있습니다. 좋은 답이나 정답은 없습니다. 나의 답이 나의 정답입니다. 답을 찾으셨으면 그 일을 하기 위해서 지금 무엇을 준비해야 할지 생각해 보세요. 그렇게 하나하나 차근차근 준비하면 미래에는 정말 엄청난 사람이 되어 있을 것입니다.

　로봇과 함께 사는 미래에는 우리 인간이 어떤 일을 할지 아무도 모릅니다. 저도 모르는 것은 마찬가지이구요. 하지만 분명한 것은 우리 인간은 로봇보다 더 잘하는 무언가를 하면서 살 것입니다. 현재는 아무것도 아닌 것 같아 보이는 내가 너무 좋아하는 일. 그 일이 나의 미래의 일이 될 수 있습니다.

　그 새로운 일을 우리는 4차 산업혁명이라고 부릅니다.

미래사회와 학교에서의 진로교육

미래사회, 왜 진로교육인가? 진로교육의 가치와 중요성의 급부상

우리는 끊임없이 확장하는 사회, 발전하는 기술, 변화하는 사회적 관습 등 개인 외적 변수들이 다양한 세계에 살고 있다. 오늘날 사람들은 그들이 고등학교를 졸업할 무렵에는 존재하지도 않았거나, 몇 년 전까지는 손길이 미치지 않았던 일에 종사하고 있다. 또 오늘날의 많은 사람들은 바로 직전 세대까지 드물었던 가족관계와 대인관계 양식을 보이며 살아가고 있다. 오늘날을 살아가는 사람들의 삶의 경로는 '일에 대한 경로'라는 의미를 넘어서 개인, 가족, 직업인으로의 정체성을 완성하고 삶의 가치와 의미를 성취하고 만족하는 '생애 전반에 대한 경험'과 같은 확장된 이해를 필요로 한다.

이러한 진로관의 변화는 21세기 급변하는 세계무대에서 지식보다는 **총체적 능력**으로서 역량의 중요성을 강조하고 있다. 이에 따라 2015 개정 교육과정에서는 자기관리 역량, 지식정보처리 역량, 창의적 사고 역량, 심미적 감성 역량, 의사소통 역량, 공동체적 역량을 핵심역량으로 하는 역량기반교육과정을 강조하고 있다. 창의성과 인성을 강조하고 21세기 미래사회를 이끌어갈 '꿈과 끼를 살리는 행복교육'이라는 현 정부의 교육정책 노선은 **범교과적 능력**으로서 핵심역량을 다루기 위한 내용과 방법에 대한 논의들을 중심으로 교육 연구와 현장에서 중요하게 다루어지고 있다.

이러한 역량중심 교육의 흐름에 발맞춰 2016년부터 전국 모든 중학교에 '자유학기제'가 도입되었다. 자유학기제란 중학교 교육과정 중 한 학기 동안 학생들이 중간·기말고사 등 시험부담에서 벗어나 꿈과 끼를 찾을 수 있도록 수업 운영을 토론, 실습 등 학생 참여형으로 개선하고 진로탐색 활동 등 다양한 체험 활동이 가능하도록 교육과정을 유연하게 운영하는 제도를 말한다. 자유학기제는 교육과정과 진로교육이 서로 공통분모를 형성하게 된 사례라는 점에서 그 의미를 찾아볼 수 있다.

나아가 2015 개정 교육과정에서는 '학생 자신의 진로를 창의적으로 개발하고 지속적으로 발전시켜 성숙한 민주시민으로서 행복한 삶을 살아갈 수 있는 역량을 기른다'는 것을 목표로 역량 중심의 진로교육을 추진하고 있다. 역량교육이 지향하는 진로교육은 학생 개개인이 자신의 소질과 적성을 바탕으로 진로를 창의적으로 개발하고 지속적으로 발전시킬 수 있는 역량을 기르고 궁극적으로는 행복한 삶을 살아가도록 하는 것을 의미한다. 이러한 진로교육의 목표에 따라 학교현장에서는 다양한 프로그램 운영을 통해 진로교육을 통한 역량 강화를 위해 노력하고 있다. 고등학교 학점제형 교육과정 역시 이러한 진로형 교과 편성의 일환으로 도입을 추진하고 있는 제도이기도 하다. 그럼에도 불구하고 학교현장에서는 교과활동이 어떻게 진로교육과 연관되는지, 학점제가 어떻게 진로형 교육과정으로 안착할 수 있을지 고민이 많다.

진로교육, 무엇이 문제인가? 현행 진로교육프로그램의 한계

최근 급변하는 사회 환경과 학습 패러다임의 변화는 진로의 개념을 평생학습의 관점에서 바라보고 단순한 진로설계의 관점을 넘어 '삶의 설계'라는 관점으로 확장할 것을 요구하고 있다.39 그러나 현재의 많은 진로교육 프로그램들은 학교현장의 제한된 여건과 만나 매우 형식적이고 피상적인 수준의 정보 제공에 그치는 경우가 많다. 이와 더불어, 직업의 선택과 결정을 개인 내면의 동기와 적성이라는 심리적 동인에 기인한 것으로 보도록 은연중에 조장하기도 한다. 특히 이러한 심리적 접근은 현실적인 여건과 제한된 자원들에 대한 영향을 간과하고 개인의 능력이나 성취에 대한 노력만을 강조하여 성공과 실패라는 사회적 가치를 강화시키기도 한다. 또한, 진로교육 활동을 학교 교육 활동의 대부분을 차지하는 수업과 별도의 활동으로 규정함으로써 진로교육이 일상적 삶과 동떨어진 성찰의 대상으로 인식되고, 다루어지게 되는 일종의 괴리를 만들어 낸다.

이와 같은 단선형 직업관에서는 진로교육을 기능주의적인 도구로 치부하는 경향이 강하다. 실제 많은 학교에서 진로교육을 별도의 프로그램이나 상담 등을 통한 직업 소개나 진학 상담, 성격이나 적성 진단 심지어 명상 등으로 운영하고 있다.40 또 다른 실례로 현재 초·중등학교 진로교육 핵심활동 중 하나는 객관성을 강조하는 정보 자료 제공을 통한 자기이해 활동이다. 이러한 활동의 내용을 살펴보면, 직업흥미검사나 직업적성검사, 예컨대 '커리어넷'이나 '워크넷' 등의 온라인 검사와 사설 기관 오프라인 검사를 통한 진로 관련 심리검사가 주류를 이루고

---

39 박수정, 조덕주(2014). 평생교육의 관점을 토대로 한 중학교 [진로와 직업] 교과서 분석. 교사와 교육 (구 교육논집), 33, 67-88.
40 이지연(2001). 교육단계에서의 효율적인 진로지도 방안 연구, 서울: 한국직업능력개발원.

있다. 또한, 직업체험이나 외부 강사 초빙 등과 같은 행사성 프로그램 혹은 상급학교 진학 관련 상담과 같은 단기적 정보 제공 프로그램이 주된 활동 내용이다.

역량중심교육의 실현을 위한 진로교육이 이렇게 직업체험이나 진학 위주의 교육으로 운영되고 있다는 것은 진로를 직업이나 학과의 선택이라는 지엽적인 의미로 해석하고 있다는 것을 보여준다. 이처럼 진로교육을 직업안내교육과 동일시하다보니, 직업흥미검사나 직업적성검사 등 진로 관련 측정도구를 사용하는 검사에 치중하거나, 직업체험이나 외부 강사 초빙 등 단기 행사성 교육으로 진로교육이 집중되는 경향을 보인다. 물론 이러한 활동은 진로 탐색 시기에 해당하는 학생에게는 자기 자신과 직업 세계에 대한 이해와 정보를 제공할 수 있다는 점에서 중요하다. 하지만 진로교육이 '진로역량을 함양하기 위한 활동'으로서의 의미를 강화하도록 하기 위해서는 직업체험과 직업 및 진학 정보 등을 제공하는 방식에 치중하여 진행하는 것만으로는 불충분하다. 더욱이 교과를 중시하는 학교교육 풍토에서 진로교육을 체험활동이나 일회성 프로그램으로 동일시하는 관점은 자칫 진로교육의 지위와 가치를 사소화하기도 한다.

진로교육의 정체성이 하나의 명확한 역할과 의미를 갖는 교육적 가치로 확립되기 위해서는 진로교육의 내용이 계열성과 계속성이라는 교육과정 구성원리에 따라 운영되어야 한다. 진로교육이 기존의 단선형 진로관에 뿌리를 둔 목적지향적인 성격에서 관리 운영되던 것에서 탈피하여 한 개인의 삶의 양식으로서 총체적인 역량을 함양시키기 위한 삶의 양식을 확립하기 위한 교육 활동으로 바라보아야 할 필요가 있다.

미래사회가 요구하는 진로교육은 어떤 모습인가?
진로교육의 방향 및 운영 사례

여기에서는 진로교육을 한 개인이 삶의 영역 전반에서 경험하는 학습의 과정이자 궁극적으로는 개인의 행복한 삶을 위해 정체성을 형성해 나아가는 과정적 활동으로 되짚어 보고자 한다. 이것은 학교현장에서의 진로교육이 학생들에게 직업이나 미래에 대한 정보와 성찰을 제공하는 제한된 방식을 벗어나, 학교 환경에서 지속적으로 자신을 개발하고 이해하고 발견하는 과정으로서 교육과정 전문성과 어떻게 맞닿을 수 있는지, 그래서 학교 교육과정에서 어떤 위상으로 자리매김해야 하는지 되짚어 보고자 한다. 이를 위하여 해외의 진로교육을 위한 프로그램 사례를 제시하고 우리의 진로교육에 주는 시사점을 탐색해보고자 한다.

현행 자유학기제를 통한 한 학기 동안의 진로탐색 활동은 진로 오리엔테이션 수준에 그치는 경향이 있다. 예컨대 일반고등학교 진로교육의 목표 및 내용체계를 살펴보면, '나의 이해', '진로탐색', '진로의사결정', '진로 계획 및 준비'라는 영역으로 총 34차시의 내용 요소가 마치 교과 내용처럼 제시되고 있다. 이러한 내용은 학생들에게 자신의 진로에 대해 고민하고 탐색할 수 있도록 지원하는 정보를 제공해준다고 볼 수는 있으나, 그것이 실제적으로 학생들의 삶의 과정에서 의미를 갖고 학생들을 동기화시킬 수 있는지는 모호하다.[41]

그 밖에도 교양일반선택과목으로 '진로와 직업' 교과를 채택하거나 창의적 체험활동 시간을 활용하여 진로수업이 이루어지고 있으나, 교육 내용, 교수-학습 방법, 운영방법 등이 이를 구현하는 진로교사 개인의 역량에 거의 전적으로 의존해 있다. 특히 일반고에서 진로교육은 대학

---

41 김승보, 박태준, 서유정(2011). 단위학교의 진로교육 실천역량 강화 방안, 한국직업능력 개발원.

입시라는 틀 안에서 운신할 수밖에 없는 한계성을 갖는다. 대학입시 결과가 진로교육의 성패를 의미하는 고등학교의 경우 진로교육이나 진로지도가 진학지도로부터 자유로워지기 쉽지 않다. 일반계 고등학교에서 이루어지고 있는 진로캠프나 진로 프로그램들조차도 대학입학을 위한 목적으로 활용되고 있는 실정이다.

이러한 진로교과 운영상의 어려움을 해결하기 위해 2015 개정 교육과정에서는 진로교육과 교과를 통합하는 진로교육을 지향하고 있다. '교과통합 진로교육'은 학생부종합전형에서 교과 세부능력 특기사항으로서 진로교육과 관련된 사항을 강조하는 등 정착화를 위한 많은 노력을 시도하고 있지만, 사실상 진로교육과 교과교육은 서로 접점을 찾지 못하고 평행선을 유지해 오고 있다. 이처럼 현장에서의 상황은 이념만 있을 뿐 방법과 내용은 여전히 모호한 실정인 것이다. 무엇보다도 보통교과에 진로교육 통합(infusion)을 위한 실질적인 세부지침이 제시되어 있지 않기에 실제 운영은 교사 개개인의 노력과 선택에 의해 크게 좌우된다. 일부 시·도에서 관련 교수−학습 자료를 보급하거나 교사연수를 통해 교과통합 진로교육을 위해 노력하고 있으나, 이에 대한 현장의 이해 부족과 여러 현실적 어려움으로 통합적 접근이 반영되지 못하고 있다. 뿐만 아니라, 장애학생, 학업중단학생 또는 일반고 고등학교에서 비진학 학생이나 예체능 전공 희망 학생들과 같은 진로취약계층 학생들에게 제공되는 진로교육 지원은 거의 전무한 상황이다.[42]

이 장에서는 남호주의 고교학점제 운영 사례를 통해 진로진학에 따른 교육과정 운영의 중요한 교과 두 가지를 소개하고자 한다. 이것은 학점제 운영을 위한 전제조건이자 학점제 운영의 실효성을 위해선 필수적인 교과로서 우리의 학점제 운영에 시사하는 바가 클 것으로 기대된다.

---

[42] 김경애 외(2014). 학교 밖 청소년을 위한 교육복지 방안 연구: 생애진로개발을 중심으로. 한국교육개발원.

학점제 시대 메타교과로서의 진로교육 프로그램 운영 사례
– 남호주 교육과정의 대입연계 프로그램(SACE) 에서의 진로교과 –

▶ 남호주 교육인증시스템(SACE: South Australia Certificate of Education)의
  기본 구조

11, 12학년에 해당하는 과정으로서 대학입시에 반영하는 SACE 과정은 두 단계
로 구성된다. 각 단계는 11학년 수준의 교육과정 단계인 Stage1과 12학년 수
준의 교육과정 단계인 Stage2로 이루어진다. SACE를 획득하기 위해서는 필수,
선택 과목을 합하여 200학점(credit)을 취득해야 한다. 졸업 자격을 획득하기
위해서는 Stage1의 필수 과목인 개인학습계획(PLP: Personal Learning
Plan)과 언어 및 수리 과목에서 C등급 이상을 취득해야 한다. 또한, Stage2에
서는 일반 60학점과 연구 프로젝트(Research Project) 10학점에서 C- 학점
이상을 취득해야 한다. 다른 과목 및 과정은 예술(Arts), 경영(Business), 기업
과 기술(Enterprise and Technology), 영어(English), 언어(Languages), 건
강과 체육(Health and Physical Education), 인간과 사회과학(Humanities
and Social Sciences), 수학(Mathematics), 과학(Sciences) 등 다양한 학습
영역에 걸쳐 있다. SACE는 학제간 과목과 지역 사회에서의 학습 인정을 포함할
수 있도록 다양한 교과를 개설하여 학생의 선택권을 최대한 보장한다.

▶ SACE 이수 요건

SACE의 전 과정은 Stage1의 11학년부터 시작된다. 학생들은 학교에서 제공하
는 Stage1 과목들과 직업 교육 및 훈련(VET) 과정 및 기타 선택 과목들 가운데
선택할 수 있다. 그렇지만 10학년 학생들은 개인학습계획(Personal Learning
Plan: PLP)을 통해 SACE를 선수강하기 시작한다. PLP는 한 학기 10학점으로

운영되며 모든 학생들은 SACE의 졸업 자격을 취득하기 위하여 이 과목에서 C 학점 이상을 받아야 한다. PLP 과정은 연구 과목을 위한 기초 과정으로서 이후 11학년과 12학년의 과목 선택에 도움을 준다. 12학년에는 진로진학 준비에 필요한 필수과목으로서 '연구 프로젝트' 과목을 개설하도록 하고 있다. 이 과목은 한 학기에 10학점을 받을 수 있으며 원하는 주제에 대해 심층연구를 수행하게 된다. 이러한 과목을 포함하여, 전체 200학점 중 50학점에 해당하는 필수 과목의 학점 부여 조건은 다음과 같다.

50학점에 해당하는 필수 과목 이외에 학생들은 Stage2의 선택과목을 통해 총 60학점 이상을 성공적으로 이수해야 한다. 나머지 90학점은 Stage1 또는 Stage2의 추가 과목 또는 이사회에서 인정한 과정, 예컨대 직업교육 또는 봉사활동 등을 통해 획득할 수 있다. 선택과목은 Stage1과 Stage2가 제공하는 60개 이상의 과목과 40개 이상의 언어 가운데서 선택 가능하다.

그림 1-7 SACE 학점의 개념화

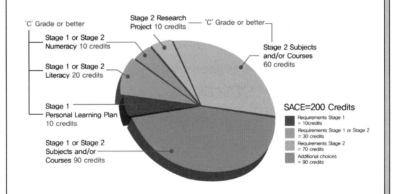

▶ **진로진학 준비를 위한 교육과정의 운영**

SACE의 공통 필수 교과인 PLP와 Research Project 두 개의 교과는 진로형 교육과정 편성을 위한 시작과 끝으로 이러한 교과의 편성이 어떻게 학생의 교과 선택의 연속성을 만들어내는지를 잘 보여준다. PLP(Personal Learning Plan)는 주로 10학년에서 운영되는데, 이 교과는 Stage1에서 이수해야 하는 공통 필수 교과로 한 학기에 10학점을 취득하는 교과이다.

학생들은 이 시기에 자신들의 진로에 대해 고민하고 이후 교육과정 편성을 위한 기초자료를 만드는 시간으로 활용한다. 뿐만 아니라 해당 학기에 자신들이 이수한 교과를 반성하고 결과물로 만들어내기 위한 계획 및 활동을 진행한다. 그리고 이 교과의 경우, 담임교사와 학교에 상주하는 교육과정 어드바이저가 중심이 되어 학생의 진로설계와 교과 선택에 도움을 준다. 또한 이러한 설계 내용은 학생들의 성과 발표회를 통해 학부모들에게 공개되고 함께 공유된다. 이후, 12학년에 이수하는 Research Project 교과의 경우에도 Stage2에서 한 학기에 10학점을 받게 되는 공통 필수 교과로 PLP 기반의 교과 선택의 연속성을 유지하면서 심층적인 학습의 결과를 생산하도록 하는 것을 목적으로 한다.

학생들은 이 과정을 통해 연구 계획을 수립하고 조사하고, 분석하고 의사소통하는 기술을 발달시킬 수 있다. 이 교과의 교내 활동은 학교 간 혹은 지역 수준의 'Research Project Student Expo'로 연결되는데, 이를 통해 학생들은 자신들의 연구물을 발표한다. 각 학교는 프로젝트에 대한 학생들의 사기를 고취시키는 한편, 평가의 조정 및 기준 등을 관리한다.

다음은 SACE에서 제공하고 있는 Research Project(연구 프로젝트) 과목의 실제 운영 사례들로서, 학생들의 프로젝트 주제를 보여준다. 아래의 주제는 대체로 탐구형 과제 형태로 학생들의 과제수행은 심층학습을 유도하고 자기주도적이고 독창적인 학습의 결과를 이끌어내기 위한 개방형 주제가 설정된다. 이것은 진로 진학 준비를 위한 교과가 단순히 학습자의 관심 영역에서의 학습 기회를 제공하는 것을 넘어 지식을 활용하고 수행하는 과정에서도 개별 학습자의 특성과 개성을 최대한 존중하고 발휘할 수 있는 기회를 제공하고자 함을 보여준다.

표 1-2	Research Project(연구 프로젝트)의 주제들
Topic
How to create and distribute an android health and fitness app 안드로이드 건강과 피트니스 앱을 만들고 유통하는 방법
Is there a link between the number of drowning deaths and the South Australian swimming and aquatics funding model? 익사 발생 건수와 남호주의 수영 및 수생자원모델 사이에 관련성이 있는가?
How important is reading to children's language and cognitive development? 읽어주기가 아이들의 언어 및 인지 발달에 중요한가?

남호주의 사례는 교과가 어떻게 진로교육으로서 진로역량을 함양하는 역할을 하는지 보여주는 일례가 될 것이다. 이러한 교육과정의 진로교육적 재구조화는 지금껏 익숙한 우리의 학교 교육과정의 문법들에 대한 새로운 시각을 제공한다. 다음의 세 가지 조건들은 이러한 교과 통합 혹은 학생들의 일상적 삶과 통합된 진로교육의 방향성을 확립하기 위한 몇 가지 특징들을 정리한 것이다.

지식(knowledge)이 아닌 방식(know-how)에 대한 경험으로서의 진로교육

크롬볼츠(2009)[43]는 '우연학습이론'을 설명하면서 한 사람의 삶에서 일어나는 예기치 않은 다양한 사건들은 그 사람의 진로에 영향을 미치

---

[43] Krumboltz, J. D. (2009). The happenstance learning theory. *Journal of Career Assessment, 17*(2), 135 – 154.

게 되며, 이러한 영향이 그 사람의 삶에 의미 있게 작용하는 것을 가리켜 '계획된 우연(planned happenstances)'이라고 하였다. 삶의 과정에서 경험하는 우연적이고 일상적인 사건들은 한 개인의 선택과 결정을 통해서 때론 인생의 전환점이 되기도 하고, 때론 사소한 일상의 한 부분이 되기도 한다. 이러한 선택과 결정은 자아를 구성하는 연대적 경험들을 조직하는 방식으로서 내가 하고 싶은 것, 내가 할 수 있는 것, 내게 익숙한 것, 내가 이해할 수 있는 것, 내가 사용할 수 있는 것 등을 고려하여 일어난다.

최근 역량기반 교육과정에서 역시 개인 내면의 문제로만 여겨졌던 인간의 인지와 사고에 대한 이해방식이 상황적 변수들과의 영향 가운데 파악해야 하는 역동적 개념이라는 인식의 전환을 바탕으로 하고 있다. 진로개발의 핵심역량 역시 자기에 대한 지식, 즉 정체성(identity)과 적응력(adaption)을 꼽는다.44 이러한 변화된 관점은 개인의 삶을 바라보는 근원적인 이해를 달리하며, 진로교육에 대한 새로운 시각을 요청한다. 여기에서 개인의 삶은 생애발달 단계마다 계획한 과업을 성취하기 위한 목표 달성의 과정으로서 존재하는 것이 아니다. 오히려 예측할 수 없는 우연적이고 상황적인 요인들에 적극적으로 대처하고 조율해나감으로써 행복과 의미를 추구하는 생동의 과정이다. 이러한 관점에서 진로교육은 직업적 삶을 포함한 삶 전반에 대한 계획이나 설계와 같은 기능적인 활동이 아닌, 자신만의 의미를 갖는 행복이란 가치 하에 자아의 확립을 돕는 삶의 태도와 가치에 대한 이해를 수반한 활동이다. 다시 말해서, 진로설계는 삶의 과업으로서의 계획이라는 의미를 넘어서 생애설계로서의 통합적 자아실현 과정인 것이다.

이러한 관점에서 볼 때 '자아의 형성', 즉 성숙한 자아를 준비하는 것

---

44 Hall. (2002). *Careers in and out of organizations*. CA: Sage Publications.

은 어떠한 사회적이고 외재적인 기준과 잣대가 아닌 나다움 안에서 행복한 삶의 방식을 찾는 성찰의 과정이다.45 예컨대, 직업이나 일과 같은 제도적 역할의 성취는 자아를 구성하는 일부이며 그것이 자신이 진정으로 추구하는 행복한 삶의 방식과 조화를 이룰 때만이 그것으로서의 가치와 의미를 지니게 된다. 따라서 진로의식이란 나의 직업이나 일을 선택하기 위한 객관적인 정보 이상의 것으로, 인간의 삶에 대한 의미와 존재 가치 등을 비롯한 철학적이고 성찰적인 사유의 과정이 동반되어야 한다.

서로 다른 환경과 여건에서 서로 다른 경험을 하고 서로 다른 성격을 지닌 개인들이 형성하는 정체성은 어느 누구도 동일할 수 없다. 이것은 성격이나 가치관의 차이라는 개인의 문제임과 동시에 행복이나 세상을 이해하는 세계관의 차이이기도 하다. 또한 이러한 삶의 방식은 삶의 과정 전반에서 이루어지는 선택과 결정의 순간들에 영향을 미치며 한 개인의 삶의 궤적을 형성해 나간다. 요컨대, 진로교육은 한 개인이 살아가는 모든 상황에 이루어지는 삶에 대한 조망의 순간들에 스며들어 있는 일상적 성찰의 행위와 다름 아닐 것이다.

배려와 공감을 위한 공동체적 활동으로서의 진로교육

역량은 본래 현대 사회에서 성공적으로 살아가는 데에 필요한 인간 능력의 내용과 조건을 드러내기 위해 고안된 개념으로, 역량 접근은 직업교육이나 훈련분야에서 중점적으로 논의되다가 최근에 이르러 학교 교육으로 전이되어 왔다. 따라서 종래에 역량이란 용어는 주로 기업교

---

45 Fromm, E. (1976). Altered states of consciousness and ego psychology. *Social Service Review. 50*(4), 557–569.

육이나 직업교육의 맥락에서 주로 찾아볼 수 있었다. 예컨대 기업역량, 마케팅역량, 간호역량, 교수역량 등이 이에 해당한다. 이처럼 역량을 직업 위주로 바라보고자 하는 해석은 소위 신자유주의적인 관점과 맞닿아 있다. 교육과 관련지어 신자유주의적 관점이 긍정적이라고 보는 입장도 있겠지만, 교육 분야에 신자유주의의 분별없는 도입이 부정적 결과를 가져올 가능성을 내재하고 있거나 이미 그러한 결과를 초래하고 있다는 공감대는 더욱 확산되고 있는 추세이다. 이러한 역량에 대한 대안적 접근으로서 제시되고 있는 것이 소위 역량에 내포된 근원적 속성으로서의 인격적 속성을 강조하는 공동체주의이다. 여기서 인격적이라는 것은 통상적인 의미로서 도덕적이거나 포용적임을 뜻하는 것은 아니다. 이러한 관점에서 역량은 지식이나 기술의 습득과 활용을 통한 수행성이라는 기능주의적인 이해를 넘어서 주체의 확장, 객체, 즉 무엇 혹은 누군가가 된다는 것을 의미한다. 이것은 역량이 갖는 총체성으로서 인격적 속성을 반영한 것임과 동시에 공동체의 재생산 과정으로서 역량이 한 개인에게서 어떻게 실현되는지를 함축적으로 보여준다.[46]

오늘날 아무리 정보처리능력이 뛰어난 컴퓨터에 대해서 '용량(capacity)'으로 일컬을 뿐 '역량(competency)' 있다는 표현은 사용하지 않는다. 컴퓨터의 정보처리 및 문제해결능력은 인간의 한계를 훨씬 능가하는 수준으로 발전해왔음에도 불구하고 현존의 인공지능은 자유 의지를 통한 선택과 결정은 할 수 없다. 정확한 데이터와 알고리즘을 바탕으로 작동되는 인공지능에서는 인간의 행위와 같이 맥락적 의미의 모호함 속에서 선택하고 결정한다는 것이 불가능하다. 인간의 행위로서 상황적인 선택과 결정이 갖는 실존적인 속성은 그것이 정서적인 속성을 띠며 존재한다는 것을 의미한다. 다시 말해, 역량의 함양이란 외재적 목

46 손민호, 조현영(2016). 탈기능주의 교육과정 모형으로서의 아이덴티티 메타포: 역량기반교육과정의 대안적 설계. 교육과정연구, 34(2), 141 – 160.

표를 향해 내달리는 기능적 능력의 발달만을 의미하지는 않는다. 직업적인 성공과 그에 따른 행복은 결코 타인의 삶과 무관하지 않고 공동체에서 덕이나 선으로 용인가능하도록 하는 배려와 공감을 기반으로 하기 때문이다.47 이런 점에서 교육 현장에서 강조되고 있는 창의·인성·진로라는 키워드는 사실상 개개인 역량의 신장임과 동시에 공동체의 헌신이라는 이타성을 전제로 하고 있다는 통합적 의미를 내포하고 있다.

몰입을 통한 자기 이해와 행복의 체험으로서의 진로교육

자아의 선택과 결정에는 인지적으로 분별하기 힘든 정서적 몰입의 상태로서의 긍정적인 경험들이 관여한다.48 정서적 경험으로서 몰입의 경험들은 다른 어떠한 목적을 위한 수단적 행위들에서는 경험할 수 없는 것으로, 모든 대상들이 하나의 통일된 정서를 형성하는 집단적 공감의 상태이다. 개인들은 이러한 몰입의 경험을 통해 즐거움을 느끼고 행복을 경험한다. 이는 몰입의 경험이 불러오는 매우 직관적이고 감각적인 행위들에서 발생하는 정서적 안정감과 조화로움이라는 내적 보상 때문이다. 개인은 이러한 정서적 경험들을 기반으로 때론 인지적으로 설명할 수 없는 호감이나 비호감의 감정들을 경험하게 되기도 한다. 이렇게 지속적으로 추구해온 감정들은 하나의 습관화된 정서로서 삶의 모든 선택과 결정들에서 하나의 경향성을 형성하며 개별자로서의 자아 정체성을 형성해간다.

---

47 MacIntyre(1984). *After virtue: A study in moral theory*. London, UK: Duckworth.

48 Dewey, J. (1934). *Having an experience. Pragmatism: Critical Concepts in Philosophy*. New York, NY: Routledge.

우리는 무엇인가에 흠뻑 빠져 심취해 있는 무아지경의 상태를 몰입이라고 한다. 칙센트미하이는 미술가, 음악가, 스포츠 선수들에 관해 연구하면서, 이들이 작업할 때 다른 모든 것을 잊고 집중하는 모습에 깊은 감명을 받고 몰입에 대한 연구를 시작하였다. 그는 삶이 고조되는 순간, 마치 자유롭게 하늘을 날아가는 듯한 느낌이나 물이 흐르는 것처럼 편안하고 자연스럽게 행동이 나오는 상태에서 몰입이 일어난다고 하였다. 그는 몰입을 촉진하는 요인에 대해 설명하면서 목표의 중요성에 대해서 언급하고 있는데, 보통의 경우 목표를 추구하며 기울이는 주의가 의식의 질서를 만들고 이것이 몰입을 강화시킨다고 보았다. 여기서 목표는 외재적인 것보다는 그 일 자체가 즐거운 것으로서 내재적 동기일 경우 더욱 강한 몰입이 가능하다고 설명한다.

스웨덴 일간지 스벤스카 더그블라뎃(SvD)은 한국 교육 분석 기사에서 우리나라 학생들의 학업성취도가 국제 순위에서 세계 최상위 수준으로 나타나고 있지만, 주입식 공부로 학생들이 미래를 꿈꿀 여유가 없다고 한국 교육의 성과 이면을 비판한 적이 있다. 도서관이 문 닫는 밤 11시에 다시 사설 학원으로 향하는 학생들의 고단한 일과를 소개하며, 하루 12시간을 공부하면서도 정작 자신의 미래나 꿈에 관해 생각할 겨를이 없는 것이 한국 교육의 실정임을 자세하게 설명하고 있다. 우리 청소년들은 많은 시간을 공부에 할애하고 있음에도 불구하고, 정작 지금 하고 있는 공부가 자신의 삶과 어떻게 연결되는지 그 의미를 찾지 못하고 있다. 이로 인해 많은 수의 학생들은 진학이라는 '목표'는 있지만, 자신이 하고 싶은 것이 무엇인지 모르는, '꿈'은 없는 아이가 되어 버린다. 꿈을 꾼다는 것, 무엇이 되고 싶다는 것, 어떻게 살고 싶다는 것이 결국 역량의 한 측면이라는 점에서 앞선 뉴스 기사는 청소년들의 삶과 행복의 의미가 어떻게 역량의 문제일 수 있는지 시사하는 바가 크다.

학교 교육과정 안에서 학생들의 일상과 통합되는 진로교육을 꿈꾸며

진로교육은 교육학에서 또 하나의 전공영역이면서 융합 분야로 부상되고 있다. 한편 교육과정학은 형식교육장면에서의 교육과정 개발뿐만 아니라, 쿠레레(currere), 즉 인생의 경주로를 분석, 이해 그리고 더 나아가 설계하는 전문분야다. 즉 쿠레레의 이해와 설계는 교육과정학의 핵심 내용이다. 국가 교육과정 또는 학교교육과정의 개발 또한 궁극적으로는 쿠레레에 대한 이해와 설계에 기초한다. 예컨대 평생교육의 관점에서 보면 국가교육과정은 국민이라면 자신들의 생애개발을 위해 무엇을 학습경험으로 갖추어야 하는지 설정한 기준이다. 단위학교의 교육과정은 학생들 하나하나가 자신들의 진로에 맞춰 생애개발을 해나갈 수 있도록 지원하는 시스템이라 할 수 있다.

현재 진로교육에 대해서는 다학제적으로 접근할 수 있다. 그러나 교육과정학에서는 진로교육을 그 본연의 영역으로 다루고 있지 않다. 교육과정 영역은 협의의 진로교육 전문성과는 무관한 것으로 파악될 수 있지만 광의의 진로교육관의 입장을 취하게 되면 그렇지 않다. 교육과정 전문성이야말로 진로교사가 갖춰야 할 가장 핵심적인 역량일 수 있다. 교육과정 전문성이란 학교 교육과정 편성 운영 등의 교육과정 개발뿐만 아니라 학생 개개인이 자신들의 적성과 특기 및 진로에 맞게 그들의 생애를 개발해 나갈 수 있도록 지원하는 환경으로서의 교육과정 개발에 관여하는 역량을 의미하기 때문이다.

앞서 편협한 진로관과 심리적 접근이 현행 진로교육을 학교교육에서 사소화하고 있다고 지적하였다. 교과 수업을 접하는 동안 경험하는 것들이 학생의 진로포부로 연결되는 사례를 흔히 볼 수 있는데 이는 그만큼 진로와 학교 교육과정이 서로 뗄 수 없는 관계에 있다는 점을 잘 말해준다. 이런 점에서 진로교육은 교육과정 전문성의 일환으로 재정립할 수 있도록 함으로써 이를 통해 학교 교육과정이 학생 개개인 학생들에게 삶의 역량을 키우고 자신의 정체성을 형성해갈 수 있는 학습 환경으로 계획되고 제공될 수 있도록 하는 역할로 확대되어야 할 것이다.

결국 진로역량을 함양하기 위한 교육이란 개인의 삶 속에서 경험하는 다양한 대상들에 대한 이해와 배려 속에서 생겨나는 정서적 공감 능력을 바탕으로 자기를 개발하는 노력과 끈기의 정서적 습성을 길러주는 교육을 의미한다. 학교현장과 그 경계를 넘어서는 모든 삶의 경험들이 갖는 의미와 가치를 발견할 수 있는 안목과 힘을 키우는 것이 진로교육의 목적인 것이다. 이를 위해서 별도의 교과나 진로상담의 특정 시간으로 분리시켜 진로교육을 편성, 운영하기보다는 교과와 비교과, 공식적 교육과정과 비공식적, 잠재적 교육과정을 넘나들며 영향을 줄 수 있도록 진로교육은 기획·운영될 필요가 있다. 그리고 그렇게 될 때만이 삶의 궤적 안에서 연속적인 의미를 형성하며 자신의 삶에 대한 자연스러운 고민과 이야기가 담긴 진로역량을 형성할 수 있을 것이다.

"포스트 코로나 시대를 준비하며
놓치지 말아야 할 것"
김하늬(유쓰망고 대표)

　변화에 빠르게 대응하는 자만이 살아남는 시대가 왔습니다. 코로나19
로 인한 비대면 기간이 길어지면서 전 산업이 온라인으로 방향을 돌렸
습니다. 급격한 변화에 대응하거나 변화를 이끄는 데에 중요한 역할을
하는 스타트업 영역에서는 초기 스타트업에 투자하는 '포스트코로나 펀
드'가 조성되기도 했습니다. 코로나 바이러스가 나타나기 이전과 이후
에 필요한 서비스와 제품은 분명 다를 것이라는 의미이기도 합니다. 그
동안 새로운 배움의 필요성을 이야기 할 때 '급격한 사회 변화'는 자주
등장하는 단어였습니다. 시대가 빠르게 변화하는 만큼 이에 대응할 수
있는 문제 해결 능력, 회복탄력성, 공감 능력, 기업가정신을 키워야 한
다는 이야기가 더 이상 먼 미래 이야기가 아닌 게 되었습니다. '미래 역
량'이라고 불렀던 역량이 지금 당장 필요한 시대가 눈앞에 펼쳐진 것입니다.
이제 우리는 이 역량을 기르기 위해 어떤 교육 시스템을 설계해야 하는
가에 대해 이야기해야 합니다. 포스트 코로나 시대의 교육은 리얼 월드 러
닝(Real-world Learning)을 중심에 두어야 합니다. 리얼 월드 러닝은
복잡하고 실질적이며 상호 연결되어 있는 실제 세상을 통해 개인의 관심
사를 찾아가는 모든 배움의 형태를 말합니다. 지식을 적용해 탐구하고 문

제를 해결해 가는 과정에서 학습자가 전문가 및 지역사회와 관계를 맺고 사회적 자본을 얻게 되기도 합니다. 이렇게 학교를 벗어나 실제 세상에서 익히는 역량은 청소년의 삶의 성공을 위한 중요한 토대를 마련할 수 있습니다.

배움의 목적과 의미 찾기

리얼 월드 러닝의 핵심은 지금 내가 배우는 것이 현실과 떨어져 있지 않다는 감각을 통해 배움에 몰입하게 되는 것입니다. 개인의 관심사에서 발견한 주제나, 실제 세상에서 일어나고 있는 이슈를 배움의 주제로 가져오는 것에서부터 시작합니다. 가정에서도 자녀의 관심사에서 시작한 프로젝트를 할 수 있습니다. 학교에서 일어나는 리얼 월드 러닝은 다양한 교과/주제가 결합한 방식으로 진행됩니다. 우리 주변을 둘러싼 환경이 독립된 지식으로 분절되어 있는 경우는 없기 때문입니다.

원격수업이 시행됐던 2020년 1학기 중간고사 성적이 나오면서 중간층이 사라졌다는 우려의 목소리가 들려왔습니다. "학교에서 착실히 수업을 들으며 중위권을 유지하던 아이들"의 성적이 제일 많이 떨어졌다는 기사가 나오기도 했습니다. 이 기사를 '배움의 동기' 관점에서 해석해보면 당연한 결과일 수 있다고 생각합니다. 교실에서 정해진 시간에 정해진 학습을 해야 하는 외재적 동기에 익숙해진 학생들에게 배움의 자율성이 주어졌을 때 이를 적극적으로 활용하여 배우고 싶은, 배움을 찾는 내재적 동기로 작용하지 못한다는 것을 우리는 확인한 게 아닐까요?

따라서 이 **사라진 중간층의 내재적 배움의 동기를 어떻게 바깥으로 꺼내느냐**가 포스트 코로나 학교의 모습을 상상할 때 핵심 질문이 되어야 합니다. 시험 점수로 매겨지는 학력 중간층을 확보하는 것이 교육의 목표가 되어서는 안 됩니다. 착실히 교실에 앉아 수업을 듣고 있는 학생들의 모습이 아닌, 열정적으로 자신의 배움에 몰입하며 세상을 탐구하고 새롭게 알게 된 것이 너무 신나 마음껏 떠드는 학생들의 모습을 보고 싶습니다. '리얼 월드 러닝'에 주목하는 이유는 배움의 주제를 실생활에서 찾기 때문입니다. 개인의 관심사에서 시작해 결과적으로는 동기와 참여도를 높입니다. 이는 프로젝트 수업, 동아리, 수행 평가 등 다양한 형태로 실천될 수 있습니다.

실제 세상에 필요한 역량 키우기

두 번째 리얼 월드 러닝의 핵심은 **외부 전문가와의 연결입니다.** 여기서 말하는 연결은 단순히 직업인 초청 강의를 의미하지 않습니다. 리얼 월드 러닝이 수업 시간에 적용된다는 것은 그만큼 긴 호흡을 가지고 충분히 시간을 들일 수 있는 환경이 마련된다는 것입니다. 즉, 프로젝트 수업에서 만들고 있는 솔루션을 실제 현장에서 활동 중인 전문가에게 피드백을 받는다거나, 실제 사업 현장에서 해결해야 할 과제를 수업에서 학생들이 풀어야 할 문제로 가지고 들어오는 정도의 연결을 의미합니다. 역량은 단기간에 하나의 프로그램을 통해 기르기 어려운 부분이기 때문입니다. 따라서 적절한 시점에 적당한 깊이로 전문가와 언제든 연결될 수 있는 환경을 마련하는 것이 중요합니다.

인턴십 현장에서 개발한 관심사와 지식을 연결해 개인 프로젝트를 기획하고, 그 과정에서 필요한 내용을 수업 주제로 삼을 수도 있습니다. 이런 배움의 방법은 **현장성에 기반한 역량 중심의 배움을** 가능하게 합니다. 해당 분야의 지식은 물론이고 프로젝트를 관리하는 능력, 자신의 필요를 분명히 소통하는 법, 어른과 협업하는 법 등 소프트스킬까지 기를 수 있습니다. 자신의 강점과 관심사를 실제 세상에서 발견해 가며 얻은 배움은 자연스럽게 진로와 연결되기도 합니다.

코로나19로 인한 실업자 수가 27백만 명에 이르며 사실상 경제가 무너진 미국에서는 포스트코로나를 대비하는 학교 혁신에 대한 논의가 끊이지 않고 있습니다. 미국의 대표적 기업가정신 재단인 카우프만 재단(Kauffman Foundation)은 재단이 위치한 캔자스 시티(캔자스 주와 미주리 주의 경계)를 중심으로 총 2개 주 15개 교육구 내 60개 고등학교를 선발하여 리얼 월드 러닝 생태계를 만드는 새로운 이니셔티브를 시작했습니다. 지역의 회사 자원을 교육 자원으로 활용하는 B2E(Business to Education) 접근을 통해 코로나 이후 지역 경제 활성화를 목표로 합니다. 특히 일터 기반 학습(Work-based Learning)의 일환으로 전문가와 협업하는 단기 문제 해결 프로젝트(Client-Connected Projects)와 장기 인턴십을 장려합니다.

게팅 스마트(Getting Smart) CEO인 톰(Tom)은 뉴이코노미의 세상 속에서 학생들은 점점 더 진학 이후의 취업을 고민하게 될 것이고, 코로나19로 지역의 작은 대학들은 문을 닫을 위기에 처해있기 때문에 고등학교에서 취업과 진로에 대한 브릿지 역할을 더 잘 해내야 한다고 강조합니다. 카우프만 재단뿐 아니라 P-TECH, MC2 STEM 같은 학교들은 이미 2011년도부터 고등학교-대학-회사를 연계한 학교 모델을 만들고 있습니다.

미국에서는 2010년에 발의된 공동핵심성취기준(Common Core State Standards) 이니셔티브를 시작으로 초중등교육기관에서 21세기 역량을 커리큘럼에 녹여내는 시도가 지난 10년간 지속되고 있습니다. 국내에서도 2015년 개정교육과정 시행을 시작으로 현재 진행 중인 2022년 개정 교육과정에 대한 논의를 통해 미래 사회가 요구하는 역량 함양이 가능한 교육 과정으로 변화하고 있습니다. 교육 관계자와 학부모, 학생 모두는 코로나 이후의 시대를 상상할 때 **멀리 보는 안목과 세상의 변화를 읽는 눈**을 가져야 할 것입니다.

사회적 자본 늘리기

리얼 월드 러닝의 마지막 핵심은 **전문가와의 연결**이 가져다주는 장기적인 네트워크의 힘에 있습니다. 청소년이 부모, 교사 외의 어른과 맺는 관계의 힘에 대해 연구한 책 ＜Who You Know＞에서 저자는 '무엇을 아는지'보다 '누구를 아는지'가 학생의 학업과 진로 역량 개발, 나아가 계층 이동에까지 영향을 미칠 수 있음을 분석했습니다. 즉, **리얼 월드 러닝은 교육 불평등의 패턴을 깰 수 있는 방법 중 하나**라는 것입니다.

해당 분야의 전문가와 함께하는 리얼 월드 러닝 프로젝트에서 공통의 관심사를 공유하고 있는 학습자와 전문가는 자연스럽게 멘티 – 멘토의 관계를 맺습니다. 관계의 깊이보다 학습자에게 아직 경험해보지 못한 세계에 대한 질문이 생겼을 때 연락할 수 있는 사람이 늘었다는 것만으로도 **충분합니다.** 멘토가 멘티의 모든 문제에 직접적인 도움을 줄 수는 없어도 도움을 줄 수 있는 누군가를 알고 있을 수 있기 때문입니다. 관계의 체인 효과로 인해 단순히 한 명의 어른을 알게 되는 것 그 이상의 역할을 할 수 있습니다. 이는 다른 어떤 자산보다 강력할 수 있습니다. 새로운 인턴십에 연결될 수도, 내부 추천으로만 선발되는 포지션의 정보를

얻을 수도, 변화하고 있는 업계의 트렌드를 알게 될 수도, 롤 모델로 삼을만한 사람을 직접 만나게 될 수도 있습니다. 이 모든 기회는 한 개인의 삶의 방향을 결정짓는 변곡점이 됩니다. 학교는 학생들이 항상 만나는 교사, 가족, 또래 친구들을 넘어서 네트워크를 건강하게 확장할 수 있도록 디자인되어야 합니다.

사회적 자본 형성의 기회는 사실 공평하지 않습니다. 현재 90년대 생들은 10퍼센트의 세습 중산층이 전문직이나 대기업 일자리를 가진 부모가 확보한 경제력과 사회적 네트워크, 문화자본을 바탕으로 명문대 졸업장과 괜찮은 일자리를 독식하고 있는 사회에 살고 있습니다. 게다가 고등학교 졸업자 가운데 미취업자는 연 10만 명인데, 이 중 특성화고 졸업자는 연 2만 명이 되지 않습니다. 즉, 8만 명 이상은 일반계고를 졸업했지만 대학에 진학하지 않고 취업에도 성공하지 못했다는 뜻입니다. 이들은 별다른 직업 교육도 못 받고, 기술이나 경력을 쌓을 일자리도 갖지 못한 상태입니다. 일반계 고등학교를 졸업하고 대학에 진학하지 않은 이들은 그저 '공부를 못해서' 대학에 못 간 이들로 간주되고 아무런 관심도 받지 못하고 있습니다. 이들에게 최소한의 사회적 자본이 있다면 어떨까요?

소득격차에 따른 학력 격차가 심해지는 것을 우려하는 만큼, 사회적 자본의 격차 역시 벌어지고 있음을 인식해야 합니다. 리얼 월드 러닝을 통해 학교가 네트워크 브로커 역할을 하고, 그 과정에서 개인의 성장을 알아봐 주는 어른의 존재를 누구나 가질 수 있는 시스템을 상상해 봅니다.

Chapter 2

미래사회와 미래인재를 위한
교육정책

들어가며

미래교육의 정책적 난제를 풀기 위한
세미나(seminar)와 숙의(deliberation)

　교육부장관 자문위원으로 선정된 미래교육위원 1기(2019)는 미래교육위원 개인의 삶을 반영한 미래교육의 상(相)을 조명하고, 미래교육정책과 관련하여 집중적 논의가 필요한 네 개 분과로서 교육과정, 공간혁신, 디지털전환, 진로교육 분과를 도출하였다. 그러나 교육계 안팎의 인사들로 구성된 미래교육위원회에서 교육정책을 논하기란 생각만큼 쉬운 일이 아니었다. 교육정책은 정책(policy) 자체로서의 구조적, 과정적 복잡성을 지니고 있으며, 공교육(public education)에 관한 정책은 더욱 그러하다.

　교육에 관한 미래교육위원의 개인적인 경험과 생각을 토대로 '교육정책에 관한 논의'라는 새로운 공간의 문을 열기 위해서는 일종의 섬돌이 필요했다. 정책연구진은 교육정책의 본질이 교육적 사안에 관한 '의사결정'에 놓여있다는 점에 천착하였다. 이러한 점에서 볼 때 미래교육위원들이 교육정책을 둘러싼 쟁점과 이해관계를 깊은 수준에서 파악하는 것이 교육정책에 선행되어야 한다고 판단하였다.

　미래교육위원 2기(2020)에서는 종래의 미래교육위원회 활동을 이어가는 한편, '미래교육위원과 교육전문가의 만남'이라는 새로운 장을 구상하였다. 먼저, 미래교육위원 1기의 성과로서 도출된 '교육과정', '공간혁신', '디지털전환', '진로교육' 등 네 개 분과에서 각각 2개 현안을 도출하여 총

8개의 교육현안을 정리하였다. 다음으로, 8개의 현안을 중심으로 8개의 분과회의를 구성하였으며, 각 분과회의별로 교육전문가(대학교수 혹은 전문연구원)를 초빙하여 현안을 둘러싼 다양한 쟁점을 심층적으로 이해하는 시간을 가졌다. 교육전문가와 함께 한 세미나(seminar)를 통해 미래교육위원들이 특정 교육 현안과 쟁점에 대한 공유된 이해에 도달하였으며, 이를 기반으로 교육정책의 방향과 과제를 도출하기 위한 숙의(deliberation)가 이어졌다. 본 장에서는 각 분과회의에서 논의된 내용들을 현장일지의 형태로 전하고자 한다. 이와 더불어, 교육정책회의의 내용을 분석한 결과로서 도출된 미래교육 정책 방향과 15대 추진과제, 지원체계 등을 제시할 것이다.

미래사회 교사의 전문성과 자율성

교육과정에 관한 첫 번째 분과회의에서는 '미래사회에 필요한 교원의 전문성 및 자율성'에 관한 쟁점 및 정책 방향에 관한 논의가 진행되었다. 교육전문가로 위촉된 성열관 교수(경희대)는 '미래교육에 부합하는 교육과정과 수업, 평가 방향'에 관한 발제를 통해 미래사회에 필요한 교원의 역량을 논의하기 위한 토대를 제공하였다.

분과회의 참석 위원들의 소개를 마친 후, 성열관 교수의 발제가 시작되었다. 성 교수는 1년 전 유은혜 사회부총리 겸 교육부장관의 부탁을 받고 교육부 직원들과 함께 미래교육에 관한 스터디를 진행했던 경험을 공유하는 것으로 발제의 문을 열었다.

성열관 교수

"많은 분들이 미래교육하면 떠올리는 유발 하라리 이야기부터 하면 어떨까 싶어요. 제가 이 책(<21세기를 위한 21가지 제언: 더 나은 오늘은 어떻게 가능한가?>)을 읽어보면서 가장 와 닿았던 게 '테슬라 딜레마'라는 것이에요. 어려운 책이지만 한국에서 가장 많이 팔린 마이클 샌델의 <정의란 무엇인가?>라는 책이 있죠. 정의란 무엇인가의 문제도 '트롤리 딜레마'로 시작을 하고, 정의를 이야기하는 많은 정치학자, 윤리학자들이 딜레마를 가지고 이야기를 하죠. '테슬라 딜레마'도 비슷한 맥락이에요. 미래사회에 인공지능의 발달에 따라 자율주행 자동차가 일상화될 때, 테슬라의 경우 사고 상황에 대한 두 가지 옵션이 있다고 해요. 골목에서 어린아이가 놀다가 차로 뛰어들었을 때 (운전자가 선택할 수 있는) '테슬라 이기주의' 옵션과 '테슬라 이타주의' 옵션이 있다는 거죠. 어린아이를 보호할 것인가, 아니면 나를 보호할 것인가를 운전자가 선택하도록."

미래사회와 윤리 문제

앞선 에피소드와 함께 성 교수는 "기술이 발전할수록 윤리적인 문제가 우리에게 중요하다"는 것이 유발 하라리의 핵심 메시지라는 점을 전했다. 이러한 점에서 미래교육에 관한 논의에서 윤리적인 문제에 관한 논의가 필수적임을 강조하였다. 나아가, 미래교육에 관한 논의는 비단 한 국가에 제한되지 않음을 강조하기 위해 다시 한 번 유발 하라리의 표현을 빌렸다.

"이 책에는 은유가 많이 나오는데, '지구는 우주선'이라는 은유가 있어요. 실제로 태양, 달, 지구가 운동하는 것을 보면 우주선처럼 굉장히 빠른 속도로 운동하고 있거든요. 이러한 우주선 은유를 통해 생각해봤을 때 '지구의 교육자와 각국의 교육자는 서로 정체성이 달라야 성열관 교수 하는가?' 그런 생각이 들었어요. 이런 면에서 본다면 국경이라는 테두리

안에서 미래교육에 대해 생각하는 것은 경계해야 될 것 같고요."

성 교수는 유발 하라리에 이어 누스바움에 대해서도 소개했다. 누스바움에 따르면, 공감과 연민, 법과 제도는 '공적 감정'이라는 개념 안에서 서로 연결되어 있다는 것이다. 달리 말해, 미래사회에서는 인간 자체를 목적으로 하는 윤리적인 지표가 더욱 중요시 될 것이며, 미래교육에 관한 논의에서도 '인간'과 '윤리'에 보다 집중할 필요가 있음을 시사했다. 성 교수는 최근 OECD가 Education 2030 프로젝트에서 제시한 주체성(agency) 개념도 사회철학에서 이야기하는 인간의 주체적 능력, 즉 '권위에 순종하기보다는 스스로 판단하고 비판적으로 사고하는 능력'과 맞닿아 있다는 점을 이야기하였다.

미래사회와 인구 문제

윤리 문제와 더불어 성 교수가 제시한 미래사회의 문제는 '인구'에 관한 것이었다. 저출산, 고령화와 함께 결국 우리 사회는 '국민총생산을 어떻게 나눌 것인가'의 문제에 직면할 수밖에 없으며, 이러한 문제는 복지국가에서의 조세문제, 이민문제, 입시문제 등으로 광범위하게 연결될 것이라는 전망이었다. 성 교수는 인구 문제를 둘러싼 초연결적 문제 상황을 해결하기 위한 지점은 윤리적인 지점으로 다시금 귀결된다는 점을 설명하였다.

"인구 문제는 다문화사회로의 진입 문제, 이민 문제도 포함하면서, 아직 우리에게 오지 않았지만, 실감하지 못하고 있지만, 결국 미래사회에서 직면할 모든 상황의 많은 부분을 설명하고 있습니다. 인구 문제에 직면한 미래

성열관 교수

Chapter 02 미래사회와 미래인재를 위한 교육정책

사회에서 우리가 아이들을 키워야 한다면, 어떻게 길러야 하나? 저는 윤리적인 시민으로 성장하도록 하는 것이 중요하다고 봅니다."

미래사회에서의 교육과정, 수업, 평가

윤리와 인구 문제를 중심으로 미래사회를 함께 그려본 후, 성 교수는 이러한 미래사회에서 교육과정, 수업, 평가가 어떠해야 하는지에 관한 발제로 이어갔다. 성 교수가 제시한 미래교육에 부합하는 교육과정과 수업, 평가의 방향은 다음과 같다.

발제개요

미래교육에 부합하는 교육과정과 수업, 평가 방향

- **교육과정:** 미래교육에 부합하는 △학교교육 프레임워크 재구축 △새로운 책무성 요구 △시·도교육청 10%, 단위학교 10% 국가교육과정 시수 이양 △교사의 교육과정 자율성과 전문성 신장을 위한 성취기준의 융통성이 필요함.
- **수업:** 모든 학생들의 성장을 보장하는 윤리적 수업 문화의 조성과 일제고사 논란을 넘어서는 학습복지체제 구축이 필요함.
- **평가:** 중학교 평가제도 혁신(1-9학년 평가제도의 유기적 연계)은 미래교육을 앞당길 수 있는 핵심적 정책 대안임.
- 그 밖에 **복지국가를 향한 사회정의교육과 노동교육의 강화**는 미래교육을 통한 한국 교육문제 해결에 매우 유용한 전략임.

미래학교의 교육과정과 수업, 그리고 평가: 총체적 접근이 필요하다.

고등학교 현장의 전선에서 고전하는 노숙희 미래교육위원의 발언과 함께 미래사회와 미래교육에 관한 논의는 미래학교 교육과정과 수업, 평가에 관한 논의로 구체화되었다. 노 위원은 미래사회에 부합하는 방식으로 교육과정, 수업, 평가를 혁신하는 데 있어 교사의 평가 자율권이 반드시 확보되어야 한다는 메시지를 전달하였다.

노숙희 위원

"고등학교 선생님들도 성취기준을 두고 교육과정 재구성을 합니다. 개별화된 교육을 누구나 하려고 하고, 그렇게 하려고 노력을 하지만, 개별화된 교육에 있어서 평가의 문제가 늘 걸려있기 때문에 힘들어요. 다른 반과 가르치는 내용이 달라도 과목이 같으면 평가를 일괄적으로 해야 하는 문제가 있기 때문에, 선생님들이 교육과정 재구성이든 개별화 교육이든 실제 현장에서 하기 어려운 구조라는 것을 말씀을 드리고 싶어요. 그래서 제가 드리고 싶은 말씀은 교사들에게 개별적인 평가권을 주어야 한다는 겁니다. 교사마다 본인 수업에 대한 평가권을 가져야 하는데 현실은 그렇지 못하죠. 각각의 다른 선생님들이 다른 아이들을 가르치면 배움과 경험이 다 다른데 평가의 기준을 똑같이 쓰고 있다는 거죠. 진정한 개별화 교육을 위해서는 교사의 평가권이 우선적으로 보장되어야 하지 않을까 생각해요."

고교학점제 연구학교 교사로서의 지식과 경험을 담은 노숙희 위원의 이러한 고민, 즉 교사의 평가 자율권과 전문성을 어떻게 확보할 것인가에 관한 고민은 2025년 본격 시행될 학점제형 교육과정의 성공적인 도입과 정착을 위해 보다 구체적인 논의가 필요한 점이 무엇인지를 다시금 짚어보도록 했다. 더불어, 진정한 의미의 교육혁신은 교육과정, 수업, 평가의 유기적인 관계에 대한 깊은 이해가 수반되어야 하며, 이들을 아우르는 총체적인 접근이 필요함을 확인케 했다.

미래사회, 교과서는 필요한가

교육과정의 다양성과 맞물려 다음으로는 교과서 제도에 관한 논의가 이어졌다. 성 교수와 미래교육위원들은 현 정부의 교과서 자유발행제가 지닌 타당성에 커다란 이견이 없어 보였다. 오히려 교육과정과 평가에 집중할 때 교과서를 둘러싼 논쟁들은 자연스럽게 해결될 수 있다는 입장이었다. 신민철 미래교육위원이 교과서 문제와 관련한 자신의 경험과 사례를 아래와 같이 전했다.

신민철 위원

"제가 미국 실리콘밸리 학교를 다녀온 적이 있는데, 그곳에선 교과서 선택이 자유로워요. 왜냐하면 내가 가르치고 싶은 커리큘럼을 자신이 직접 짜고 거기에 맞춰 리소스를 구성하면 그것이 곧 교과서가 되기 때문에 (교과서 발행 제도를 둘러싼) 그런 고민은 크게 없더라고요. 그런데 대한민국은 교과서에 얽매이려고 하잖아요. 그 이유가 어떻게든 평가를 봐야 되니까. 이런 면에서는 저는 교과서 문제를 다룰 때 교육과정과 평가 시스템을 엮어서 봐야 된다고 생각을 해요."

신 위원이 전한 교실(교사) 수준의 교육과정 개발은 학습경험의 다양성에 관한 장소영 위원의 발언으로 연결되었다.

"교과서와 함께 학교현장의 생각을 보태자면, 학교현장에서 '학습지

장소영 위원

도안' 같은 것들을 작성하고, 그 안에 '학습목표'를 적
는데 이걸 적는 것이 과연 맞는 건지 생각했던 적이
있었어요. 왜냐하면 학급의 편차나 격차가 큰데, 모든
학생들이 이 학습 목표에 도달할 수 있는 상황이 아닌
상황에서, 그리고 앞으로는 정말 다양한 학생들을 지
도해야 하는 상황에서, 학습목표를 동일하게 써서 '이
렇게 합시다'라고 학습지도안을 짜는 것도 앞으로의 미래사회 교육에는
맞지 않는 것 같다는 생각을 해봅니다."

비슷한 맥락에서 김헌 위원은 2020년 <윤리와 사상> 교과서 집필
에 참여한 경험을 공유하였다. 김 위원은 당시 처음 접했던 '교과서 집
필 방침'의 장벽을 생생히 전했다. "핵심개념이 있고, 그 범위를 넘어서
는 내용들은 넣을 수가 없는" 것이 교과서 집필의 현실이라는 것이다.
나아가, 교과서 집필의 경직성은 보다 넓은 맥락에서 볼 때 입시위주의
교육이라는 우리사회의 고질적인 문제를 반영하고 있음을 지적했다.

김헌 위원

"교과서가 있는 한 깊게 생각하고 다양하게 생각하는
것은 불가능할 것이라는 생각이 들었어요. 거기에 있는
대로 써야 되고, 거기에 벗어나는 생각들은 시험에 안
나오고 평가에도 영향을 미치지 않는데, 왜 거기에 없
는 것을 탐구하고 배우는 데 시간을 낭비해야 하냐는
질문을 던지는 거죠. 결국 우리 사회 고질적인 문제인 입시위주의 교육
으로 되돌아가죠. 그리고 그러한 입시위주의 교육은 우리사회의 구조를
반영하고 있고요."

교육정책의 방향: 미래교육의 세 가지 키워드

김 위원의 발언을 타고 미래교육에 관한 논의는 다시금 '(미래)교육과 (미래)사회의 관계'라는 메아리로 돌아왔다.

김헌 위원

"그래서 교육의 변화는 생각보다 어렵지 않을 수 있다. '사회'가 변하면 된다. 대학을 꼭 좋은 데 나오지 않더라도 자기 실력을 가지고 다른 사람들과 잘 융화할 수 있는 '윤리적'인 측면이 단단하고, '공동체' 생활에 적합한 시민으로서의 소양을 지니고 있고, 이 사회 전체를 움직이는 데 기여할 수 있는 '전문지식'을 어느 정도 확보하면, 그 정직성과 공동체의식 그리고 전문지식 등만 가지고도 대우를 받는 사회가 된다면, 이 사회는 자연스럽게 좋은 방향으로 갈 수 있을 거라고 생각해요. 사회가 안 바뀌기 때문에 교육의 문제가 심화되고 고착되고 있다는 이야기를 지속적으로 제기해야 이 사회성과 교육현장의 연관성을 사람들이 실감할 거라고 생각합니다."

김헌 위원은 우리가 해결해야 할 미래사회의 교육문제들은 교육부 혹은 교육전문가의 힘만으로 해결하기 어렵다는 점을 강조했다. 이러한 관점에서 볼 때 각 영역의 전문가와 시민이 머리를 맞대는 자리, 즉 전문가주의와 시민주의의 통합 위에서 정책적 의사결정이 이루어지는 공공의 장(public sphere)을 가꾸어나갈 필요가 있다.

포스트 코로나 시대의 교육: 교사 정체성과 책임의 변화

마지막으로 포스트 코로나 시대의 교육에 관한 김헌 위원과 성열관

교수의 대화에는 미래교육의 변화와 혁신 가능성에 대한 희망과 기대가
담겨 있었다.

김헌 위원

"제가 이렇게 1년 동안 코로나를 겪고 나니, '학교가
뭐지?' 이런 생각이 들더라구요. 이제까지 학교는 공간
이라는 개념을 가지고 동일한 시간 공간에 비슷한 나이
대의 아이들을 모으는 장소로서의 기능을 담당해왔죠.
그런데 이러한 (코로나) 상황이 계속된다면 나중에는
'학교는 안가도 되는 것이구나.', '지식과 정보는 온라인을 통해서도 얼
마든지 얻을 수 있구나'라는 생각을 일상적으로 하게 될 것 같고, 그렇
게 본다면 지식과 정보의 문제는 국가가 통제하거나 학교가 독점할 수
있는 체제가 아닐 수 있겠다는 생각이 든 거예요. 그리고 만약에 이게
일상이 된다면 우리의 학교와 교육은 어떠해야 하는지 고민이 되었고,
여기에는 상당히 구체적이고 진보적인 상상력이 필요하다는 생각이 들
었죠. 지금 저희 학교에서는 군휴학 원격강의를 하고 있는데요. 일과 후
나 주말을 이용해서 군휴학 학생들이 제 강의를 들을 수 있어요. 그렇게
해서 군대에서 학점을 딸 수 있는 거죠. 그러니까 '학교 담장'이 무너진
거죠. 여기서 조금 더 진보적인 상상을 하면, '학교 간의 간격'도 무너뜨
릴 수 있지 않을까? 그리고 '학교 안과 학교 밖의 장벽'도 무너뜨릴 수
있지 않을까? 그리고 그것을 무너뜨렸을 때 훨씬 더 역동적이고 개방적
이고 정의롭게 교육의 불평등을 해소할 수 있지 않을까? 이런 가능성도
생각해봤어요. 교실도 마찬가지로 이제까지는 동일한 시간과 공간에서
특정 수준에 맞추어진 특정 교과를 듣도록 했는데, 만약 언택트 수업이
일반화된다면 학생들이 열등감을 덜 느끼면서도 자기수준에 맞는 수업
을 들을 수 있게끔 개방될 수 있지 않을까 생각해요. 이렇게 되면 개별
화 교육을 훨씬 더 구체적으로 진행시킬 수 있지 않을까 생각도 해봤고

요. 그렇기 때문에 이러한 사회의 위기를 하나의 기회로 삼아서 우리 사회에 묶여 있었던 여러 가지 것들을 혁명에 가깝게 혁신할 수 있지 않을까? 이런 것에 대한 성 교수님의 의견을 듣고 싶습니다."

성열관 교수

"굉장히 공감합니다. 공교육의 뉴노멀이 코로나19를 통해 새로운 표준을 세우는 기회로 삼을 수 있다고 봅니다. 왜냐하면 위기가 기회라고, 재난지원금 같은 것도 그렇고, 이번 기회가 아니면 실험할 수가 없는 것들을 실험해보게 되었죠. 이번 사태에서 느낀 것 중 하나가 '관점의 이동'이라는 생각이 들어요. 이전까지는 '수업일수 170일을 채웠나?' 이게 중요했거든요. 그런데 아이들이 학교를 못 나오다보니까 교사들이 '학생들이 배워야하는 것을 배웠나?'라는 질문에 더 집중하게 되는 거예요.

이제까지 교사들이 형성해온 정체성이나 책임감이라고 하는 것은 '나는 수업에 들어가서 아이들을 잘 가르쳤고, 모르는 애들은 어쩔 수 없고, 변별을 위해 시험은 어렵게 낼 수밖에 없고. 애들이 다 잘 배웠어도 9등급은 나와야 하고…' 이러한 것들이었죠. 하지만 오늘과 같은 코로나 상황에서는 교사들에게 부여되는 전문성과 책임감이라는 것이 달라지고 있어요. 교사가 아이들 한 명, 한 명에게 전화를 해서 학생의 상황과 학습 수준을 물어보죠. 자연스럽게 돌봄의 정체성이 강화돼요. 여기서 말하는 돌봄은 학생들의 성장과 발달을 계속 체크해주는 그러한 방향으로 교사 정체성과 책임의 방향이 전환된다는 것을 의미해요. 아무튼 말하고자 하는 것은 이러한 상황이 계속 될 경우에 우리 사회에서 관점의 이동이 지속적으로 일어날 것이고, 교사들의 관점 또한 '과연 학생들이 배워야하는 것을 충분히 성취를 했나?'로 이동하게 되면, 그렇지 못한 아이들에게 관심이 더 갈 수밖에 없고, 그러면 이러한 학생들과 자주 소통할 수밖에 없다는 거죠. 결과적으로는 기존에 훈련받은 교사 정체성과 새로운 상황에서 교사 스스로 인식해나가는 정체성이 충돌할 수밖에 없다는 것, 이러한 정체성의 충돌과 변화과정에 대한 지원이 필요하다는 것, 이것이 하나의 중요한 과제라고 생각을 해요."

교사 정체성과 책임감에 관한 전통적인 담론에서 벗어나 교사 한 명, 한 명이 새로운 교사 정체성과 책임감에 관한 자신만의 레퍼토리를 써나가야 한다는 것, 그리고 이러한 과정에서 교사와 학교에 대한 지원이 필요하다는 메시지가 미래교육에 관한 성 교수의 답변에 녹아 있었다. 그밖에도 성 교수는 김 위원이 언급한 '학교 담장', '학교 간의 간격', '학교 안과 학교 밖의 간격'에 대해 조금 더 구체적인 안을 내놓았다. 그는 특히 고등학교의 경우 학교가 학교 밖의 다양한 경험을 학습 경험으로서 인정해줄 필요가 있으며, 이를 위한 체제의 변화 방향을 교육부에서도 연구하고 있음을 전했다. 동시에, 학교 밖 경험 인정에 관한 교육청의 소극적인 태도에 비판을 제기하기도 하였다. 이에 노숙희 위원은 교육청에서 소극적일 수밖에 없는 이유와 관련하여 '안전'의 문제, '(학교 밖) 강사의 자질' 문제, '인프라 격차'의 문제 등을 조심스럽게 전하였다. 포스트 코로나 시대의 교육에 대한 기대와 희망을 현실화하는데 세심한 고려가 필요한 지점이었다.

국민들이 바라는 미래교육: 다시, 인간과 인성

회의를 마치며, 성열관 교수는 지난 2019년 국가교육과정 포럼 운영단장을 역임할 당시 미래교육의 키워드로 전했던 '인간'과 '인성'을 상기했다. 그리고 이에 관한 국민들의 생각을 함께 전했다.

성열관 교수

"제가 작년에 교육부 과제를 수행하면서 미래학교 교육과정에 대한 국민의견 조사를 진행해보았어요. 국민들은 미래사회에 대비하여 시급히 추진해야 할 교육이 무엇이라고 생각하는지, 학교교육은 어떠한 방향으로 이루어져야 한다고 생각하는지, 미래교육에 영향을 줄 수 있는 사회변동은 무엇이라고 생각하는지… 흥미로웠던 것은 국민들은 미래에도 인성, 시민성 교육이 중요하다고 생각한다는 것이었어요. 기술변화에 관해서보다도요. 왜 그럴까 생각해보면, 시시각각으로 시민들을 평가하는 것이 국민의 일상과 삶에 배어있기 때문인 것 같아요. 지하철 에티켓, 층간소음 등등 국민들의 일상인거죠. 시민성과 인성을 갖춘 '동료시민들'과 함께 살아가는 것이 국민들이 그리는 미래사회이자 미래교육의 방향이라고 생각했습니다."

"미래교육, 실패를 통해 배운다"
신민철 대구진월초등학교 교사

실패. 실패하면 여러분은 무엇이 떠오르나요? 아마도 부정적인 것, 피하고 싶은 것, 또 두 번 다시 겪어보기 싫은 것이라는 생각이 드실 수도 있을 것입니다. 저 역시도 항상 실패에 대한 두려움과 실패를 하고 싶지 않은 마음이 더 크고 또 웬만하면 실패를 하지 않고 성공만 했으면 좋겠다는 마음을 가지고 살아왔습니다. 실패는 성공의 어머니라는 말은 들을 때도 좋은 말이지만 그렇게 와닿지는 않은 존재였지요.

2018년 여름, 저는 실리콘 벨리의 혁신 학교와 기업들을 방문하고 그곳에서 근무하는 여러 선생님들, 그리고 현지 기업인들과 대화를 나눌 기회를 맞이하였습니다. 저의 궁금증은 여러 가지가 있었지만 그중에 가장 큰 궁금증은 바로 '실리콘 밸리는 어떻게 미래 사회에 빠르게 적응하고 또 한 발 앞서 나아가고 있는가?'였습니다. 사실 저는 여기에 대한 답으로 머릿속으로 '도전', '실험 정신', '문화' 등 충분히 예상 가능한 것들이라고 생각했습니다. 하지만 이러한 예상 가능한 답들과 동시에 예상하지 못한 요소가 등장했습니다. 바로 '실패'였습니다. 의아했습니다. 왜 '실패'가 핵심 키워드일까? 특히나 이 '실패'라는 키워드는 한 사람에게서 나온 것이 아닌 제가 이 질문을 물어본 여러 사람들에게 공통적으로 나온 키워드였습니다. 그렇다면 왜 실리콘 밸리 사람들은 미래 사회를 리딩하는 키워드로 '실패'를 꼽았을까요?

첫째, 빠른 실패의 회복탄력성입니다. 실리콘 밸리와 같이 새로운 시도가 많이 일어나는 곳은 자연스럽게 빠른 변화에 적응을 해야 합니다. 조금이라도 뒤처지게 되면 이미 그 아이디어는 다른 곳에서 상용화가 이루어지고 있기 때문이지요. 그렇기 때문에 용기 있게 도전을 했다가 실패를 했더라도 빠르게 보완하여 다시 제품을 출시하거나 또는 빠르게 다른 사업으로 전환을 하는 것이 중요합니다. 이때 실리콘 밸리의 사람들은 실패를 빠르게 회복하고 다른 혁신적인 움직임으로 옮겨나갈 수 있는 능력을 매우 중요하게 생각했습니다.

또 학교 역시 많은 프로젝트들을 운영하면서 학생들에게 많은 도전과 많은 실패를 경험하게 하고 있었는데요, 이 실패의 과정 속에서 학생들은 빠르게 회복하고 피드백을 통한 보완 및 새로운 도전을 하는 값진 배움을 얻어나갈 수 있었습니다. 물론 이러한 도전들이 가능한 배경에는 저자본으로도 충분히 도전할 수 있는 인프라들과 또 실패를 빨리 회복하고 다시 도전해볼 수 있도록 장려하고 있는 사회의 분위기가 전제가 되어있기 때문이기도 합니다. 그렇기에 우리도 이제 이러한 풍토를 만들기 위해선 기업과 학교만이 움직이는 것이 아니라 사회 전체가 바뀌어 나갈 필요가 있습니다.

둘째, 실패를 결과가 아닌 과정으로 바라보는 시선입니다. 우리는 주로 결과물의 개념으로 성공과 실패를 생각하게 됩니다. 그렇기 때문에 실패를 했다는 것은 말 그대로 '실패로 끝난 것'이라는 생각을 가지고 있지요. 하지만 실리콘 밸리의 기업과 학교에서는 실패를 '과정'으로 받아들이고 있었습니다. 그렇다면 이렇게 실패를 '과정'으로 생각하게 된 배경은 무엇이었을까요?

바로 우리가 생각하는 목표 설정과 다르기 때문이라고 저는 생각합니다. 예를 한 번 들어볼까요? 현재 전기차 시장을 뜨겁게 달군 기업, 테슬라(Tesla)를 예를 들어보겠습니다. 테슬라의 사명은 무엇일까요? 전기차 시장의 최강자 또는 최고의 전기차를 만들어 내는 것일까요? 아닙니다. 테슬라의 사명은 바로 '지속 가능한 에너지로의 세계적 전환을 가속화 하는 것'입니다. 그리고 이 전기차 시장은 이 과정의 일부분인 것이지요. 그렇기 때문에 이러한 담대한 철학 안에서 생기는 하나하나의 실패들은 각 부분의 결과물이 아닌 전체 속의 과정이 되는 것입니다. 이와 같이 결과론적 목표 설정이 아닌 비전이 있는 목표 설정 속에서 실패는 결과가 아닌 과정이 되었습니다.

'미래교육을 위해 필요한 것이 무엇인가?'에 대한 질문에 저는 이렇게 답하고 싶습니다. '실패를 통해 배울 수 있는 분위기가 만들어져야 합니다.' 현재 대한민국의 교육은 과정 중심을 외치고 있지만 되돌아보면 결과 중심으로 귀결되는 경우가 많습니다. 이러한 결과 중심적 사회 분위기와 교육적 분위기 속에서 실패는 항상 부정적인 것이며 부끄러운 존재가 되어 버립니다. 그리고 이런 실패에 대한 트라우마가 생기게 되면 다시 유연한 도전을 할 수 있는 마음을 가지게 되는 것은 생각보다 어려운 일이 될 수 있습니다. 즉 미래 사회에 꼭 필요한 '실패를 과정으로 여기고 긍정적으로 대하는 능력'이 사라지게 될 위기에 직면하게 되는 것입니다.

미래 사회는 우리가 생각하는 것보다 훨씬 빠르게 변화하고 있습니다. '정말 세상이 많이 바뀌었네!'라고 생각하고 되돌아봐도 1~2년 밖에 안 된 경우도 이제는 흔하지 않은 케이스가 아닌 것처럼 세상은 우리의 예상 범위를 넘어 엄청나게 빠르게 변화하고 있습니다. 그렇다면 미래 사회를 살아갈 인재를 길러야 할 교육 역시 변화에 빠르게 적응할 수 있도록 유연성을 지녀야 할 것입니다. 지금까지의 교육의 변화는 사회의 풍토 속에서 선택의 문제였다고 생각합니다. 하지만 미래 사회를 생각했을 때 교육의 변화는 선택이 아닌 필수이자 앞으로의 미래 세대들의 생존의 문제일 것입니다. 이러한 교육의 변화를 위해선 이제 학교 혼자 고민을 해서는 불가능합니다. 이제는 이러한 변화를 지지해주고 이 과정에 생겨나는 여러 시행착오들을 담대하게 감싸줄 사회적인 분위기와 합의도 필요해진 시점이 왔습니다.

빨리 가려면 혼자 가고 멀리 가려면 함께 가라는 말이 있습니다. 과연 당장에 눈앞에 보이는 성공을 위해 교육 혼자 달려 나갈지, 또는 담대한 교육적 철학을 만들어가기 위해 학교와 사회, 학부모와 학생, 교사 등 모두가 함께 나아가야 할지 이제 우리는 선택을 해야 합니다. 미래교육과 교육의 변화는 하나로 이루어지지 않습니다. '함께, 그리고 같이'라는 가치가 동행될 때 이루어질 수 있다고 생각합니다. 실패를 통해 배울 수 있는 교육, 그리고 그러한 교육이 이루어질 수 있는 사회분위기, 우리 함께 그리고 같이 만들어 가면 어떨까요?

고교학점제의 새로운 도전

2020년 미래교육위원회 두 번째 교육과정 분과회의는 '고교학점제를 둘러싼 쟁점 및 정책 방향'을 둘러싼 구체적인 논의들이 진행되었다. 교육전문가로 위촉된 홍원표 교수(연세대)는 당해 교육부가 발주한 '미래형 교육과정 구안' 정책연구의 책임자이자 학점제형 교육과정에 관한 다년간의 연구 및 교육 경험을 지니고 있었다. 그만큼 발제에 대한 높은 기대와 함께 회의가 시작되었다.

고교학점제로의 초대

분과회의 참석 위원들에 대한 간단한 소개에 이어, 홍원표 교수는 고교학점제의 얼개를 파악하는 장에 미래교육위원들을 초대하였다. 고교학점제를 둘러싼 쟁점과 정책의 방향을 보다 깊은 차원에서 논의하는 데 필요한 맥락과 구조들을 체계적으로 살펴보자는 취지였다.

홍원표 교수

"우선 이렇게 각계각층에서 귀한 일을 하시는 분들을 모시고 우리 교육에 관해 이야기하는 뜻 깊은 시간에 초대해 주셔서 한 번 더 감사의 말씀을 드립니다. 사실 오늘 이 모임에서 제가 어떤 역할을 할 수 있을지, 또 해야 할지 고민을 좀 했습니다. 그 역할이 쉽게 이야기하면 브레인스토밍이 아닐까 싶어요. 말 그대로 우리 브레인(brain)에 스톰(storm)이 생기는 거죠. 그렇게 오늘 우리 뇌에 무언가 태풍이 몰아치도록 하는 것이 아마 제가 할 일이 아닐까 싶습니다. 아마도 학교나 교육과정에 관해서는 다들 상당히 아는 정도가 다르실 것 같아요. 그래서 먼저 '교육과정'과 '학점제' 의미와 배경에 대해 설명해드리고, 그 다음에 고교학점제를 둘러싼 여러 쟁점을 설명해드리고, 이어서 이 문제에 대해서 위원님들이 어떠한 해결책을 교육부에 제시 혹은 제안하실 것인지를 들어보고, 그러한 안들을 함께 발전시키는 방향으로 오늘 회의를 진행하면 좋을 것 같습니다."

고교학점제 세미나라고도 할 수 있는 홍 교수의 접근 방식은 이날의 분과회의 진행을 위한 매우 적절한 선택이었다. 여러 번 들어 익숙하면서도 막상 마주하고 보면 좀처럼 손에 잡히지 않는 것이 '고교학점제', 달리 말해 '학점제형 고등학교 교육과정'이다. 적잖이 까다로운 이 주제에 대한 '공유된 이해(shared understanding)'에 도달하기 위해 홍 교수는 '교육과정'과 '고등학교'라는 두 개의 징검다리를 마련하였다. 홍 교수의 발제 개요를 간단히 정리하면 다음과 같다.

발제개요

고교교육과정의 새로운 도전: 학점제를 둘러싼 쟁점과 방향

- **고교학점제를 이해하기 위한 기초지식**
  - 교육과정(Curriculum)의 어원적 의미
  - 학교와 교육과정
  - 교육과정은 무엇이어야 하는가?
    "교육과정은 어른이 아이들에게 보내는 희망의 메시지를 담은 서신"
  - 후기 중등 교육기관으로서의 고등학교의 이중성
  - 우리나라 고등학교 교육과정의 최근 동향
  - 우리나라 고교교육과정의 지향점과 걸림돌

- **고교학점제에 대한 기대: 새로운 희망 찾기**
  - 고교학점제의 의미: "진로에 따라 다양한 과목을 선택·이수하고, 누적 학점이 기준에 도달할 경우 졸업을 인정받는 교육과정 이수·운영제도(교육부, 2017)"
  - 고교학점제 도입 일정
  - 학교 현장의 희망적인 변화들

고교학점제를 이해하기 위한 첫 번째 징검다리
: '교육과정'이라는 희망의 서신

고교학점제를 이해하기 위한 첫 번째 질문은 '교육과정이란 무엇인가'였다. 교육과정(curriculum)의 어원에 관한 홍 교수의 설명과 함께 미래교육위원들은 첫 번째 징검다리로 발을 옮겼다. 고교학점제, 즉 학점제형 교육과정이라는 변화의 물결이 밀려오는 가운데 교육과정이란 무엇인지에 대해 먼저 짚어보면 좋겠다는 제안과 함께 홍 교수가 전한 교육과정의 의미를 제시하면 다음과 같다.

홍원표 교수

"'인생의 길'이 '커리큘럼'이라는 어원에 가장 가까운 의미일 것 같습니다. 그런데 이게 학교 안으로 들어와서 학생들이 입학하고 졸업하고 할 때, 학년별로, 교과별로, 단계별로 어떤 내용을 어느 정도로 배우고 어떤 경험을 학생들이 하면 좋은지에 대한 경로를 의미하게 된 것입니다. 그래서 흔히 교육과정을 의미하는 단어로 실라버스(syllabus)도 있고, 코스워크(coursework)도 있지만, 가장 포괄적인 의미로 커리큘럼(curriculum)이라는 말을 쓰는 거죠.

이렇게 보면 커리큘럼이라는 게 학교교육에 굉장히 중요한 영향을 미칩니다. 생활지도와 교과지도, 이 두 가지가 학교가 하는 가장 중요한 일입니다. 교육과정은 특히 교과지도에 대한 설계도라고 할 수가 있는 거죠. 지금 엄윤미 의원님 의자가 화면에 보이는 것 같은데요, 아마 그 의자 하나 만들기 위해서도 굉장히 정교한 설계도가 필요할 겁니다. 하물며 의자 하나를 만드는 데에도 여러 설계도가 필요할 텐데, 학교교육은 어떨까요? '공교육'이라는 건 거대한 항공모함 같은 겁니다. 많은 사람을 싣고, 먼 길을 천천히 가는 듯 보이지만, 굉장히 중요한 기능을 하는 거죠. 그래서 우리가 흔히 한 사회의 30년 뒤의 모습이 어떤지 궁금하다면 '학교에 가 봐라'는 이야기를 합니다. 그만큼 어떻게 생각하면 느린 듯이 보이지만 우리 사회의 30년 뒤 모습이 만들어지고 있는 곳이 사실은 학교입니다. 그만큼 교육과정이 상당히 정교하고, 섬세하게 만들어져야 하고, 교육과정을 어떻게 설계하느냐에 따라서 학생들의 학교생활과 삶이 크게 달라지는 거죠. 결국 교육제도는 학교와 교실에서 일어나는 teaching and learning(교수학습)을 지원하기 위해서 존재하는 외곽 조직들인 거죠. 즉 그 점에서 보면 교육과정 연구가 학교 교육에 굉장히 핵심적이라는 말씀을 드릴 수가 있을 것 같습니다. 이게 핵심이니만큼 사실 여러 가지 의견들도 많고, 여러 가지 주장들도 많습니다. 이 내용이 중요하다, 저런 내용이 중요하다, 이걸 또 가르쳐야 된다, 이것도 포함시키자 등등. 굉장히 많은 목소리들이 각자 주장을 펼치고 있습니다."

이처럼 홍 교수는 학교와 교실에서 살아가는, 그리고 미래사회를 살아갈 학생들의 생활과 삶을 설계하는 과정으로서 '교육과정', 특히 '국가 교육과정'이 지니는 중대함을 '항공모함'에 빗대어 설명하였다. 이어서 홍 교수는 교육과정의 의미를 '희망을 담은 메시지'로 표현하였다. 과연 어떠한 희망일까?

홍원표 교수

"저는요, 교육과정이란 건 '희망을 담은 메시지'라고 생각합니다. 일단 어른들이 아이들에게 주는 편지라고 생각을 합니다. 편지에는 뭐가 담겨 있을까요? 너희들이 이렇게 살고, 이런 내용을 배우고, 이런 경험을 하고, 이런 가르침을 받아들이면 분명히 더 나은 삶을 살게 될 거야, 더 나은 존재가 될 거야, 더 좋은 세상을 살게 될 거야라고 하는 희망을 담는 거지요. 그래서 교육과정은… 글쎄요, '예언서'라고도 할 수 있을까요. '분명히 더 나은 세상이 올 거야'라는 일종의 약속일 것 같아요. 기성세대와 다음 세대의 약속인 거죠. Chesterton이라는 작가는 희망을 이렇게 정의합니다, "Hope is the power of being cheerful in circumstances that we know to be desperate." 절망적인 상황에서도 기운을 잃지 않도록 해주는 게 희망이라는 거죠.

우리 사회에서 희망의 중요함을 요즘 더 많이 되돌아보게 됩니다. 기후 변화부터 시작해서, 인류가 더 이상 지속될 수 있는지의 문제, 부의 양극화, 청년들의 취업 문제, 그리고 이런 문제들 가운데 학생들의 불안을 보고 있죠. 일자리가 줄어들고 있고, 양극화가 심해지고 있고, 기후 변화가 심해지고 있고, 또 코로나는 뭐 말할 것도 없고요. 정말 절망적인 상황인 것 같습니다. 그럼에도 불구하고 우리가 희망을 볼 수 있는 곳은 다음 세대, 학교여야 되는 것이죠. 우리가 그 아이들에게 어떤 희망을 줄 수 있을까요? 희망은 막연히 무언가를 바라는 몽상과 달리 전략의 문제입니다. 그렇기 때문에 아이들에게 희망을 회복하기 위해 어떤 내용을 가르치고 어떤 경험을 하도록 이끌 것인지 고민을 하는 것이 우리 기성세대의 책임이 아닐까 하는 생각을 합니다. 그래서 저는 교육과정이 '희망을 담은 서신', '메시지'여야 된다고 생각을 합니다."

고교학점제를 이해하기 위한 두 번째 징검다리: 고등학교의 정체성

고교학점제에 관한 논의로 향하는 여정에 미래교육위원들이 두 번째로 만난 징검다리는 '고등학교', 보다 구체적으로는 '우리나라 고등학교'의 정체성이었다. 홍 교수는 고등학교를 중학교의 연장선상에서 보는 관점과 대학교의 선(先) 경험으로 보는 관점 사이에서 우리나라 고등학교 교육은 전자의 길을 따라 왔다는 점을 아래와 같이 설명하였다.

홍원표 교수

"고등학교에도 당연히 희망이 전달되어야겠죠. 그런데 고등학교는 좀 독특한 성격이 있습니다. 고등학교는 학제로 보면 upper secondary school이에요. 근데 이게 upper에 초점을 두느냐, 아니면 secondary에 초점을 두느냐에 따라서 이 고등학교의 모습도 달라지고, 고등학교

교육과정의 모습도 상당히 달라지는 겁니다. Upper에 중심을 두게 되면, '고등'이라는 말이 강조되고, 대학의 모습에 가깝게 고등학교가 운영이 되는 겁니다. 실제로 다른 나라들은 고등학교도 대학처럼 4년제로 운영을 하는 경우가 많습니다. 반면 우리나라는 secondary에 중점을 두고 중학교의 모습과 가깝게 고등학교를 운영해왔던 겁니다. 조금씩 바뀌고 있기는 하지만, 여러분들이 고등학교 다닐 때 거의 중학교의 모습과 크게 다르지 않았을 것 같습니다. 전자와 후자는 학생들에 대한 시각도 다릅니다. 핀란드나 스웨덴, 미국 등과 같은 나라에서는 고등학생이라고 하면 young adult로 인정을 해 줍니다. 반면에 중학교, secondary라는 성격에 강조를 두게 되면 고등학생들은 young adult라기보다는 big boy가 됩니다. '넌 아직 몰라', '정해주는 대로 해야 해', '아직 판단하기엔 미숙해' 등등… 이런 시각으로 학생들을 바라보고, 교육과정도 학생들의 이러한 모습을 전제하고 운영되는 거죠. 자, 이러한 흐름에서 우리나라 교육과정을 본다면, 지난 10여 년간 고등학교 교육과정의 기본적인 방향은 secondary의 초점을 upper로 바꾸는 겁니다. 쉽게 말해서 중학교에 가깝던 고등학교의 모습을 대학에 가깝게 바꾸는 겁니다."

고교학점제의 난제를 풀어나가기 위한 브레인스토밍

고교학점제를 이해하기 위한 두 개의 징검다리를 넘어서자 고교학점제의 '오늘', 즉 고교학점제를 준비하는 과정에 관한 이야기가 펼쳐졌다. 홍 교수는 2015 개정 교육과정에서 문·이과 체제를 폐지하고 공통과목을 신설하는 등 고교학점제를 준비하기 위해 국가교육과정 문서상에 어떠한 변화를 시도하였는지, 지난 몇 년간 교육부와 여러 연구학교가 고교학점제 시행을 앞두고 어떠한 실험과 성과, 교훈 등을 제시해 왔는지를 상세히 설명하였다.

　다음으로 이어진 것은 2025년 고교학점제 본격 시행을 앞두고 예상되는 난제에 관한 것이었다. 학교 간 편차를 최소화하면서도 학교 내 교육과정을 다양화하는 방안은 무엇인지, 학생들의 선택 역량을 어떻게 길러줄 것인지, 고교학점제를 대학 입시제도와 어떻게 연결할 것인지 등과 같은 구조적 문제에서 미이수를 어떻게 줄 것인지, 미이수/재이수 학생들의 보충학습을 어떻게 지원할 인지, 담임제 혹은 학급제가 부재한 상황에서 학생들에 대한 심리상담이나 생활지도는 어떻게 할 것인지 등과 같은 실천적 문제에 이르기까지, 고교학점제를 둘러싼 '문제 보따리'를 풀어놓았다.

저성취 학생들을 어떻게 지원할 것인가

　고교학점제 연구학교 교사로서 학점제형 교육과정의 전선에서 살아가는 다양한 학생들을 만나는 장소영 위원은 홍 교수가 잠시 언급한 '무기력한 학생들'을 놓치지 않았다. 고교학점제라는 틀 안에서도 여전히 고전하는 무기력한 학생들에 대한 장 위원의 염려에는 그간 고민했던 여러 해결방안도 이따금 스며있었다.

장소영 위원

　"교수님이 얘기해주신 것 중에 그 무기력한 학생들, 실제 저희 학교에도 무기력한 학생들이 좀 있는 편이에요. 이 학생들은 실제 교수님이 얘기하신 것처럼 친구 따라 과목을 선택하는 경우도 있고, 아니면 선생님이 좋아서 가는 경우도 있지만, 또 어떤 경우도 있냐 하면요. 과목을 선택할 수 있게 그룹군을 주면, 그 중에 자기가 싫어하는 과목을 이렇게, 이렇게, 빼다 보면 남는 과목을 선택하는 경우도 있어요. 그래서 저는 과목 선택 시기를 유동적으로 운영할 수 있게 하는 것도 중요하고, 무기력한 학생들에 대한 근본적인 대책도 필요하다고 생각해요. 예전에 서울대의 김○○ 교수님이 무기력한 학생들, 기초학력이 떨어지는 학생들을 대상으로 대체과목이나 기본과목을 만들어주면 좋겠다는 이야기를 하셨었거든요. 그런 부분들에 대한 관심도 좀 필요한 것 같아요."

장소영 위원이 제안한 선택시기의 유연화, 기초과목과 대체과목의 신설에 더하여 홍 교수는 교육과정 상담사(curriculum advisor)의 필요성을 제안하였다.

홍원표 교수

"사실 이 '무기력한 학생들'과 관련해서 보다 고민해주실 부분은 교육과정 상담사가 필요하다는 점입니다. Curriculum Advisor죠. 어떤 나라들은 학생 10명당, 혹은 100명당 Curriculum Advisor를 두도록 법제화되어 있는 나라들도 있다고 들었습니다. Curriculum Advisor가 학생들의 진로·진학 지도를 담당하는 거죠. 교육과정 이수 상담도 물론이고요. 학점제를 하는 다른 나라들은 보통 20~30명의 선생님이 각자 담당하고 있는 학생들을 만나서 하루 20분 정도씩 간단하게 미팅을 합니다. 별 일 없냐, 오늘 무슨 수업 들을 거냐, 뭐 어려움 있으면 얘기해라. 이 선생님들을 Mentor Teacher라고 부릅니다. 그래서 학점제에서는 담임의 역할이 완화되면서 Mentor Teacher로서의 역할이 중요해질 것 같고요. Curriculum Advisor는 학생 몇 명당 일정한 인원이 확보되면 좋겠다는 제안을 드리고 싶어요."

무기력한 학생들에 대한 염려는 고교학점제 도입에 대한 다소 비판적인 질문으로 이어지기도 했다. 고교학점제라는 새로운 제도는 어떠한 학생들에게 유리한가? 달리 말해, 고교학점제의 도입과 함께 주변으로 밀려나게 될 학생들은 없는가? 한 가지 분명한 점은 고교학점제는 자기 주도 역량이 강한 학생들이 혜택을 누릴 수 있는 제도라는 점이었다. 고교학점제에 대한 비판적 질문은 신민철 위원에 의해 제기되어, 장소영 위원, 임승혁 위원의 비판적 목소리와 공명하였다.

신민철 위원

"자기주도적 학습 역량이 우수한 학생들은 대한민국에서, 아니 한 학교에서 몇 퍼센트나 될까요? 저는 아주 소수라고 생각을 해요. 20퍼센트일 수도 있고, 10퍼센트일 수도 있고, 적어도 50퍼센트까지는 안 된다고 저는 생각을 하거든요. 그러한 가정 하에서 보았을 때, 고교학점제는 자기주도적 학습 역량이 없는 친구들에게는 '좋지 않은 옵션'이 될 가능성은 없나요?"

장소영 위원

"저도 신민철 선생님의 말씀에 공감해요. 지금 사실 학점제형 고등학교에서 짜여지는 교육과정은 자기주도성이 뛰어난 학생들에게 유리한 교육과정이라고 생각을 좀 하고 있어요. 학점제형 교육과정에서는 학생들이 원하는 과목을 다양하게 들을 수 있는데, 원하는 과목이 없는 학생들, 그리고 자기주도적인 학습 역량이 좀 낮은 학생들한테는 이 교육과정이 좀 불리하지 않나. 저는 사실 그런 생각이 좀 들어요. 실제로도 지금 저희 학교에서 학생들의 수요 조사를 바탕으로 과목을 개설을 하고 있는데, 자기의사표현을 하지 않은 학생들도 분명히 있고요. 이런 학생들을 위한 지원책이 조금씩 보완되어야 한다고 생각하고 있습니다."

임승혁 위원

"이게 진짜 쉽지 않은 문제라는 생각이 들어요. 저는 사실 처음에 고교학점제 자체만 봤을 때, 취지나 목적은 되게 좋다고 생각은 했었어요. 그런데 이게 생각하면 할수록 결국 자기주도적 학습능력을 가진 학생들한테는 굉장히 좋은 제도지만, 현실적으로는 그렇지 않은 학생들이 너무 많다는 거예요. 그래서 더더욱 이러한 친구들을 어떻게 관리할 것인가, 어떻게 이 친구들이 본인 스스로 자기주도적 학습을 할 수 있게끔 이끌 것인가, 어떻게 하면 그렇게 할 수 있을까를 계속 생각했는데, 사실 지금 쉽게 그 방안이 나오지는 않는 것 같아요."

고교학점제라는 새로운 제도의 유불리에 관한 문제는 초등학교, 중학교 시기부터 학생 개개인의 선택역량을 길러주기 위한 교육적 접근이 선행되어야 한다는 기존 연구결과들이 떠오르는 지점이었다. 앞서 언급하였듯이 고교학점제는 학생들을 더이상 'big boy'가 아니라 'young adult'로 보는 관점의 전환이 필요하다. 이렇게 본다면 다소 시간이 걸리고 시행착오를 겪더라도 학생들이 주체성을 발전시키고 행사할 수 있도록 여건을 만들어 줄 필요도 있을 것이다.

학교 간 편차를 어떻게 극복할 것인가

고교학점제 시행에서 정책적 정교함이 요구되는 첫 번째 과제는 '학교 간 편차'에 관한 것이었다. 학교 간 편차에 관한 고민은 이노마드사(社)의 대표로서 최근 소외 지역의 학교와 연계하여 사업을 진행한 박혜린 위원의 경험에 녹아있었다.

"저는 사실 고교학점제에 관해 직접적인 의견을 낼 수 있을 만큼 이 시장에 대한 이해(利害)관계가 없기 때문에 정말 철저하게, 어떻게 보면 외부인의 관점으로 이 문제를 볼 수 있을 것 같아요. 그렇게 봤을 때, 제가 지금 제일 크게 느껴지는 건 '지역이나 학교별로의 괴리를

박혜린 위원

어떻게 조정할 것인지'에 대한 문제인 것 같아요. 예를 들면 저희 회사 (이노마드)는 요즘 환경이나 기후변화에 대한 교육에 관심이 많아지면서, 특히 소외된 농촌이나 산촌, 어촌에 있는 학교들의 교육을 하려고 여러 가지 사업들을 하고 있는데요. 하다 보면, '아무리 좋은 시스템을 우리가 만들어서 학교에 제공을 하더라도 결국 실행할 수 있는 교사들의 역량이 특히 지역별로 차이가 있다'는 겁니다. 그러다 보니까 가끔은 우리가 문제를 제기하고, 여기에 대한 대안을 제시를 하더라도 그들이 이것을 '문제'라고 생각을 하지 않으면, 지속가능하게 운영을 하지 못하게 되고, 그러면 그게 또 큰 문제가 될 수 있겠다는 생각을 많이 했었어요. 그래서 제가 비록 교육 부분에 전문성은 없지만 그런 부분(고교학점제를 둘러싼 학교 간 편차 문제)에 대한 우려도 있고, 어떻게 해결할 수 있을까 계속 고민이 됩니다."

엄윤미 위원 또한 학교 간 편차를 극복하기 위한 방안이 고교학점제를 둘러싼 정책 방향과 과제 도출에서 심도 있게 논의되어야 할 사항임을 강조하였다. 이와 더불어 엄위원은 이러한 문제를 어떻게 해결해 나갈 것인지, 즉 '이행계획'이 어떠한지에 관한 질문을 던졌다. 혁신을 계획하고 실현하는 사업가다운 질문이었다.

"우선은 제목만 알았던 고교학점제를 이렇게 차근차근 들어볼 수 있어서 참 좋았고요. 두 가지 궁금한 점이 있었는데요. 첫 번째는, 고교학

엄윤미 위원

점제라는 새로운 시도가 항공모함의 방향을 트는 것이라는 말씀을 하신 것에 굉장히 공감을 했고, 학교 간 편차 문제에 대해서도 공감을 했는데, 그러한 경우 '지향하는 바가 어디인가'가 정책의 반이라면, 나머지 반은 '이행계획'일 것 같아요. 그래서 그 이행계획이 어떻게 되는지 좀 궁금했어요. 이렇게 학교 간 격차가 큰데 모두가 할 수 있을 법한 교집합을 찾아내서 모두에게 전파하는 게 이행계획인지. 아니면 격차를 인정하되 가장 이상적인 모델을 1~2개 정도 보여주고 그것을 각 학교의 현황에 맞게 어떻게든 바꾸면서 가져갈 수 있게 하려는 계획인지요. 이행계획이 후자라고 한다면, 사실 첫 모델 케이스는 이상적으로 보일 만큼 할 수 있는 한 최선을 다해봐야 할 수도 있는 거잖아요. 그리고 두 번째로 궁금한 것은 학생들에게 정말 다양한 수업들을 들어볼 수 있는 기회를 제공하고 싶은데 학교마다 편차가 있고, 어떤 학교는 그 규모가 너무 작아서 교원 수도 적다면, 그 학교 내부 자원으로 모든 걸 해결하도록 하는 게 아니라 어떻게든 학교 간, 혹은 학교 밖의 플레이어들과 연결을 해서 다양한 경험치를 학생들에게 연결해줄 수 있을지를 고민해야 할 것 같아요. 어떻게 하면 학교가 갖고 있는 자원에만 의존하지 않고 다양한 경험을 고교학점제의 경험으로 끌어올 수 있을까. 이 두 가지에 대한 논의가 어떻게 정책 차원에서 가고 있는지가 가장 궁금합니다."

간단히 말해 고교학점제가 일반화된 모델을 구축하고 전파하는 방식으로 이행될 것인지, 아니면 기본적인 학교 교육과정 설계 원리로 제시되고 학교마다 나름의 레퍼토리를 만들어가도록 할 것인지에 관한 질문이었다. 이에 홍원표 교수는 고교학점제의 구체적인 이행계획에 앞서 현재 교육부와 연구기관, 시범학교, 연구학교 등을 중심으로 학교 간 편차 문제를 극복하기 위해 수행되고 있는 다양한 실험 및 개발(개선) 사례를 가감 없이 설명하였다.

홍원표 교수

"현재 시범학교들, 연구학교들이 지역별, 규모별, 유형별로 운영되고 있습니다. 그 학교들의 사례를 종합해서 일종의 모델이라고 할까요, 모형이라고 할까요, 그러한 것들이 다양하게 만들어지고 있습니다. 뿐만 아니라 교육과정평가원, 시도교육청도 그러한 모델이나 모형을 많이 만들고 있어서 아마도 이러한 모델이나 모형들이 2~3년 정도 누적이 되면 상당히 학교 형편에 맞게 구현 가능한 방식이 도출되겠지요. 아마도 고교학점제의 문을 열 때쯤이면, '우리 학교에 가장 맞는 문을 열려면 이런 사례를 참고하시면 됩니다'라고 하는 안내들이 만들어지지 않을까하는 생각이 듭니다. 학교 규모가 작은 경우에는 방금 네트워킹도 말씀을 하셨지만 저는 기본적으로 학교 시설의 변화가 뒷받침되어야 한다고 생각합니다. 네트워킹이 가능하려면 학교의 시설, 기본적인 시설들이 업그레이드 되어야 하는 거죠. 아마도 한국형 뉴딜 등을 시행할 때 노후시설에 대한 보완이 상당히 들어갈 것이라고 알고 있고요. 그 밖에도 단위학교의 울타리를 넘어서 학교 간 공동 교육과정이 활성화되고 있습니다. '학교 간 공동교육', 그러니까 대학처럼 학점 교환을 하는 거죠. 그리고 '온라인 공동 교육과정'도 있습니다. 온라인 시스템을 통해서 이제 학생들이 공동으로 원하는 수업을 듣는 거죠. 그 다음에 '지역사회 학습장'을 활용해서 하는 수업들이 있습니다. 이런 것들이 활성화되는 것이 곧 네트워킹이 활성화되는 것이고, 학교 규모가 작아도 학생들이 다양한 수업을 이수할 수 있는 기회가 늘어나게 되는 거죠. 제가 알기로 현재에도 여러 가지 네트워킹, 같이 공유하려는 움직임이 활성화되고 있는 걸로 알고 있습니다."

미이수를 줄 수 있을 것인가, 미이수/재이수에 따른 부담에 어떻게 대처할 것인가

우리나라 현행 고교 교육과정의 기반이 되는 단위제와 비교했을 때 학점제는 기본적으로 학습에 대한 학생들의 책임이 커지는 제도이다. "우리나라만큼 고등학교 졸업장을 받기 쉬운 나라는 별로 없을 것이다" 는 말처럼 현재 우리나라 고등학교 학생들의 졸업 요건은 출석일수의 2/3가 유일하다. 반면, 학점제가 도입되면 학생들은 출석일수를 충족해야 할 뿐 아니라 미이수 혹은 낙제(F학점)를 받은 과목에 대한 재이수가 필요할 수 있다. 홍 교수는 이러한 학점제형 교육과정이 학업위기에 놓인 많은 학생들(주로 저소득층 학생들)의 학습 기회를 박탈하는 것은 아닐지 우려를 표명하기도 하였다.

더불어, 과연 교사들이 학생들에게 미이수(F학점)를 줄 수 있을지에 관한 염려를 전하였다. 직업계 고등학교에 교사로 재직 중인 노숙희 위원은 이러한 염려에 대해 교사들이 F학점을 줄 수 있을지에 관한 문제 못지않게 학생과 학부모가 과연 미이수(F학점)를 받아들일 수 있을 것인가의 문제가 불거질 수 있음을 우려하였다. 그럼에도 불구하고, 홍 교수는 미이수(F학점)에 대한 일괄적인 기준을 중앙기관에서 제시하는 것은 오히려 더욱 심각한 문제를 불러올 수 있음을 다음과 같이 전하였다.

홍원표 교수

"저는 미이수 기준을 절대로 외부에서 정해주기는 어렵다고 생각합니다. '하위 40퍼센트'라고 하는 순간, 선생님이 줄자를 들어야 되거든요. 하느님이 아닌 이상 40퍼센트를 정해서, '넌 40퍼센트는 합격이고, 넌 39퍼센트니까 F야'라고 말하기는 어렵습니다. 실제로 대학교에서도 F를 그런 식으로 주지는 않습니다. 과목마다 이수 혹은 미이수 기준을 분명하게 기술을 하고, 학생들이 이해할 수 있도록 설명해 주고, 이제 학기가 진행되면 '이렇게 되면 미이수가 될 거야'라고 확인시켜 주고. 평가 방법도 과정중심으로 바뀌는 등등 학점제에서는 수업과 평가가 지금과는 다른 방식으로 가는 게 합당하다고 생각합니다."

미이수(F학점) 문제와 맞물려 제기된 문제점은 재이수에 관한 문제였다. 인문계 고등학교에 교사로 재직 중인 장소영 위원은 재이수 문제에 직면했을 때 학생뿐 아니라 학교와 교사의 부담이 상당할 수 있음을 다음과 같이 우려하였다.

장소영 위원

"제가 올해 저희 학교에서 이수−미이수와 관련된 최저 학업 성취수준을 설정을 해서 운영을 했습니다. 이것을 실제 하면서 몇 가지 어려운 점을 좀 느낀 게 있어요. 저희는 이제 사후 이수가 아니고 '사전 이수'라고 해서 미이수가 될 것 같은 학생들을 대상으로 '미이수 예방 프로그램'을 운영을 했거든요. 일단 노숙희 선생님이 얘기하시는 것처럼 이게 어느 정도의 공감대가 없다보니까, 학부모님들한테 설명을 하는 데 시간이 좀 걸렸어요. '이게 학생부에 기재가 되는 건 아니고, 학생들의 학습코칭으로 조금 더 보충을 해 줄 수 있는 프로그램이다.' 이런 식으로 설명을 드리고, 자발적으로 신청하는 학생들을 대상으로 운영을 했는데요. 미이수 상황과 대처 방안에 대한 공감대를 일단 형성하는 것이 생각보다 어렵더라고요. '우리 아이가 미이수의 대상이 될 수 있는 아이구나'라는 걸 선뜻 받아들이기 어렵죠. 그리고 두 번째는 미이수 예방프로그램을 교과군 별로 두 과목씩 14과목을 해봤는데, 이 과목이랑 저 과목이랑 중복되는 학생이 너무 많은 거예요. 과목마다 공통적으로 중복되는 학생들이 많다 보니까, 실제 학점제가 도입된 후에 이 학생들이 미이수 학생으로 선정이 되면 이 학생들의 학습 부담이 너무 클 것 같은 거예요. 이 과목도 해야 되고, 저 과목도 해야 되고… 그리고 '실제 교사들이 F를 줄 수 있는가'는 현재로 봤을 때는 F를 줄 수 없을 것 같아요. 왜냐하면 이게 대입에도 반영이 되기 때문에. 그리고 이 기준을 교과 선생님들이 협의를 통해서 설정을 할 수 있지만, 학교의 수준에 따라서, 그 학교의 전반적인 학생들의 수준에 따라서 기준이 달라질 수 있을 텐데 학교에서 교사들이 정한 기준을 그대로 운영을 해도 될는지… 부담이 크죠. 재이수 프로그램도 마찬가지로 이걸 단위 학교에서 계속 운영을 한다면 학교의 부담이 너무 클 것 같다는 생각을 했어요. 미국이라든지 이런 나라들은 계절학기를 통해서 교육청 차원에서 하는 경우도 많다고 하시더라고요. 이 엄청난 과도기에 이수와 미이수 문제는 여러 쟁점 중에서도 저희가 논의를 좀 깊이, 많이 해야 되는 그런 쟁점이라고 생각을 하고 있습니다."

장 위원의 발언을 통해 재이수 교과목의 교육과정 운영 방안에 관한 해외의 다양한 사례들을 검토함으로써 지역 및 학교의 상황과 여건에 맞는 운영 체제가 구축되어야 함을 이해할 수 있었다.

학교 공간은 학점제를 맞이할 준비가 되었나

2025년 고교학점제의 본격 시행을 앞두고 미래교육위원과 홍 교수가 공통적으로 우려한 마지막 사항은 학교시설 현황이었다. 앞서 제시했듯 홍 교수는 한국형 뉴딜 등과 같은 노후시설 정비 관련 정책들이 고교학점제를 위한 학교시설 정비와 맞물려 진행되기를 기대하고 있다고 밝혔으며, 이에 대한 미래교육위원들의 의견도 전반적으로 일치하였다. 이와 관련하여 실제 고등학교 공간에서 일상을 보내는 장소영 위원과 노숙희 위원의 의견에 귀를 기울이지 않을 수 없었다. 장소영 위원은 학점제에 따른 이동수업에 학생들이 적잖은 피로감을 호소한다는 점을 전하며, "학생들이 교실을 여유롭게 이동할 수 있도록 쉬는 시간을 늘리고, 학교 구조 자체도 보다 순환적인 구조로 개선되어야 한다"는 점을 제안하였다. 이와 더불어 노숙희 위원은 "포스트 코로나 시대를 맞이하여 건물 구조적인 측면의 개선 못지않게 원활한 네트워킹을 지원하는 무선망 구축 등 온라인상에서의 학습을 지원하기 위한 대책이 필요함"을 제안하였다.

새로운 시각 하나, 학점제를 시작하는 최적의 시기가 있는가?

홍 교수가 제시한 고교학점제의 쟁점 중 하나는 학생들의 과목 선택을 몇 학년 몇 학기에 시작하도록 할 것인가의 문제였다. 1학년 때 공동과목을 이수하고 2학년이 되어 선택을 시작하도록 하기에는 선택교육과정이 운영되는 시간이 다소 짧다는 것이다. 공통과목을 모두 이수하고 본격적으로 학점제를 시작하는 시기를 고등학교 1학년 2학기로 할 것인지, 2학년 1학기로 할 것인지는 고교학점제에 관한 기존의 연구에서도 지속적으로 논의가 되어왔다.

이러한 쟁점에 대해 미래교육위원들은 새로운 시각을 제시하였다. 시기를 일반화하기 어렵다는 것이다. 학교마다, 학생마다 배움의 방식과 속도가 다르기 때문에 누구에게나 적용되는 '최적의 시기'라는 것은 존재하지도 않을 뿐더러 그 시기를 일원화하는 것은 학점제형 교육과정의 취지에도 부합하지 않는다는 것이었다. 장소영 위원의 발언을 통해 보다 구체적으로 들어볼 수 있다.

장소영 위원

"아마 공통과목과 선택과목 시기에 대해서는 일반고에서 고민을 많이 하고 있는 부분인 것 같아요. 지금 현재는 1학년은 공통과목을 듣고, 보통 2학년 올라갈 때 선택과목을 들을 수 있도록 하고 있는데, 고교학점제 종합 추진계획에서는 1학년 2학기부터 가능할 수 있도록 하는 방향을 제시하는 것 같더라고요. 그런데 사실 과목을 선택하는 시기가 정해져 있다는 것 자체가 학점제 운영 취지에 안 맞는다는 생각이 들었어요. 그리고 사실 아이들이 과목을 선택하거나 변경을 할 때 좀 더 자유롭게 할 수 있도록 해줄 수 있는 상황이 되어야 되는데, 지금 학교의 여건적인 부분, 예를 들면 교사수급이라든지, 강사채용이라든지 이런 부분들 때문에 과목 선택 시기를 정형화하려고 하며, 이런 부분들 때문에 학교마다 선택 시기를 정할 수밖에 없는 상황입니다. 그래서, 앞으로는 좀 더 자유롭게 교육과정을 운영할 수 있도록 환경적인 여건이 구축되어야 된다는 생각이 듭니다."

새로운 시각 둘, 학급의 의미가 약화되는 것이 문제인가?

문제에 접근하는 미래교육위원들의 새로운 시각이 돋보였던 또 다른 쟁점은 고교학점제에 따른 학급제 약화에 관한 것이었다. 고교학점제를 둘러싸고 이제까지 교육계에서 논의된 사항들을 되짚어 보면 학점제 시행에 따른 학급제의 약화가 소속감의 약화로 이어질 수 있다는 우려가 빈번하게 등장하는 것을 확인할 수 있다. 학생들이 소속감을 느낄 수 있는 적정한 크기의 집단으로서 '학급공동체'가 지닌 의미가 크다는 것이다.

그러나 이와 같은 교육계의 우려와는 달리 몇몇 미래교육위원들은 고교학점제에 따른 학급공동체의 약화는 큰 문제가 되지 않을 것으로 전망하였다. 요컨대, 학점제 상황에서는 '학습공동체(learning community)'가 '학급공동체(classroom community)'를 대신하게 될 것이라는 새로운 시각이었다. "학급제가 약화되는 것이 오히려 고교학점제의 목적에 부합하는 것 같다"고 운을 뗀 임승혁 위원의 생각을 들어보자.

임승혁 위원

"저는 오히려 학급제가 약화되는 게 고교학점제의 목적에는 더 부합하다고 생각을 해요. 왜냐하면 어쨌든 지금 제도에서는 이 아이들의 공통 관심사나 서로 간의 진로방향성으로 반이 나뉜 게 아니라, 그냥 '나는 무슨 반 그리고 너는 무슨 반', 이렇게 인위적으로 학교가 정해준 반(학급)으로 나눠져 있기 때문에, 오히려 공통 관심사를 기반으로 하는 커뮤니티가 형성되는 데 방해가 된다고 생각했어요. 그래서 오히려 학급제가 약화되고, 공통 관심사나 진학, 진로에서 비슷한 방향을 가진 친구들끼리 모여서 서로 정보를 공유한다든지, 서로 같이 심화학습을 한다든지 하는 방향으로 가는 게 고교학점제의 취지에 맞겠다고 생각을 했어요."

기존의 패러다임에서는 학급공동체 내에 학습공동체가 구축되어야 한다는 전제를 바탕으로 "학급 내에 학습공동체를 어떻게 만들고, 가꾸어나갈 것인가"가 주된 관심사였다. 반면, 임 위원이 제시한 새로운 패러다임에서 학습공동체는 어디에서나(anywhere), 그리고 언제든지(anytime) 만들어질 수 있으며, 그 모습에 있어서도 다양함을 띠게 된다. 장소영 위원은 실제 고교학점제 연구학교를 운영하며 임 위원이 이야기한 모습들을 직접 경험하고 깨닫게 되었음을 전하였다. 또한, 엄윤미 위원은 학습공동체의 의미와 관련하여 '소스쿨 제도'라는 새로운 사례를 제시하기도 하였다.

엄윤미 위원

"고교학점제에 연관된 프로젝트는 아니지만, 춘천에 전인고등학교라는 학교가 '소스쿨 제도'를 통해서 비슷한 실험을 하고 계시거든요. 경영에 관심 있는 아이들은 1, 2, 3학년이 한데 모여서 경영을 담당하시는 분이 그 아이들 모두를 학년에 상관없이 함께 지도를 하셔요. 학생들이 만나고 싶은 어른들도 자신의 관심사에 따라 다르니까, 학급별이 아니라 소스쿨별로 다니면서 만나는 거죠. 전인고에서는 이런 소스쿨 제도를 담임제랑 병행하시는 실험을 하시는 걸로 알고 있어요. 한 번 구체적인 이야기를 들어보시는 것도 도움이 되지 않을까 생각합니다."

이 날의 분과회의 자체가 고교학점제로 향하는 항공모함을 바라보며 미래교육위원들과 홍원표 교수, 그리고 교육부 담당관들의 '학습공동체'가 형성된 자리였으리라. 미래교육위원 한 분 한 분의 생각을 물으며 대화를 이끌어간 홍원표 교수의 섬세함과 미래교육위원들의 진지함이 기나긴 잔상으로 남는 이유일 것이다.

고교학점제라는 희망의 다리

미래교육위원들의 목소리에 담겨있듯 학교는 너무도 오랫동안 잠재력을 키워주는 공간이기보다는 잠재력을 서열화하는 공간으로 존재해왔다. 고등학교는 더욱이 그래왔다. 이 날 회의의 문을 열며 홍 교수가 전했던 교육과정의 의미, '학생들에게 전하는 서신'이라는 의미 속에서 고교학점제의 의미를 반추해 보았다. 고교학점제라는 서신에 '무엇을' 써내려갈지에 관한 고민 속에 그 서신을 '학생들에게' 쓴다는 것이 늘 기억되고, 그 서신을 받고 한 줄 한 줄 읽어내려 갈 '학생들의' 손과 눈, 그리고 그들의 마음에 희망을 전할 수 있어야 할 것이다.

"학생, 교사, 학부모가
함께 디자인하는 미래 학교"
장소영 마산고등학교 교사

　미래사회의 변화와 함께 미래교육에 대해 논하는 자리가 갈수록 많아지고 있으며, 매스컴 및 TV 프로그램에서도 '미래', '교육', '학교'라는 단어가 붙은 방송을 자주 볼 수 있을 정도이다. 18년차 교사로서 당연히 나도 미래교육에 대해 관심과 고민이 많다. 처음 교단에 섰을 때와 지금은 교육과정, 학교 공간, 학생과 교사의 모습 등이 달라졌다. 특히 2025년 고교학점제의 전면 도입은 5.31 교육개혁(1995) 이후 가장 큰 변화가 나타날 것이라 예고된 바 있다. 이에 학생과 교사, 학부모가 함께 미래학교를 디자인할 필요가 있다고 생각되며, 지금부터 이어질 이야기에 잠시나마 귀 기울여 줬으면 한다.

미래학교의 학생이 갖춰야 할 역량은?

　첫째, 내가 하고 싶은 것이 무엇인지를 찾을 수 있는 역량을 키워야 한다. 역량의 의미는 정한 상황이나 맥락에서 업무를 성공적으로 수행할 수 있는 지식, 기능, 태도의 총체이다. 쉽게 말해 자신이 좋아하는 것, 하고 싶은 것이 무엇인지를 찾기 위해 주체적으로 찾아 나서야 한다는 것이다. 또한, 하고 싶은 것은 하나가 아니라 여러 개일 수도 있다. 미래사회는 하나의 직업을 평생 직업으로 생각하며 사는 것이 아니라, 자신이 할 수 있는 능력을 발견하고 발휘하며 다양한 직업을 가질 수도 있고, 살아가면서 진로의 전환점을 여러 번 경험할 수도 있다는 것이다. 이러한 상황을 이상하다거나 잘못됐다고 생각할 필요는 없다.

둘째, 타인을 공감할 수 있어야 한다. 나와 다른 환경, 상황에 처한 타인을 이해하려는 마음과 그 입장이 되어보려는 마음이 소통과 협력의 바탕이 될 것이다. 미래사회에서는 정확하게 의사소통하며 협력해야 할 일들이 더욱 많아질 것이다. 자신의 능력이 아무리 뛰어나더라도 상대방을 이해시키지 못하고, 서로의 의견을 절충하지 못한다면 어떠한 프로젝트도 업무도 진행되지 않을 수 있다.

미래학교 교사의 역할은 티칭이 아닌 코칭이 답이다.

OECD에서 제시하는 미래 핵심 역량 3가지는 첫째, 도구를 상호작용적으로 활용하는 능력으로 창의력, 둘째, 이질적인 집단에서 상호작용하는 능력으로 소통능력, 셋째, 자율적으로 행동하는 능력으로 자율능력이다. 이외에도 미래역량 3C라고 하여, 창의성(Creativity), 의사소통(Communication), 협력(Collaboration)을 미래에 중요한 역량이라고 말하기도 한다.

미래 역량에 대한 내용은 교사 연수 및 다양한 강연들을 통해 교사들은 익히 들어 알고 있는 것들이다. 하지만, 교사들은 이러한 미래 역량과 교실 수업을 연결 지어 생각하지 못하는 경우가 많다. 이는 고등학교로 갈수록 교육생태계의 최종점은 대학이며, 대학 입시에 맞춰 고교 교육체제가 돌아가고 있기 때문일 것이다. 하지만, 2025년 전과목 성취평가제가 도입될 예정이며, 대학 입시도 조금씩 변화가 생기고 있다. 대학의 입시에도 학생의 역량을 살피기 위한 노력이 생기기 시작했고, 단순히 성적만을 가지고 줄을 세워 학생을 뽑던 시기에서 벗어나고 있다고 생각된다.

과거, 우리나라 산업화 시대에는 역량보다는 우수한 성적을 가진 인재를 키워내고자 했고, 그 당시의 교육 환경 또한 많은 학생 수를 감당하기에 교실과 교사 수는 부족했다. 이러한 환경에 맞게 교사들은 강의식 수업으로만 수업을 할 수밖에 없었을 것이다. 하지만, 앞으로는 교육 환경은 어떠한가? 학생 수는 줄어들고, 교실 환경은 이제 스마트 미래교실로 달라지고 있다. A.I. 교사가 지식 전달을 충분히 잘 해낸다면 우리 인간 교사가 해야 할 것들은 무엇일지를 고민해야 할 것이다.

미래 교실에서는 같은 반이라도 모든 학생들의 학습 목표가 동일할 수 없으며, 교사는 해답을 주는 것이 아니라, 질문을 던지는 역할을 하게 될 것이다. 자원을 발굴하기 위해서 어디를 어떻게 파내야 할지는 학생 스스로 다양한 지식을 연결하여 추론하도록 지식 발견의 경험을 안내해주고, 교실에서 다루고 있는 주제와 관련된 내용을 실생활과 연결점을 찾아 학생과 교사가 생활 속의 다양한 텍스트를 하나의 주제로 엮어내는 경험을 구성하는 수업이 필요할 것이다. 이러한 과정을 통해 학생들의 창의성도 증진될 수 있다. 주정흔(2006) 박사는 '창의성이란 가르쳐지는 것이 아니라 장기간에 걸쳐 체험되는 것이다'라고 주장했다. 학생이 경험하는 모든 것들이 창의성과 연결지어진다는 것이다.

미래학교에 대비한 학부모의 자세

첫째, 평소 자녀의 이야기를 경청하며, 다양한 경험을 할 수 있도록 장(場)을 열어주면 더욱 좋을 것이다. 앞서 언급한 미래역량 중 소통과 협력하는 능력은 가정에서부터 시작된다고 한다. 자녀와 자주 대화하기를 시도하며, 대화를 이끌어내기 위해 적극적으로 주제를 찾아내거나, 아니면 함께 경험하고 공유하는 시간들을 통해서 대화를 자연스럽게 이끌어내는 것이 필요하다.

둘째, 자녀에게 너의 꿈이 무엇인지, 어떤 직업을 가지고 싶은지를 물어보기보다는 무엇을 좋아하는지, 어떤 걸 할 때 가장 재미있는지를 물어봐주면 좋겠다. 고등학교를 입학하는 시기부터는 진로와 진학을 연결지어 생각하기도 하며 학생들이 실제 진로와 직업에 대해 본격적으로 고민하기 시작한다. 그 과정에서 자신의 진로를 찾기도 하지만, 몇몇 학생들은 고등학교를 졸업하는 순간에도 자신이 좋아하는 것을 찾지 못하고 입시 성적에 맞춰 대학을 진학하기도 한다. 그러한 학생을 볼 때마다 속상한 마음이 크다. 물론 대학을 가서 자신이 좋아하는 일을 찾는다면 그건 다행스러운 일일 것이다. 이처럼 자신이 흥미를 가지고 좋아하는 것을 찾는다는 것은 쉬운 것은 아니라고 생각된다. 어린 자녀들에게 꿈이 무엇인지를 물어보기에는 아직 경험해야 할 것이 너무 많다는 것이다.

교육은 학교를 다니는 시기인 초·중·고·대에서 끝나는 것이 아니다. 우리가 살아가는 동안 교육은 계속 이루어져야 한다. 미래교육이 미래사회에 맞춰 달라져야 한다는 것은 모두가 알고 있는 사실이다. 하지만 미래교육에 대한 고민은 신중해야 하며, 변화 또한 옳은 방향으로 나아가야 할 것이다. 미래교육에 대해 고민하는 교육공동체가 많아질수록 미래학교의 빛은 밝아지지 않을까 기대해본다.

디지털 생태계 구축과 학교공간혁신

2020년 미래교육위원회 공간혁신 분과에서는 '디지털생태계 구축과 학교공간혁신을 둘러싼 쟁점과 정책 방향'을 주제로 첫 번째 회의를 가졌다. 발제는 서울과학기술대학교 건축학부의 김진욱 교수가 담당하였다. 김진욱 교수는 학교 건축과 디지털 건축에 대한 전문적 경험을 토대로 미래교육위원들과 함께 미래학교는 어떤 모습이어야 하는지에 대한 논의를 전개하였다.

미래교육을 위한 학교공간혁신

김진욱 교수는 영국의 한 초등학생이 그린 그림을 제시하며 발제의 문을 열었다. 미래의 교실에 대한 학생의 생각을 엿볼 수 있는 그림이었다. 그림 속 교실은 다람쥐들이 오르내리는 여러 그루의 나무들로 둘러싸여 있다. 나무에는 컴퓨터 모니터와 키보드가 숨겨져 있다. 교실 가

그림 2-1 영국의 Wrockwardine Junior School 재학생 그림

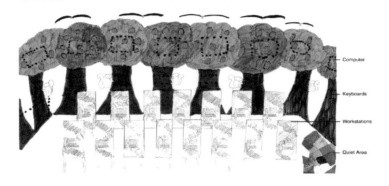

운데에는 책상이 있는 학습 공간이, 교실 한쪽에는 퀼트로 된 카펫이 깔려있는 휴식 공간이 위치해 있다. 김 교수는 이 그림이 자연과 디지털 기술, 그리고 학습과 쉼이 공존하는 교실 공간을 지향하는 학생의 생각을 보여주고 있다고 설명하였다. 김 교수는 초등학생의 그림과 함께 "미래 학교와 교실은 어떤 모습인가?"라는 질문을 던졌다.

김 교수는 미래교육의 특징 중 하나로 교육의 디지털화를 꼽으며, 그 것이 가져올 미래 학교와 교실의 모습을 예측하였다. 그는 교육의 디지털화를 수용하기 위해 학교공간은 어떠한 방향으로 변화되어야 하는지 논의하였다. 김 교수의 발제 개요를 요약하면 다음과 같다.

발제개요

디지털생태계 구축과 학교공간혁신을 둘러싼 쟁점과 정책방향

- **디지털 교육환경**
  - 학교 건축의 주요 키워드와 교육의 디지털화
  - 디지털 교육환경 사례:

마이크로소프트 미래학교(Microsoft's School of the Future)

더 스쿨 앳 콜럼비아 대학(The School at Columbia University)

- **디지털 생태계를 위한 학교공간**
  - 학습공간의 유연성
  - 지원공간의 복합성
  - 공용공간의 활용성:

  린우드 고등학교(Lynwood High School) 사례

  쿠거릿지 초등학교(Cougar Ridge Elementary School) 사례

  영국의 학교 디자인 프로젝트(Exemplar School Design, GB)

교육의 디지털화가 가져올 미래학교의 모습

김 교수는 21세기 학교 환경에 대한 20개의 키워드를 제시하였다. '이동식 컴퓨터를 이용한 기술', '원격학습', '인터넷 기반 연구'가 20개의 키워드에 포함된다는 점을 강조하며, 교육의 디지털화가 미래학교의 모습을 그리는 데 있어 중요한 역할을 하고 있음을 확인하였다. 김 교수는 교육의 디지털화가 많이 진행된 두 학교의 사례를 통해 미래학교의 모습을 예측해보았다.

그림 2-2　미국 마이크로소프트 미래학교의 모습

첫 번째 사례는 마이크로소프트 미래학교였다. 마이크로소프트 미래학교는 미국 펜실베니아주의 필라델피아 지역에 위치한 공립학교로, 9~12학년 학생을 대상으로 하는 중학교이다.

"마이크로소프트는 이 학교를 같이 설립하고 운영을 하면서 여러 가지 교육 컨텐츠들을 제공하고 있는데요. 모든 수업에서 교과서를 없애고 컴퓨터를 이용한 모든 학생들의 수업이 가능하게 하는 그런 내용들을 담아내고 있습니다. [도서관에 있는] 모든 자료들은 백업이 되어져

김진욱 교수

있고, 컴퓨터를 통해서 검색할 수 있는 그런 방법으로 접근하게 되어져 있는 그런 학교입니다. 이런 디지털 교육이 일반화 되면 항상 따라가야 되는 것이 유지관리입니다. 약 3~4명이 근무하고 있는 장비 관리실이 있습니다. 이들은 계속 컴퓨터를 고쳐내고, 소프트웨어 업데이트 하는 일들을 하고 있습니다."

김 교수는 마이크로소프트 미래학교의 구성원이 대부분 흑인 저소득 계층의 학생들이며, "이들에게 디지털 교육은 굉장히 중요한, 어떻게 본다면 교육 본질보다도 생존의 문제, 진로의 문제가 담겨 있는 것"임을 설명하였다.

그림 2-3 미국 더 스쿨의 모습

　　　　　　　　　Chapter 02 미래사회와 미래인재를 위한 교육정책

두 번째 사례는 더 스쿨 앳 콜럼비아 대학(이하 '더 스쿨')이었다. 더 스쿨은 미국 뉴욕시의 맨하탄에 위치한 사립학교로 유치원부터 8학년까지 학생을 대상으로 운영한다.

김진욱 교수

"이 학교도 1인 1PC를 지급을 하고 있는데요. 2학년 이하의 학생들한테는 아이패드를 지급하고 3학년 이상 학생들에게는 맥북을 지급을 하고 있습니다. 대부분의 미국의 학교들이 스마트보드를 가지고 있기 때문에 (이 학교에서도 PC를) 그 스마트보드와 연결해서 인터랙티브(interactive, 상호성)를 강화한 교육을 진행을 하고 있습니다. 학교가 디지털화가 되었을 때 유지관리가 필요하고, 여기 보시면 선생님들이 방과 후에 하는 일들이 학생들이 주간에서 썼던 노트북이나 아이패드를 충전하는 것입니다. 그래서 충전 스테이션이 교실마다 이렇게 있고요."

학교공간혁신의 방향

김 교수는 교육의 디지털화가 학교공간혁신에 어떠한 시사점을 제공하는지 질문을 던졌다. 그는 미래교육에 있어 태블릿이나 노트북과 같

그림 2-4 가변적 벽체의 활용 사례

은 디바이스 중심의 기술혁신도 중요하지만 학교라는 공간의 구조적 변화 역시 중요하다고 설명하였다. 김 교수는 미래교육을 위한 학교공간 혁신의 방향으로 학습공간의 유연성, 지원공간의 복합성, 공용공간의 활용성을 제시하였다. 먼저, 학습공간의 유연성과 관련하여 학교 건축은 향후 50년을 내다봐야 함을 강조하였다.

김진욱 교수

"앞으로 50년을 견뎌내야 되는, 50년 이상 사용되어지는 학교의 공간들이 현재의 기준으로만 지어져서는 안 되기 때문에 다양한 가변성을 가져야 된다고 보입니다. 이러한 움직이는 벽을 사용할 수 있는데요. 각각의 소그룹의 활동이 가능할 정도로 교실의 레이아웃이 변경되는 형태를 보여주고 있습니다. 다음으로, 디지털 온라인 수업을 위해서 촬영이 이루어지게 되는데요. 과거에는 스튜디오 같은 곳에서 촬영을 하였습니다. 그러나 이번에 여러 선생님들께서도 코로나로 인해 원격수업을 하시면서 공간에 대한 제약을 많이 느끼셨을 거라고 보여집니다. 그래서 이런 공용공간들에 이동식 벽을 이용해서 스튜디오를 이곳저곳 만들어낼 수 있는 가변성을 보여주고 있는 사례가 되겠습니다. 여기 보시는 것처럼 계단이나 화장실의 경우들에는 움직이기 어려운 부분들이기 때문에 고정 공간을 먼저 만들어 놓고 움직일 수 있는 공간들을 따로 정하는 설계 기법들을 적용할 수 있을 거라고 보여집니다. 따라서 처음에 설계할 때부터 공간의 다양성에 대해서 그 검토를 해서 설계를 해낼 필요가 있는 거죠."

김 교수는 학습공간의 유연성을 증진시키기 위해 벽이 움직이는 방식을 채택할 수 있다고 설명하였다. 그는 다양한 사례를 통해 학생 수와 수업 방식에 따라 조절 가능한 다양한 형태와 크기의 교육 공간을 구성할 수 있음을 보여주었다. 벽체뿐 아니라, 가구 역시 학습공간의 유연성을 증진시키는 요소로 제시하였다. 김 교수는 가구를 선택할 때, 학습자 주도 교육을 가능하게 하는지, 내구성이 있는지, 쉽게 이동 가능한지, 여러 기능을 수행할 수 있는지, 다양한 학습 양식을 지원하는지, 비용 효율성이 높은지 등을 고려해야 한다는 것을 설명하였다.

김 교수가 제시한 학교공간혁신 방향의 또 다른 측면은 지원공간의 복합성이다. 도서관, 시청각실 등 학교 공간의 역할과 기능을 확장하여 다양한 규모 및 유형의 교육 활동이 이루어질 수 있도록 공간 변화가 이루어져야 한다는 이야기였다.

김진욱 교수

"(학교에는) 죽어 있는 공간들, 즉 일 년에 몇 번 쓰지 않는 공간들이나 일주일에 한두 번 쓰는 공간들이 많이 있습니다. 이런 공간들을 어떻게 다양한 지원센터로 만들어내느냐에 대한 문제가 있을 것 같습니다. 초등학교의 도서관들은 물론 책을 보는 장소이기도 하지만, 책을 이용해서 여러 가지 학습을 할 수 있는 공간이기도 합니다. 그 책을 이용한 공간들이 작은 방들이나 동굴들을 만들어내서 책도 읽고 학습도 하는 복합적인 지원 공간으로 사용될 수 있을 거라고 보여집니다. 학교의 카페테리아도 체육관 겸용으로 쓰거나 대규모 모임 장소로도 쓰일 수 있는 공간적 기회가 있어 보입니다. 그러기 위해서 갖춰야 하는 것들이 바로 가구들의 모습이죠. 바퀴가 달려서 접히거나 한쪽으로 올려놓을 수 있는 그런 가구들이 적용되어야 할 것으로 보여집니다."

마지막은 공용공간의 활용성이다. 김 교수는 교육계에서 강조하고 있는 학생의 주도성과 자율성을 강조하는 교육, 창의적 사고를 촉진시키는 교육을 실천하기 위해서 학교의 공용공간을 활용하는 것이 중요하다

그림 2-5 핑거플랜 형태의 학교 배치 사례

고 보았다.

"'학교가 교도소와 같다', '감옥과 같다'라는 사설이나 글 쓰시는 분들을 많이 보셨을 겁니다. 병렬적으로 연결되어 있는 교실을 통한 진입, 그리고 복도는 이동의 수단이 되는 곳, 이런 것들에 대한 공간적인 지적이 많이 있습니다. 그래서 요즘 외국의 많은 학교에서 진행

김진욱 교수

하고 있는 것이 이런 핑거플랜 형태의 학교 배치입니다. 교실을 몇 개의 클러스터로 넓은 복도와 공용 공간으로 묶어서 만들어내는 이러한 방법들은 'common'이라고 불리는 공용 공간을 제공하는 것입니다."

그림 2-6 린우드 고등학교(왼쪽)와 쿠가 릿지 초등학교(오른쪽)의 공용공간 활용 사례

　　　　　　　　Chapter 02 미래사회와 미래인재를 위한 교육정책

김 교수는 공용공간의 활용을 보여주는 미국 워싱턴 주에 위치한 두 학교, 린우드 고등학교와 쿠가 릿지 초등학교의 사례를 제시하였다.

김진욱 교수

"린우드 고등학교라는 워싱턴주에 있는 학교고요. 이 학교에서 가장 중요하게 생각되는 건 아고라(Agora)라고 하는 거대한 홀입니다. 이 홀을 통해서 많은 학생들이 진입을 하고 각 핑거플랜으로 핑거블록들로 클러스터로 이동을 하는 그런 중요한 교통의 중심이 되기도 하구요, 중앙에 있는 부분들을 보면 여기서 점심 식사도 이루어지는 카페테리아가 같이 위치하고 있습니다. 다음은 쿠가 릿지 초등학교입니다. 개별 교실 이외에 컴퓨터들을 바깥에 끄집어냈고, 선생님들과 학생들이 개별적인 모둠 수업들을 할 수 있게 구성되어 있는 복도 공간이 굉장히 흥미롭습니다. 학생들이 자습을 하고 자기의 과제들이나 이런 것을 진행할 수 있도록 꾸며 놓은 공간들이 흥미롭습니다."

김 교수는 앞으로 도입될 고교학점제를 고려하면 공용공간의 활용도가 커질 수밖에 없다고 지적하며, 공용공간의 크기가 커져야 한다고 주장하였다. 그리고 공용공간에서 다양한 교육활동이 이루어질 수 있도록 하는 방안을 고민해야 한다고 덧붙였다.

그림 2-7 계단 저층부에 마련한 공용공간과 공용공간에서의 학생 활동

김진욱 교수

"고교학점제까지 염두를 둔다면 공용공간들이 현재보다도 1.5배 이상 커져야 되는 부분들이 있고요. 그것이 넓은 공간만이 아니라 다양한 학생들이 활동들을 담아내는 공간이 되어야 된다고 보여집니다. 요즘 많이 사용되고 있는 우리 [한국의] 학교에서도 '상상 계단'이라는 공간들을 사용을 하고 있는데요. 이것이 계단만으로 만족되는 것이 아니라 계단의 마무리가 되는 저층부분이 되는 넓은 공간과 같이 만났을 때 그 효과는 더 증폭되리라고 보여집니다. 공용 공간에 화이트보드 같은 것을 설치함으로써 학생들이 자신들의 모둠 활동 중에서 재밌는 의견들을 나눌 수가 있을 거라고 보여지고요."

학교공간혁신을 둘러싼 쟁점에 대한 논의

분과회의에 참여한 미래교육위원들은 미래교육을 위해 학교공간혁신이 필요하다는 사실에 동의하며, 김진욱 교수가 제시한 학교공간혁신의 방향에 공감하였다. 그러나 미래교육위원들은 현재 교육부와 시·도교육청을 중심으로 이루어지고 있는 학교공간혁신 사업의 한계를 지적하였고, 학교공간을 변화시키는 데 있어 걸림돌로 작용하는 제도적 문제에 대한 생산적인 논의가 필요하다고 보았다. 분과회의에서 논의한 학교공간혁신 관련 쟁점은 다음과 같다.

무엇을, 누구를 위한 학교공간혁신인가

본 분과회의에 참여한 미래교육위원들 중에서 유일한 교사인 신민철 위원은 현재 교육부와 시·도교육청에서 주도하고 있는 학교공간혁신 사업에서 교육철학적 접근이 부재하다는 사실이 안타깝다는 의견을 제시하였다. 과연 학교공간혁신이 무엇을 그리고 누구를 위한 것인지에 대한 깊은 고민이 필요하다는 의견이었다. 신민철 위원은 물리적 공간의 변화에만 집중하기보다 그것이 갖는 교육적 의미를 찾는 것이 중요하다고 주장하였다.

"제가 얼마 전에 (학교공간혁신 사업과 관련하여) 미팅을 했었어요. 학교를 어떻게 지을 것인가 한번 쭉 보고 왔는데 공간을 건축가와 설계자 중심으로 짓는 것을 볼 수 있었죠. 그런데 아쉬웠던 점은 그러한 공간혁신에 교육이 없었다는 것입니다. 교육 내용이요. 어떻게 하면 아이들이

신민철 위원

모둠활동이라든지 개별활동이라든지 이런 아이디어 사운드를 자유롭게 뿌릴까? 그리고 교실에서 어떻게 아이디어들이 자유롭게 나오는 환경이 나올까? 이러한 질문에 공간혁신의 초점이 맞춰지면 좋겠습니다."

신민철 위원이 무엇을 위한 학교공간혁신인지에 대한 문제를 제기했다면, 이승택 위원은 누구를 위한 학교공간혁신인지에 대한 문제에 대해 논의하였다. 이승택 위원은 학생이 학교를 '나의 공간'으로 인식하지 못하고 있는 현 상황에 대한 개선 없이는 공간혁신이 이루어지기 힘들 것이라고 보았다. 학생이 자신이 사용하는 공간을 스스로 바꿀 수 있다고 생각하는 것이 중요하다는 의견이었다.

"학교를 우리 학교라고 말을 하지만 학교에서 애들이 공간이 내 소유라는 개념은 없는 거 같아요. 그런 맥락에서 예를 들어 애들이 '선생님, 제가 책상 이렇게 돌려 앉아도 돼요?' '여기다 이런 거 놔도 돼요?' 이런 생각을 못할 거란 말이에요. 그런 맥락에서 아이들이 '이 공간을

이승택 위원

내가 변형해도 된다'라는 것, 내 개인화된 공간이 될 수 있다는 것이 됐으면 좋겠다는 생각인데… 사실은 학생들이 공간을 활용할 때 개인화가 중요하다는 생각이 들거든요. 결국 목적이 개인화돼서 내가 내 공간이라고 느껴지고, 그래서 나에게 맞는 공간활용이 나올 때, 그게 공간혁신이 된 거 같아요. 근데 물리적으로는 한계가 있으니 개인적으로 그런 걸 만드는 것들이 중요하죠. 그러면 '우리가 개인의 학생의 입장에서 이 공간을 내 개인화 시키는 방법적으로 접근을 했을 때는 어떤 부분들을 제시해 주면 좋을까?'를 생각하는 것이 중요해요."

김진욱 교수 또한 학교공간의 변화가 이루어지더라도 교육주체들이 그 공간을 활용하지 않는다면 공간혁신이 갖는 의미를 찾기 어렵다고 보았다. 발제를 통해 공용공간의 활용성을 강조한 김 교수는 홈베이스(home-base) 공간을 그 예로 들어 설명하였다. 그는 홈베이스(home-base) 공간이 말 그대로 '홈(home)', 즉 집과 같은 공간으로 기능해야 하는데, 이를 위해서는 그 공간의 주인은 학생이어야 한다고 설명하였다.

예산 부족이 야기하는 문제, 어떻게 해결할 수 있는가

김 교수와 많은 미래교육위원들은 학교공간혁신에 있어 언제나 문제로 제기되는 것은 예산 부족이라는 데에 동의하였다. 김 교수는 학교 건축의 경우, 다른 공공기관의 건축에 비해 낮은 예산이 책정되는 현실을 설명하였다.

그림 2-8 2016년 공공건축물 유형별 단위 면적당 공사비

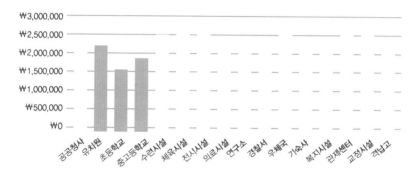

출처: 조달청, 2016 공공건축물 유형별 공사비 분석, m²당 원

"문제는 공사비 단가입니다. 우리 초·중·고등학교 공사비 단가가 우리나라의 어떠한 공공건축의 단가보다 제일 낮습니다. 저도 몇 번 글을 썼는데, 우리 조달청 계약 단가만 보더라도 초등학교의 공사비가 교도소보다도 쌉니다. 올라간 것이 이 정도인데요."

김진욱 교수

2016년 조달청이 발표한 공공건축물 유형별 단위 면적당 공사비를 살펴보면, 김진욱 교수가 지적한 것과 같이 학교의 제곱미터당 공사비가 교정시설보다도 낮은 것을 확인할 수 있다.

교육부와의 학교공간혁신 사업 경험이 있는 이승택 위원 역시 예산 부족 문제를 지적하였다. 부족한 예산이 건축가 및 다른 여러 전문가들과의 협업을 방해하는 요인이 되었음을 전하였다.

"(한 학교의) 교장 선생님께서 학교에서 예산을 많이 확보했다고 연락을 주셨어요. 교장선생님은 예산을 가지고 좀 특별한 공간을 만들고 싶은 거예요. 근데 예산을

이승택 위원

가지고 상의하다 보니 그 돈으로는 건설업자 비용이 나가고 나면 나머지 비용이 하나도 없어요. 공간혁신인데, 건축가도 제대로 참여하기 어려운 비용이고, 그러면 다른 여러 분야의 전문가들이 와서 어떤 것도 할 수가 없는 거예요. 학교공간혁신 정책에서 심도 있게 고민해보아야 할 지점이 아닌가 싶습니다.”

고등학교 학생으로서 본인이 재학하는 학교에서 진행된 ‘2020 공간혁신 프로젝트’에 참여했던 유주연 위원 역시 예산 부족으로 겪었던 어려움을 설명하며, 이 문제를 어떻게 해결했는지 그 경험을 공유하였다.

유주연 위원

“저희 학교에서 비워져 있는 공간이 있었는데요… 공간만 구성하고 거기에 들어갈 가구들의 예산이 없어서 처음에 많은 어려움을 겪었어요. 이 공간을 만들었는데, 이 공간을 어떻게 채워 나갈 것이냐? 예산은 한정적이고 가구를 살 돈은 남아있지 않는 거죠. 그래서 담당 선생님하고 저희 학생들하고 ‘그럼 어떻게 하는 방법이 있을까요?’라고 많이 고민한 결과 만들어진 게, 가구를 제작하는 동아리였어요. 가구를 제작하는 동아리가 만들어지고, 공간혁신 사업 따로, 동아리 따로 해서 예산을 편성하다 보니까, 어떻게 보면 더 유기적으로 할 수 있었던 방안이라고 저는 생각을 하는데요.”

지금의 학교시설은 공간 유동성을 촉진할 수 있는가

신민철 위원은 기존의 학교 공간과 시설을 최대한 활용할 수 있는 공간혁신 방안을 제안하였고, 이러한 관점에서 기존의 가구를 유연하게 재배치하는 것이 필요하다고 주장하였다. 그러나 그는 현재 학교에 있

Chapter 02 미래사회와 미래인재를 위한 교육정책

는 대부분의 책상이 무겁고 바퀴가 없어 이동성이 제한된다는 점, 학교 가구를 교사가 자율적으로 처분하지 못하는 현실의 한계를 지적하였다. 김승직 위원은 한옥 대목장의 관점에서 책상이 공간의 유동성을 제한한다는 사실에 아쉬워하며, 공간 변화를 촉진할 수 있는 새로운 가구의 개발에 대해 이야기하였다.

지금 책상만, 제대로 된 책상들이 좀 있다고 하면 공간의 구성을 굉장히 넓혔다 줄였다 할 수 있는 경우를 많이 만들 수 있을 것 같아요. 애들이 책상을 들고 옮긴다는 것이 현실적으로 쉽지 않은 얘기잖아요. 그 책상이 제가 알기로는 꽤 무거운 것으로 알고 있거든요, 의자도 마찬

김승직 위원

가지고요. 그런데 바퀴도 안 달려 있으니, 공간을 계속해서 유동성 있게 구획한다는 것이 현실적으로 조금 어려울 것 같습니다.

공공기관의 입찰 및 조달 제도가 갖는 한계, 대응 방안은 무엇인가

김진욱 교수와 미래교육위원들은 현 입찰 및 조달 제도에 대한 문제의식에 공명하였다. 일정 규모 이상의 공공건물을 신축할 때에는 법이 규정하는 자격을 갖춘 건축가들의 작품을 제안받고 심사를 거친 후 건축가를 선정하여 설계를 의뢰하는 방식이 사용된다. 그러나 학교 설계를 평가하는 위원들이 실제로 교육 전문가가 아니므로 교육적 관점에서 교육시설의 특성과 사용자의 의견이 반영되지 않는 경우가 많다. 또한, 설계를 토대로 시공하거나 학교를 리모델링할 때, 법적 자격을 갖춘 건설업체가 경쟁하고 낮은 금액이 낙찰받는 가격 경쟁 방식을 채택하는 경우가 대부분이다. 이로 인해 값싼 학교를 '찍어내는' 경우가 많고, 교육 주체들의 의견을 충실히 반영하지 못하게 된다. 또한, '나라장터'를

통한 공공조달 방식을 채택하기 때문에 교사나 학생이 의도하는 공간을 만들 수 있는 시설과 물품을 구매하는 것이 어렵다.

김유민 위원은 학교 공간을 시공하는 업체를 선정함에 있어 낮은 가격만을 강조하기 때문에 마감에 문제가 발생하는 경우가 많다고 지적하였다. 마감에 문제가 생기지 않도록 초기 설계자가 반드시 감리를 하고 그 비용이 초기에 예산에 포함될 수 있도록 하는 방안을 마련해야 한다는 의견을 제시하였다.

김유민 위원

"마감에 문제가 생기지 않게끔 초기에 설계자가 반드시 감리를 합니다. 최종 마감 시 완성된 건축물 공간에 대해서 최초 기획자가 감리를 할 수 있게끔 권한을 부여하고, 비용을 지불하고, 그것들이 예산에 들어가 줘야되는 거죠. 이것도 정책에 반영이 돼야 되는 겁니다. 그런데 건축 계획에 대한 입찰 따로, 공사에 대한 입찰 따로, 감리 입찰 따로 하는 경우도 많아요. 모든 게 일원화되어 있지 않아요. 그런데 학교를 초등학교, 중고등학교, 대학교 모두 다 공간혁신이 필요한 시점에 효율적인 입찰 방식을 어떻게 할 것인가? 이렇게 따로따로 하는 것이 과연 합리적인가? 아니라면 기획가를 먼저 선정하고, 기획가와 공사와 발주 방식에 대한 논의를 해서, 그 다음 발주를 할 것인가에 대한 것도 한 번쯤은 재검토를 할 필요가 있다는 말씀을 드리고 싶어요."

김유민 위원은 '나라장터'를 통한 중앙조달 제도의 한계를 극복하기 위해 학교 시설 및 물품에 대한 세부 가이드라인을 마련하는 것이 중요하다는 의견도 함께 제시하였다. 이에 이승택 위원은 저렴한 가격만을 강조하는 제도 자체가 근본적인 문제라고 지적하였다. 따라서 학교 신축 및 리모델링 예산을 늘리거나 입찰 단가를 높이지 않는 한 김유민 위원이 제안한 세부 가이드라인의 효과성이 제한적일 것이라고 전하였다.

"교수님과 위원님들이 나라장터 정책 규정에 관해 말씀을 해주셨는데요. 구조적인 한계가 있는 거 같아요. 새로운 가이드라인을 만든다고 하는 것도 결국은 입찰이라는 제도에서 오는 한계가 있어서 조금 전에 김진욱 교수님께서 말씀하신 것처럼 입찰 단가를 높여주는 것과 같은 변화가 없으면 거기서 규정을 상세화하는 것들

이승택 위원

이 얼마나 효과가 있을까 하는 생각이 들어요. 왜냐하면 지금 현재 기본 입찰이라는 모델은 결국 단가니까. 단가가 낮게 잡혔으면 아무 소용이 없는 거거든요. 이런 부분에 대한 것들은 장기적으로 논의가 되어야 할 것 같습니다."

소규모 학교를 대상으로 하는 실험적 학교공간혁신은 가능성이 있는가

신민철 위원은 교사로서 시도했던 다양한 학교공간 변화의 경험을 떠올리며 학교공간혁신 프로젝트는 소규모 학교가 가진 가능성에 주목해야 한다고 주장하였다. 그는 오히려 소규모 학교에 주목할 때, 대규모 학교 위주의 획일화된 공간혁신의 한계를 극복할 수 있다고 보았다. 달리 말해, 작은 학교가 실험적 공간으로 기능할 수 있다는 것이다.

"지금 보면 많은 소규모 학교들을 없애고 있거든요, 큰 학교로 편입시킨다고 말이죠. 근데 이런 작은 학교일수록 실험하기가 되게 좋아요. 미래사회에는 다양성을 추구하잖아요. 다양한 학교들이 많을수록 다양성이 추가가 되거든요. 큰 학교로 가면 어쩔 수 없이 많은 부분들을 통일

신민철 위원

하려는 시도가 있게 됩니다. 민원이 들어오니까. 1반부터 11반까지 통일(획일화)을 해버립니다. 그러한 시도는 다양성을 강조하는 미래교육과는 거리가 있죠. 특색 있는 학교를 다양하게 많이 만들어내는 것, 그쪽으로 이야기가 전개됐으면 좋겠다는 생각입니다."

학교공간혁신을 보다 혁신적으로 시도하기 위해서는 단위학교와 교사의 자율성을 확장해야 한다는 의견도 있었다. 이승택 위원은 단위학교와 교사가 자율적으로 결정할 수 있는 권한을 가질 수 있는 정책적 환경이 마련된다면 학교 특색에 맞는 다양한 공간혁신이 가능할 것으로 보았다. 특히, 그는 예산 규모가 작은 경우에 각 학교와 교사가 공간적 실험을 시도해볼 수 있도록 규제를 푸는 방안을 고민해볼 수 있을 것이라고 덧붙였다.

이승택 위원

"신민철 선생님께서 작은 학교 이야기를 해주셨잖아요, 그 맥락에서 풀어보면 이런 예를 생각해볼 수 있을 것 같아요. 나라장터를 거치지 않고 선생님들이 작은 규모에서 프로젝트를 진행하실 수 있게. 좀 전에 말씀하신 것처럼 '위워크(Wework)에서 애들 데리고 수업 해봤으면 좋겠어요'와 같은 프로젝트도 가능하겠죠. 아니면 '가구를 나라장터 거치지 않고 합리적인 선에서, 예산 안에서 자체적으로 가구 주문을 하겠다.' 하는 학교에 대해서는 안정성 등을 확인해서 가능하게 할 수도 있을 것 같고요. 교육부에서 전체 규정을 바꾸지는 않더라도, 소규모 학교 혹은 일부 학교에서 이렇게 자율적으로 진행하고자 할 때 어떻게 좀 풀어줄 수 있는 방법은 없을까 고민이 됩니다. 어떻게 보면 학교 단위가 아니라 교사 단위에서도 결정을 내릴 수 있는 프로젝트 형식으로 실험할 수 있도록 하는 예산이 있으면 좋겠어요."

학교공간혁신을 둘러싼 여러 쟁점들을 중심으로 현실적이고 비판적인 논의가 오갔던 공간혁신 1차 분과회의는 향후 학교공간혁신과 관련하여 "어렵지만 중요한" 장단기 정책과제들을 가늠해볼 수 있는 장이 되었다.

디지털 교육 패러다임에서 학생의 성장은…

디지털교육의 상용화는 시기의 문제였을 뿐, 오래전부터 예견되어 있었으며 코로나로 인해 예상했던 시기보다 앞당겨졌고 가속화되었다. 지금의 4차 산업혁명의 시대에서 인공지능과 로봇이 인간보다 지능이 앞서가고, 인간은 그러한 기술의 개발과 관리·감독을 해야 하는 입장에서 과거의 지식 전달과 학습의 형태로는 이 시대에 부합하는 인재를 양성하기에는 턱없이 부족한 실정이라는 것도 모두 인지하고 있을 것이다.

교육 과목 및 내용, 그 지식의 전달 형태와 방식은 당연히 달라져야 하고 시대에 발맞추어 이전보다 훨씬 더 수준 높은 교육을 이 시대는 요구하고 있다. 비대면의 온라인교육으로 교육의 질이 높아지기 위해선 교사의 수준도 현실화가 필요하지만 적절한 피드백도 중요하다. 그러나, 모든 교육을 온라인화 한다면 학생은 학교를 갈 필요가 없는 것인가. 특정의 실력 있는 강사와 교사가 온라인의 집중 교육을 통해 훌륭한 지식전달을 수행한다면 각 학교의 교사는 더 이상 필요가 없는 것인가. 이에 대한 해답은 학교에 대한 정의를 다시 내림으로서 찾을 수 있다.

학교에 대한 정의를 장기적으로 다시 정립할 시점

학교란 어떤 곳이어야 하는가. 학교는 무엇이어야 하는가.

교육부, 교육청, 학교관계자, 그리고 학생과 학부모 모두 머리를 맞대어 학교라는 캠퍼스가 주는 특수성, 학교가 학생에게 부여하는 의미 등 학교에 관한 정의(Definition)를 정립할 필요가 있다. 학교는 학생에게 지식을 전달하고 대학입학을 위한 과정으로 치부되던 장소라는 기존의 이미지와 방식을 이제는 과감히 벗어던져야 한다.

학교는 학생의 올바른 성장을 책임져야 하는 교육과정이다.
학교는 부모와 가족이 미치지 못하는 교육을 대신하는 보육과정이다.
학교는 학생에게 미래를 보여주고 발전시킬 수 있어야 한다.
학교는 삶이고 일상이며, 그래서 늘 즐겁고 건강해야 한다.
학교는 놀이터이면서도 전문가로 커가는 인재를 양성하는 곳이다.
학교는 사회의 축소판이며 사회화과정을 미리 경험하게 하는 곳이다.

학교는 학생의 삶을 결정짓는 진로를 결정하기 위한, 직간접적인 체험을 제공하는 선행학습 장소이다. 그래서, 학교는 삶을 즐기고 인생에 대한 의미를 깨달으며, 자아를 키우고 성찰하며, 타인에 대한 이해와 배려를 배움으로서 다양성을 이해하고 체득하여, 건강을 지키며 경제 생존력을 키우는 곳이어야 한다.

그러한 양성을 담당하는 학교의 기능을 위해선 교육 자체의 패러다임도 변해야 하고, 디지털교육으로 해결할 수 없는 수없이 많은 기능을 수행할 수 있는 공간의 혁신도 필요하다.

또한 교사는 지식전달자와 리더가 아닌, 멘토이자 친구이며, 형제나 가족이며 부모를 대신하는 역할을 해야 할 것이다. 향후 인공지능과 로봇이 할 수 없는 '따뜻한 감성과 현명한 리더십'이 필요하다.

단순한 리모델링은 이제 그만.
'성장 · 발전'이 있는 그린스마트 스쿨 및 교육 체계

학교의 캠퍼스, 즉 물리적 공간은 이제 공간의 혁신이 필요한 시점이다. 건물 내외부 색채를 바꾸거나 낡은 것을 새로 교체 보강하는 수준, 기기를 좀 더 좋은 장비로 바꾸는 등의 단순한 리모델링은 이제 잠시 중단하며 예산 배분을 재편성 할 필요가 있다. 공간 자체에 대한 개념과 정의가 달라져야 하는 이 시점에서 숨을 고르며 학교의 정의를 다시 내리면서, 이에 맞는 미래 지향적인 학교의 공간 구성을 새롭게 재편하고 계획할 필요가 있다.

그린스마트 스쿨, 쾌적하고 건강하고 안전한 친환경적인 공간은 기본이며, 종이를 없애고 디지털화하는 기기와 자동화 인지 공간의 스마트화만 아니라, 교육의 내용도 스마트해질 필요가 있다. 즉 온라인교육은 가정에서 해결이 가능하나, 그 외의 성장을 돕는 많은 활동은 학교에서 할 수 있도록 하는 것이다.

가정에서 할 수 없는 고가의 기기, 장비, 시설을 갖추고 수준 높은 컨텐츠와 교육 시스템을 도입하고 가정에 없는 다양성을 마련해서, 온라인교육으로는 할 수 없는 많은 요소를 담당해야 할 것이다. 위로와 격려, 사회화를 통해 개인과 학교 모두 '성장·발전'을 이루어야 할 것이다.

예를 들어, 홀로그램으로 인체의 신비와 생물의 구조를 눈으로 익히고, AR, VR, XR 등의 교육 컨텐츠로 우주와 역사를 배울 수 있어야 한다. 또한 개별 악기실을 설치해서 개인적인 공간에서 편안하게 악기를 익히거나, 벨기에의 스마트체육관처럼 학생 개개인의 체력별 운동능력에 맞춘 체력단련 교육이 필요하다. 의자는 자유롭게 이동해서 논의를 할 수 있게 바퀴를 달아주고 책상은 모서리가 부드럽게 마감되어 다치지 않게 해야 한다.

많은 이의 가슴을 아프게 했던 '세월호' 사건을 통해서 학교는 어떤 교훈을 얻었고 이를 통해 무엇이 변화했는가. 가장 중요한 것은 학생과 교사의 생존력을 키워주는 것이다. '생존수영'을 위한 수영장을 확대하고 교육의 질을 높여서 지금보다 훨씬 많은 수의 사람들이 배워야 한다. 필자인 나를 포함해서. 학생만이 아니고, 학생을 구해야 할 책임자인 교사, 학부모, 그리고 일반인도 생존수영만큼은 의무화할 필요도 있다. 나 자신의 생명을 지키고 타인의 생명을 구할 수 있는 능력은 국민 모두가 갖추어야 한다.

기후변화로 인한 폭우, 해일, 폭풍 등의 갑작스러운 기상이변에도 적절한 대응으로 자신의 안전을 지킬 수 있는 능력은 국민 모두에게 키워주어야 하는 국가의 몫이기도 하다.

1인 1기, 그리고 감성과 배려…

나는 교육과정에서의 '1인 1기'를 권한다. 1기란 악기, 기술, 기(氣, 체력, 운동) 등을 의미한다.

어린 시절의 대부분은 피아노, 미술, 서예, 자전거 등 많은 것을 얄팍하게 배우면서 자란다. 그러나 초중고를 마치고 졸업할 때 이제까지는 졸업장과 대학 입학 외에는 남는 게 없었다. 대학 입학이 정답이 아닌 이 시대에서 인생을 즐길 줄 아는 소양을 기르기 위해서라도, 누구라도 최소한 한 가지 종목 정도는 자신 있게 할 수 있는 무언가는 남아야만 한다.

미래 기술, 과학, 글짓기, 성악, 악기, 운동 등 그 어떤 것이라도 학생의 특성과 잠재력, 성향을 파악하고 그에 맞는 개별화 교육을 통해서 성장과 발전을 거듭하며 졸업과 동시에 '자신만의 1기' 정도는 최소한 남는 게 있는 배움의 과정이 필요하다. 이는 성장과 육성, 발전에 대한 근거로서도 유의미하다. 또한 학생의 우울감과 소외감을 치료하는 데에도 도움이 되고 학생과 교사와의 교감도 깊어질 수 있다. 각 과목별 특성화된 교사가 부족한 경우는 교사의 순환근무제도를 적극 도입하고, 체육관, 수영장 등 운동시설의 운영은 외부전문기업으로 위탁하는 것도 고려할만 하다. 내 개인적으로 한 가지 무척 아쉬웠던 것은 한국의 국기(國技)인 '태권도'를 배우지 못했던 점이다. 지나치게 소심하고 방어적이며 나 자신의 내면으로만 움츠러들었던 나의 어린 시절은 그다지 행복하지 않았었다. 건강한 신체에 건강한 영혼이 깃든다. 체력이 국력이다. 이 말은 온라인 세상에서도 유효하다.

남학생만이 아니라 여학생도 초등학교 시절부터 최소한 운동종목 한 가지는 잘할 수 있도록 배워서 체력과 기(氣)를 키울 필요가 있다. '남녀평등'의 시대에서, '성범죄'에 대한 우려가 높아지는 이 시대에서 여학생의 체력단련은 이제 먼 나라의 이야기가 아니다. 그래서 전(全) 학생(남녀 모두)의 체육교과에 반드시 '태권도'와 '수영'이 포함되기를 희망한다. 국기를 배움으로써 한국인의 자부심과 생존력도 높아지리라 본다.

온라인 세상이 가속화 되고 있는 이 시점에서 감수성과 창의성이 가장 풍부한 유아 및 청소년에 대한 이탈과 소외감을 막을 수 있는 '감성과 배려'가 무엇보다 필요하다. '따듯하게 보듬어줄 수 있는', 그리고 삶을 이해하고 사색할 수 있는 '철학'과 관련된 교육 시스템, 교사, 공간은 새롭게 마련돼야 할 것이다.

공간의 혁신을 교육의 혁신으로

2020년 미래교육위원회 공간혁신 분과는 '학교공간혁신사업 참여 주체별 한계점'이라는 주제로 두 번째 회의를 가졌다. 한국교육개발원의 교육정책지원연구본부장을 맡고 있는 박성철 박사가 교육전문가로 발제를 맡았다. 박성철 박사는 학교공간재구조화 연구 경험과 컨설턴트와 퍼실리테이터로서 학교공간혁신사업에 다년간 참여한 경험을 토대로 학교공간혁신사업을 가로막고 있는 장벽이 무엇이고 그러한 장벽을 무너뜨리기 위해 필요한 것은 무엇인지 논의하였다. 공간혁신 1차 분과회의가 미래의 학교공간은 어떠한 방향으로 변화해야 하는지에 집중했다면, 이번 분과회의는 공간의 혁신이 교육의 혁신으로 연결되기 위해 무엇이 필요한지에 초점을 둔 주제를 다루었다.

학교공간혁신사업 참여 주체별 한계점

박성철 박사는 학교공간혁신사업에 참여하는 각 주체가 마주하는 어려움이 무엇인지 미래교육위원들과 공유하는 시간을 가졌다. 그는 교사, 설계자, 퍼실리테이터 집단이 경험하는 어려움을 토대로 건축과 교육의 조우를 위해 어떠한 노력이 필요한지 생각해볼 수 있는 기회를 제공했다.

발제개요

학교공간혁신사업 참여 주체별 한계점

- **학교공간혁신사업의 어려움**
  - 학교 현장의 관심 저조
  - 참고자료, 사례, 전문가 지원 등의 부족
  - 퍼실리테이터의 역할 모호 및 협력적 상호작용의 필요성
  - 설계 및 시공 단계의 단절

- **공간혁신과 교육혁신 간의 관계**
  - 공간혁신의 궁극적 목적이 교육혁신임을 견지할 필요
  - 공간의 변화가 수업과 배움의 질 개선으로 이어지는 연결고리에 대한 고민 필요

- **공간혁신을 교육혁신으로 연결시키기 위한 질문**
  - 교육과정 재구성을 학교공간혁신사업에 어떻게 연계시킬 수 있을까?
  - 교사의 적극적인 참여를 어떻게 이끌어낼 수 있을까?
  - 교육에 대한 퍼실리테이터의 이해를 어떻게 도모할 수 있을까?
  - 학생의 공간 구성 능력을 어떻게 기를 수 있을까?

학교공간혁신사업의 어려움

박성철 박사는 학교공간혁신사업이 직면하고 있는 어려움에 대해 설명하기 위해 2020년 6월부터 11월까지 수행했던 강원도교육청의 학교공간혁신사업 성과 분석 연구 결과를 제시하였다. 주체별 만족도 조사와 면담조사 결과를 정리하여 네 가지 사항에 대해 논의하였다.

첫 번째는 학교공간혁신사업에 대한 교사들의 관심이 저조하다는 점이었다. 그 결과물을 활용할 주체가 교사들임에도 불구하고, 학교공간이 왜 필요하고, 어떻게 공간을 변화시켜야 하는지, 많은 교사들의 관심을 갖지 않는 것은 사업에 있어 큰 장벽으로 작용하였다. 두 번째는 학교공간혁신사업 초기 단계에서 참고할 수 있는 자료가 부족하다는 점이었다. 박 박사는 다양한 공간혁신 사례가 여러 채널을 통해 소개되고 있는 상황이지만, 건축에 대한 전문지식이 없는 교사들을 단계별로 지원할 수 있는 자료가 부족한 상황임을 설명하였다. 세 번째는 퍼실리테이터의 역량에 관한 것이었다. 학교공간혁신사업에서 퍼실리테이터는 시·도교육청의 공모 과정을 통해 선정되며, 건축과 교육이라는 두 영역을 연계하는 역할을 담당한다. 퍼실리테이터는 학생과 교사 등 교육 주체들의 요구사항을 조율하여 설계자에게 전달하고 사업 전반을 기획하고 진행하는 촉진자로서의 역할을 맡는다. 박 박사는 퍼실리테이터가 교육과 학교현장에 대한 이해가 부족한 경우가 많으며, 모든 단계에 일관성 있게 개입하는 것이 현실적으로 어렵다는 점을 지적하였다. 네 번째는 설계단계와 시공단계의 단절이었다. 건축에 있어 건축사는 설계를 담당하고 시공사는 설계를 구현하는 역할을 한다. 설계한 것이 정확히 구현되었는지를 확인하는 감리가 필요하다. 그러나 건물 단위의 건축이 아닌 이상 감리가 법적으로 요구되는 사항이 아니기 때문에 학교공간혁신사업에서 감리가 빠지는 경우가 많다. 박 박사는 시·도교육청이나 교육지원청이 1~2회 현장 감독을 하지만 전문지식 없이는 감리의 기능을 수행하기 어렵다고 지적하였다. 박 박사는 설계단계와 시공단계가 연계되지 못할 경우에 여러 문제가 발생할 수 있음을 설명하였다.

박성철 박사

"어제 그 문제가 발생했는데요, 제가 퍼실리테이터로 컨셉 디자인을 해주고, 설계사가 설계를 다 했습니다. 근데 이것을 시공 단계 때 누군가는 점검을 해주어야 설계한 것을 잘 구현하게 될 텐데, 중요한 것은 교육청이나 교육지원청에서도 감리의 역할까지 하기는 거의 불가능하다는 거죠. 감독의 기능을 하게 되면 한두 번 정도 오시게 되거든요. 그러한 방식으로는 사실 점검할 수 있는 게 거의 없죠. 그러니까 지금은 사실 '감독' 기능이 아니라 '감리' 기능이 있어야 점검이 가능한데, 그렇게 되어있지 못하다 보니 학교에서는 거의 설계하고 시공해주는 대로 그냥 받게 되는… 그리고 나서 다 지어지면 '이게 아닌데…' 이런 문제가 계속해서 생기는 거죠."

학교공간혁신의 궁극적인 목적은 교육의 혁신

박성철 박사는 유은혜 부총리 겸 교육부장관의 이야기를 다음과 같이 인용하였다. "사람 중심의 미래교육 실현을 위해 학생들이 직접 참여하는 창의적이면서도 감성적인, 그리고 협력적인 학교 공간 혁신을 추진하고자 합니다. 공간의 혁신은 단순한 공간의 변화가 아니라 우리 학교, 교육의 혁신으로 이어질 것으로 기대합니다." 이러한 인용을 통해 박 박사가 강조한 것은 학교공간혁신의 핵심이 교육혁신이라는 점이었다. 박 박사는 학교공간의 재구조화는 "① 교육과정의 변화, ② 교수·학습방법의 선진화, ③ 행정 체계의 변화 등과 같은 학교 재구조화의 필요성 속에서 학습 성과를 질적으로 향상시킬 수 있도록 학교시설을 근본적으로 변화시키는 개념을 의미"한다고 강조하였다.

박성철 박사

"이게 '공간혁신에 대한 문제가 아니라 교육 혁신에 대한 문제다'라는 관점이 제가 계속해서 보고 있는 관점인거죠. 한마디로 '교육과 공간이 이어져 있는가?'라는 문제라는 겁니다. 제가 2018년도에 했었던 연구에서는 '학교공간 재구조화라는 것이 어떤 의미가 있는가?'라는 질문을 던지고 있습니다. 여기에서 어떠한 관점으로 이야기를 풀어갔는지 잠시 설명드리면, '왜 우리나라의 교육시설 사업이 그렇게 오랫동안 지속이 됐는데 큰 변화가 없다는 얘기가 지속해서 나올까'라는 문제점을 지적하고 있죠. 여기에서 학교 재구조화라고 하는 관점이 굉장히 중요합니다. 학교 재구조화라는게 결국 교육과정, 교수학습 방법, 행정체계 등 소프트웨어적인 것을 반영해서 공간을 혁신해야 근본적인 변화가 일어나는데, 그런 것들이 여전히 부족하다는 거죠. 그래서 우리가 학교에 이제 공간을 바꾸려면 무엇보다 학교 재구조화라는 개념을 가져와서 학교공간 재구조화라는 것을 도입해야 된다는 것이 저의 주장이었습니다. 부총리님께서도 이러한 관점에서 '교육에 대한 혁신'을 굉장히 강조하셨던 거죠."

박 박사는 2018년에 한국교육개발원에서 진행한 연구를 통해 '미래학교를 위한 학교공간 재구조화 매뉴얼(이하 '매뉴얼')'을 개발했다고 설명했다. 매뉴얼을 그림으로 보여주면서 학교공간 재구조화에 있어 교육과정과의 연계는 필수불가결한 것임을 강조하였다. 그는 그림을 통해 각 공간이 교육과정 성취기준과 어떻게 연결될 수 있는지를 보여주었다.

박성철 박사

"2018년도에 매뉴얼을 만들었습니다. 이 매뉴얼을 만들면서도 (그림과 같이) 여기 안에 이런 모형들을 제가 넣었습니다. 일선 학교에서는 이 모형들을 사전 기획할 때 많이 참고하시는데, 이 모형에 핵심이 있는 게 아니고 이 모형이 나왔을 때, 이 주변 언저리에 대한 게 핵심이에요. 보시면 아시겠지만 그림에서는 2015 개정 교육과정의 성취기준이 보여집니다. '이 성취기준에 맞춰서 이런 공간이 필요하다'고 저는 얘기를 했던 건데, 여전히 계속해서 '이 공간'만 얘기를 하세요. 그니까 이 공간이 있으면 그 공간이 있는 이유가 중요하잖아요. 학교공간 재구조화에서는 교육과정이 가장 핵심이 되기 때문에. 그런데 이 교육과정에 대한 얘기 없이 공간만 계속 던져지니까 학교에서는 여전히 이 공간에 대해서는 어떻게 쓰면 좋을지 모르시는 것이죠. 계속 기존에 대한 사고를 가지고 공간에 대한 접근을 하는 데 문제점이 있는 것이고요."

그림 2-9 미래학교를 위한 학교공간 재구조화 매뉴얼 표지

그림 2-10 매뉴얼 내의 공간별 2015개정 교육과정 성취기준

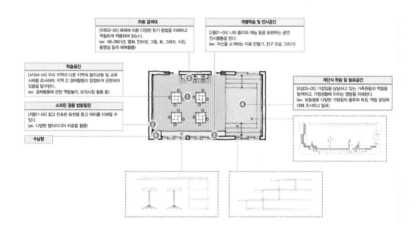

박성철 박사는 공간의 혁신이 교육의 혁신으로 연결되기 위해서 생각해볼 다음의 네 가지 질문을 미래교육위원들에게 제시하였다. 첫째, 교육과정 재구성을 학교공간혁신사업에 어떻게 연계시킬 수 있을까? 둘째, 교사의 적극적인 참여를 어떻게 이끌어낼 수 있을까? 셋째, 교육에 대한 퍼실리테이터의 이해를 어떻게 도모할 수 있을까? 넷째, 학생의 공간 구성 능력을 어떻게 기를 수 있을까?

'공간'과 '교육'이 만나기 위해 필요한 정책적 고민

분과회의에 참여한 여섯 명의 미래교육위원은 박성철 박사가 제시한 네 가지 질문을 중심으로 공간과 교육 간의 연계를 촉진할 수 있는 정책에 대한 논의를 진행하였다.

퍼실리테이터의 역량을 어떻게 강화할 것인가

미래교육위원들이 논의한 첫 번째 쟁점은 퍼실리테이터의 역량이었다. 학교공간혁신사업에 친숙하지 않은 일부 위원들은 박성철 박사에게 퍼실리테이터의 역할과 선발과정, 참여 조건 등에 대해 질문했다. 이에 대해 박 박사는 다음과 같이 답했다.

박성철 박사

"시·도교육청에서 공모를 냅니다. 예를 들어서 '이번에 퍼실리테이터 20명을 모집합니다'라고 하면, 즉 공모제안서에 조건을 기입해서 보내면 건축사 분들이 보시고 지원하는 방식인데요. 문제는 서울, 경기 같은 경우에는 공모를 내면 알아서 건축사 분들이 거기에 응모를 하게 되죠. 워낙 풀(pool)이 많으니까요. 그런데 지방 같은 경우에는 관심도 없고, '실제로 이제 그런 이런 조그만 걸 내가 해야 되느냐.' 이런 생각도 많이 있기 때문에 시·도교육청에서 직접 건축사 협회 같은 곳에 연락을 해서 거꾸로 요청을 받는 형태로 많이 이루어지죠. 퍼실리테이터 비용이 약 천만 원 정도 되는데요. 그 비용을 가지고 학생들과 선생님 대상 워크숍을 최소한 3~5회 정도 하고, 스케치업이나 어떠한 프로그램 가지고 디자인까지 하기에는⋯ 비용 면에서 볼 때 건축사 입장에서는 사실 기부하겠다는 그런 마인드가 없으면 선뜻 참여하기는 어렵습니다."

박성철 박사의 설명을 들은 김유민 위원은 퍼실리테이터의 역량 강화를 위한 필수적인 조건으로 더 높은 인건비 책정을 꼽았다. 현재 책정된 퍼실리테이터 인건비로는 전문적 경험과 지식을 충분히 발휘할 수 있는 동기를 부여하지 못한다는 의견이었다. 또한 인건비를 높여야 퍼실리테이터에게 합당한 범위의 역할과 책임감 있는 역할수행을 요구할 수 있다고 주장하였다. 김유민 위원은 인건비 문제뿐 아니라, 퍼실리테이터가 학교공간혁신사업에 참여함으로써 얻을 수 있는 이점을 확대해야 한다고 보았다.

이와 더불어, 김유민 위원은 공간혁신에 있어 감리가 중요하다는 것을 강조하며, 퍼실리테이터가 감리의 역할을 수행할 수 있을 것이라고 보았다. 김 위원은 공간혁신 1차 분과회의에서도 학교공간혁신사업에서 재정 부족으로 인해 수준 낮은 마감 문제가 발생할 수 있다는 사실을 지적한 바 있다. 이를 예방하기 위해 시공사 입찰 단계에서 구체적인 자재나 가구 등 세부적인 요구사항을 명시해야 하며, 시공 단계에서 그러한 요구사항이 충족되었는지 감리하는 것이 중요하다는 것을 강조하였다. 김유민 위원은 퍼실리테이터가 설계 이전 단계부터 시공 이후 단계 등 전 단계에 적극적으로 대응하는 것이 중요하다고 보았고, 특히 퍼실리테이터가 감리의 역할을 맡으면 현재 많이 발생하는 질 낮은 마감 문제를 예방할 것이라고 설명하였다.

김유민 위원

"처음에 설계자나 퍼실리테이터가 생각했던 것처럼 구현이 되어야 되는데, 아시겠지만 모든 시공에서 비용 절감이 목적이에요. '난 너희가 시킨 대로 했어, 대신 자재는 최대한 싼 걸로 할게요.' 이런 마인드가 있거든요. 시공비도 예산을 적게 책정해서 발주를 내니까… 안 좋은 자재들을 쓰거든요. 그걸 방지하기 위해서 설계 단계에서 가이드라인을 제시해서 '반드시 이런 자재가 들어가야 된다'는 것을 분명히 할 필요가 있죠. 본부장님께서 잘 아시겠지만 '그린스마트 스쿨'을 만들기 위해서는 친환경 자재가 들어가야 되고, 에너지 효율이 높은 자재를 써야 되잖아요. 그런 것들을 단순하고 추상적인 수준에서 제시하는 게 아니라 '가구는 이 재료, 이런 걸 써야 되고' 하는 것처럼 세부적인 명시가 좀 필요하다고 봅니다. 그리고 그 세부적인 명시를 반드시 시공사가 입찰 단계서부터 알게끔 할 필요가 있어요. 감리 부분은 보강이 좀 필요할 것 같아요. 설계자가 감리를 하게끔 처음부터 발주를 내는 것도 한 방법이죠. 설계자들은 대부분 건축사라 감리를 할 수 있으니까요. 퍼실리테이터가 건축사인 경우는 감리 역할을 할 수 있게끔 해서 인건비가 좀 더 올라가고 책임을 지게 하는 게 필요할 것 같아요."

교원의 참여를 어떻게 이끌어낼 수 있는가

박성철 박사는 퍼실리테이터로 일했던 경험을 회고하며, 공립학교 특성상 교원의 이동 때문에 발생했던 어려움을 토로했다. 그는 학교공간혁신사업이 진행되는 과정 중에 교원이 다른 학교로 이동하게 되면 기획 단계, 공모 단계, 사업 추진 단계가 유기적으로 연계되지 못한다고 설명하였다. 이러한 경험이 쌓이면서 박 박사는 한 명의 담당교사와 일하는 체제 대신, 해당 학교의 근무 연차가 다양한 세 명의 교사를 하나의 팀으로 구성하고 있다고 이야기했다.

박성철 박사

"제 사례를 좀 말씀드리면, 저와 사업 초기에 논의했던 교사분이 6개월 지나면 이제 더 이상 안 계세요. 갑자기 다른 학교로 옮기셨다고 하고, 장학사님도 어느 날 갑자기 다른 지원청으로 가 계세요. 이 문제를 어떻게 개인적으로 해결하고 있냐면, 선생님 세 분을 지원단원으로 선정을 합니다. 예전에는 한 분이랑 했어요. 주로 교무부장 선생님과 함께요. 지금은 세 분과 함께 하는데요. 1년차 선생님, 2년차 선생님, 3년차 선생님을 골고루 선정합니다. 3년차 선생님이 조금 있으면 다른 학교로 이동하시게 되더라도 1년차 선생님이나 2년차 선생님이 학교 공간을 운영할 때 여전히 계실 수 있는 여건을 만드는 거죠."

박 박사의 설명에 이어 김유민 위원은 '교사들'만의 참여로는 부족하다는 점을 전하였다. 그녀는 '교장'의 역할이 학교공간혁신 사업에서 핵심이라고 주장하며, 여러 명의 교사와 교장을 포함하여 지원단을 꾸리고 지원단을 대상으로 사업에 대한 교육부 주도의 세미나를 제공하는 것이 좋겠다고 설명하였다. 교원의 참여를 위해서는 공간혁신에 대한 학교구성원 모두의 인식제고가 우선이라는 의견이었다.

퍼실리테이터와 교원 간의 협력을 어떻게 촉진할 수 있는가

퍼실리테이터의 역량 강화와 교원의 적극적인 참여 유도에 대한 논의에 이어, 두 주체 간의 협력을 어떻게 촉진할 것인지에 대한 이야기가 오고 갔다. 박성철 박사는 발제를 통해 퍼실리테이터가 교육과 학교현장에 대한 이해가 부족하고, 반대로 교원과 학생은 건축에 대한 기본 지식이 부족하다고 설명하였다. 그럼에도 불구하고 공간과 교육을 연계하는 것이 학교공간혁신의 핵심이므로 두 주체 간의 협력 방안을 찾는 것이 필요하다고 강조하였다. 본 분과회의의 유일한 학생 참여자인 유주연 위원은 공간혁신 프로젝트에 참여한 본인의 경험을 공유하며, 퍼실리테이터에게 교육에 대한 이해를 강조하는 것보다 교사에게 공간혁신에 대한 역할을 부여하는 것이 보다 효과적이고, 바람직하다고 이야기했다.

유주연 위원

"퍼실리테이터 역할을 하시는 분들이 교육 종사자분들도 아니시기 때문에 이분들에게 교육의 이해를 더 요구하거나 원하기보다는 오히려 교육에 이미 종사하고 계시는 교사 분들이 퍼실리테이터가 하시는 일에 대해서 일차적으로 이해하고, 이걸 교육에 대해서 어떻게 밀접하게 연관시킬 수 있을지에 대한 고민하시는게 맞다는 생각이 들어요. 저희 학교 같은 경우에는 퍼실리테이터 분들이 공간에 대한 학생들의 의견을 수렴하고, 이 부분에 대해서 절충안을 제시해주시면, 그 절충안을 가지고 또다시 학생들이 고민을 하고, 이 과정 속에서 '공간의 이름은 어떻게 결정할 것인가', 아니면 '공간에 들어갈 가구들을 어떻게 해결할 것인가'는 학생들과 교사 분들이 같이 논의했어요."

이승택 위원은 유주연 위원의 의견에 동의하였다. 그는 교사와 퍼실리테이터 간의 협력에 있어서 중요한 것은 각자의 역할을 명확히 하거나 상대방이 갖는 전문지식을 새롭게 습득하는 것이 아니라, '서로 의사소통하고 공동의 의사결정을 하는 방식을 개발하고 익히는 것'이라는 의견을 제시하였다. 이는 이승택 위원의 표현에 따르면 '중간연결 모델'을 개발하는 것이 두 주체 간의 협력에 있어 중요하다는 것이다.

이승택 위원

"유주연 위원님이 학교에서 퍼실리테이터뿐 아니라 교사 자체가 공간에 대한 이해가 있어야 된다고 이야기한 것에 크게 동감합니다. 사실 '협업'이라는 것은 서로가 할 일을 나눠서 하는 것이 아니고, 그렇다고 서로가 하는 일을 잘 알아서 같은 일을 하는 것도 아니고, 각자 잘하는 부분들이 모여서 시너지가 나오게 만들어 주

　Chapter 02 미래사회와 미래인재를 위한 교육정책

는 거잖아요. 그러면 사실 그러한 협업을 위한 모델이 필요하거든요. 사실은 퍼실리테이터가 교육을 이해하는 게 중요한 게 아니라, 퍼실리테이터가 교육자들하고 이야기를 할 때 어떻게 커뮤니케이션을 해야 하고, 무엇을 논의해야 하고, 서로가 서로에게 무엇을 해줄 수 있는지를 고민하도록 이끄는 모델… 그러한 중간연결 모델이 지금 아직 없는 거 같아요.”

박성철 박사는 유주연 위원과 이승택 위원의 의견에 크게 공감하면서 그가 수행한 2018년 연구에서 제안한 '중간 모델'에 대해 설명하였다. 학교공간혁신에 있어 두 명의 퍼실리테이터, 즉 공간 전문가와 교육과정 전문가를 모두 퍼실리테이터로 선정해야 한다는 내용이었다. 박 박사는 교육부가 앞으로 이 모델을 활용할 계획이 있음을 언급하였다.

박성철 박사

“말씀하신 중간연결 모델과 관련하여 '교원지원단'이라는 것을 설명드릴 수 있을 것 같습니다. 제가 2018년도에 썼던 연구보고서에서 퍼실리테이터가 두 명이어야 한다는 이야기를 했어요. 한 명은 '공간'에 대한 퍼실리테이터고, 다른 한 명은 '교육과정' 퍼실리테이터… 이렇게 두 명의 퍼실리테이터가 별도로 있어야 된다는 이야기를 했는데, 교육부에서 이번에 이것을 추진하고자 하는 움직임도 보입니다. 그 중간 모델에 관한 것이 정말 중요하다고 생각을 해요. 그 중간 모델을 만드는 데 결정적인 주체가 선생님이 되어야 한다는 생각도 가지고 있어요. 공간적으로 부족한 부분은 설계자가 뒤에 따라오고 시공자도 있기 때문에 상당 부분 보완이 되는데, 교육과정에 대한 부분은 선생님들께서 주도적으로 리딩을 해주셔야 하죠.”

반면, 김승직 위원은 교사에게 그렇게 많은 짐을 지우는 것이 과연 합리적인지 문제를 제기했다. 공간혁신에 대한 교사의 이해를 제고하는 것은 중요하지만, 건축에 대한 지식을 습득하도록 요구하는 것은 적절하지 않다고 설명했다.

김승직 위원

"공간혁신이라는 것은 엄연히 따지면 건축 분야라고 생각을 하거든요. 교사가 건축분야를 건드린다는 것은 결코 쉬운 선택은 아니에요. 그니까 레고 같은 물건은 도면이 있고 도면대로 따라하기만 하면 되는데, 공간을 새롭게 구성한다는 것은 각자의 머릿속에 나오는 창의력을 최대한 이끌어서 아이들한테 전해주어야 하는데 그것을 건축가가 아닌 교사가 하는 것은 좀 어렵지 않을까 하는 생각이 개인적으로 들고요. 그러면서도 교사 대상의 역량 교육은 반드시 필요하다고 생각하고 있습니다."

박성철 박사는 김승직 위원의 지적에 본인의 입장을 보다 명확히 하였다. 박 박사는 자신이 주장하는 바가 교사가 건축가의 전문성을 갖추어야 한다는 것이 아니라, '공간'과 '교육'의 연결고리를 만드는 데 있어 교사의 역할이 중요하다는 것임을 강조하였다.

박성철 박사

"건축가의 전문성 부분을 교사가 모두 커버를 한다고 하면 그건 사실 국가적인 낭비죠. 위원님께서 말씀하신 것처럼 교사는 수업을 잘 하시는 게 메인이 될 것 같고요. 다만 지금은 건축과 교육 영역이 만나는 접점이 너무도 없는 거예요. 시공을 하고 만들어 놨으면 그 다음에는 선생님들께서 사용하셔야 되잖아요. 사용하시는 게 제일 중요하니까. 그리고 학생들도 사용하게끔 유도를 해줘야 되잖아요. 예를 들

Chapter 02 미래사회와 미래인재를 위한 교육정책

어서 제가 learning cafe를 만든 경우가 있는데요. 그런 공간을 활용하도록 이끌어주는 퍼실리테이터가 없으면 그 공간은 이제 별개의 섬이 되고, 새로 오신 선생님들은 더더욱 그 공간을 잠재워 버리겠죠. 두 영역에 대한 접점 자체가 지금은 아예 없으니까 굉장히 안타까운 거죠. 공간을 만들어 놓고 나서도 활용이 잘 안되니까요."

공간혁신이 교육혁신으로 이어지기 위해 교육제도와 풍토에는 어떠한 변화가 필요한가

이번 분과회의에서 지속적으로 강조된 점은 공간혁신이 궁극적으로는 수업의 변화와 교육경험의 개선, 교육과정의 재구성으로 이어져야 한다는 것이었다. 이러한 차원에서 공간혁신이 교육혁신으로 이어지기 위해서는 교육 제도와 풍토에 있어 어떠한 변화가 필요한지에 대한 논의가 이어졌다. 일부 미래교육위원들은 변화된 공간 안에서 학생들이 경험하는 교육과정은 그에 맞는 새로운 평가 방식을 요구할 것이라고 지적하였다. "단순히 시험지를 나눠주는 것이 아니라… 얼마나 토론에 참여했느냐(김유민 위원)"를 중점에 두고 평가가 요구된다는 것이다. 새로운 공간에 적합한 교수학습방법을 개발하는 것도 중요하지만 학생들이 보여줄 성취 증거에 대한 고민, 즉 평가 방법에 대한 고민이 함께 이루어져야 한다는 의견이었다. 여기에 더해, 김유민 위원은 보다 민주적인 학교 문화로의 변화도 필요하다고 설명하였다. 미래형 학교 공간으로의 혁신은 환경 개선 측면에 그쳐서는 안 된다. 이는 교육의 질적 향상으로 연결되어야 하며, 우리에게 당연시되어온 학교 문화와 제도, 교수·학습방법과 평가방법 등 학교 전반에 걸친 혁신이 필요할 것이다.

"학생들의 삶의 공간,
학교 공간의 미래를 이야기하다"
유주연 세종 보람고등학교 학생

학교 다니는 후배들에게 전하고 싶은 메시지

학교는 저 자신의 일부입니다. 많은 시간을 학생이라는 이름으로 학교에서 시간을 보내다 보니 어느 순간 삶에서 빼놓을 수 없는 부분이 되었습니다. 학교에서 혼자서 떠올리던 생각들을 친구들과 나누어보고 다양한 어른들을 만나며, 앞으로 어떤 삶을 살아가야 하는지에 대해 생각해볼 수 있었습니다.

이제까지 학교를 다니며 학교에서 벗어나 자유롭게 해보고 싶은 것을 해보지 못한 것이 아쉽습니다. 한 번쯤은 현장체험학습을 내고 돌아다니거나, 아프다는 핑계를 대고 학교에 가지 않는 행동도 해보았으면 추억이 되지 않았을까 하는 생각이 듭니다. 그래서인지 학생들에게 진짜 가보고 싶은 곳, 해보고 싶은 것이 있다면 미루지 말고 실행하라고 말해주고 싶습니다.

또 하나 아쉬운 것은 초, 중등 시절 읽었던 책들의 독후감을 쓰지 않았던 것입니다. 한창 책을 많이 읽던 시기 제 생각의 일부가 되어준 책들의 내용이 이제 잘 떠오르지 않거나, 제목조차 기억나지 않고 그저 이미지로만 남아있는 책들이 많아 '독후감을 써두었다면…'이라는 생각을 하고는 합니다. 지금 학교를 다니는 학생들에게 쉬는 시간과 점심시간에 틈틈이 이용할 수 있는 학교 도서관에서 많은 시간을 보내고 이를 독서록으로 기록하는 것을 추천합니다.

미래 학교 공간을 꿈꾸다

미래교육의 중요한 역량은 학생 스스로 교육의 주체가 되는 것입니다. 학습에 있어서 학습의 주체가 자신이라는 인식은 자신의 진로를 찾는 과정에서 매우 중요합니다. 미래를 살아갈 학생들이 수동적으로 교육에 임한다면 학교를 벗어나야 하는 시기가 되었을 때 자신이 무엇을 잘하는지, 어떠한 일에 재능이 있는지 알지 못한 채 빠르게 변화하는 사회에 대처할 수 없습니다. 따라서 학교는 학생들에게 다양한 경험을 제공해 줄 수 있는 공간이 되어야 합니다. 과거에 비해 학교의 모습이 많이 변화하였지만 학교라는 공간은 여전히 학습을 위해 존재한다는 인식이 지배적입니다. 이러한 지배적인 인식에서 벗어나기 위해 학교공간혁신이라는 과정이 필요하다고 생각합니다. 학교공간혁신 과정을 통해 학생들은 능동적으로 자신에 필요한 공간에 대해 스스로 구상하고, 친구들 그리고 선생님들과 의견을 나누어 학생이 주체가 되는 경험을 할 수 있습니다. 또한 학교공간혁신의 대상을 단순히 낡은 교실을 새롭게 하는 것이 아닌 교과중점과정(동아리, 교과 학습실)을 대상으로 하여 학생들이 자유롭게 그리고 심화적인 학습을 할 수 있는 공간을 마련할 수 있습니다. 제가 참여한 보람고등학교의 공간혁신 과정의 경우 운영팀, 홍보팀, 영상 제작팀 이렇게 3개의 팀으로 나누어 학생들을 모집하였습니다. 팀을 나누다 보니 자연스럽게 학생들이 흥미를 가지고 있는 분야와 관련하여 참여할 수 있었습니다. 홍보팀의 보도자료 작성 팀장으로 활동하며 의견을 적극적으로 표현하고, 의견의 실현 가능성에 대한 피드백을 전문가분들과 주고받으며 학교에 대한 주인 의식을 가질 수 있었습니다. 또한 꿈이 기자인 저에게 공간혁신 과정을 기사로 작성하고 송고한 경험은 제 진로에 대한 확신을 가지게 해 주었습니다. 이렇듯 공간혁신 과정은 점차 학생중심 교육 패러다임에서 다양한 의견 수렴과 설득과정을 경험할 수 있게 해줍니다. 따라서 미래교육에서 학생들이 학교라는 공간에서 다양한 체험을 할 수 있는 방향으로 나아가야 한다고 생각합니다.

기존에는 소속된 하나의 학교에서 학습이 주로 이루어졌다면 미래교육에서는 학생이 흥미를 가지고 있는 수업에 참여할 수 있도록 여러 학교와 연결되는 방향으로 나아가야 한다고 생각합니다. 세종시의 경우 타시도에 비해 공동교육과정이라는 학교에서 여러 희망과목을 배우는 과정이 활성화 되어져 있는 편입니다. 그렇지만 캠퍼스형 공동교육과정은 일주일에 하루 길어야 3~4개월이라는 시간 동안 이루어지기에 학생들이 과목에 대해 경험하고 의견을 나누며 지속적으로 학습을 하는 시간이 충분하지 않습니다. 따라서 인근 학교와의 교류를 통해 학생들이 자유롭게 협력 학교에서 이루어지는 수업을 듣는 모습으로 나아가야 한다고 생각합니다. 이는 점차 줄어드는 학생 수로 인해 개설되지 못한 과목들을 협력 학교와의 교류를 통해 개설함으로써 학생들에게 더 많은 선택의 폭을 주는 데에 기여할 수 있습니다.

학교에서 삶의 반이 넘는 시간을 보내왔지만 지금 제가 경험하고 생활하고 있는 학교라는 공간과 앞으로의 세대들이 경험하고 생활하게 될 학교 공간은 분명히 차이가 있을 것이라고 생각합니다. 앞으로의 학생들에게 학교가 가기 싫고 지루하다고 느껴지는 공간이 아닌 기존에 해볼 수 없는 것들을 학교에서 체험해 볼 수 있고, 학생들에게 흥미로운 공간으로 나아갔으면 합니다.

디지털 전환 시대, 테크놀로지 활용 교육을 둘러싼 쟁점과 방향

2020년 미래교육위원회 디지털 분과의 첫 번째 회의는 '디지털 기반 교육혁신'이라는 대주제 아래 '테크놀로지 활용 교육을 둘러싼 쟁점과 정책방향'을 주제로 구체적인 논의가 진행되었다. 교육전문가로 위촉된 김명랑 교수(성신여대)는 문제중심학습(Problem-based Learning: PBL), 팀기반학습(Team-based Learning: TBL), 웹기반 협동학습 등 다양한 교수학습 방법을 적용한 연구 및 교원양성기관의 예비교사 대상 연구를 주로 진행해왔다. 최근에는 대학에서의 플립드러닝 및 액티브러닝 교실 관련 연구, 교원양성 교육과정 개편을 위한 TF팀, ICT기반 ODA 사업 등을 수행한 만큼 디지털전환 시대의 교육에 대한 집약적이면서도 종합적인 소개를 필두로 논의가 시작되었다.

테크놀로지 활용 교육, 그 포문을 열며

분과회의 참석 위원들의 간단한 소개를 마친 후, 김명랑 교수는 테크놀로지 활용 교육과 관련된 그간의 역사 및 변화상, 최근의 동향, 그리고 이와 관련된 이슈들을 차근차근 소개하는 것으로 논의를 시작하였다.

김명랑 교수

"발표는 총 5가지 주제로 구성을 했습니다. 테크놀로지 활용 교육이라는 용어 자체는 낯설지가 않은데요. 교육 정책에서 테크놀로지라는 것이 좀 더 친숙하게 부각되기 시작된 시점들은 ICT 교육이라는 용어의 사용에서부터입니다. 제가 전공하는 교육공학은 Educational Technologies 라는 학문영역으로 영문화될 수 있는데요. 여기에서 테크놀로지는 기기들을 활용하는 것만 포함되지는 않습니다. 특정 분야에서의 기술을 실용화하는 과학적 지식의 개발, 개별 영역에서 실질적으로 문제해결을 하기 위해 적용되는 다양한 방법론으로 볼 수 있습니다. 그렇기 때문에 오늘 참여하신 위원님들께서는 테크놀로지라는 관점을 꼭 매체나 기계에 국한되지 않고, 이것들을 관리하고 정책화하고 활용하는 측면에서의 방법론적인 것으로 좀 더 생각해주셨으면 좋겠습니다."

테크놀로지 활용 교육에 있어서 '테크놀로지'의 의미를 어떠한 특정 기기, 매체 등을 의미하는 것이 아닌 '기술의 실용화', '과학적 지식의 개발', '문제해결을 위해 적용되는 다양한 방법론'을 의미하는 '공학'의 관점에서 접근하고자 한다는 점을 강조하며, 이 날의 논의 주제에 대한 토대를 다졌다. 김 교수의 발제 개요는 다음과 같이 정리될 수 있다.

발제개요

디지털 전환 시대를 맞이하며

: 테크놀로지 활용 교육을 둘러싼 쟁점과 지원방안

- **테크놀로지 활용 교육에 대한 이해를 위한 기초지식**
  - 테크놀로지 활용 교육을 이해하기 위한 네 가지 키워드:
    매체, ICT, 디지털, 에듀테크
  - 우리나라 교육정보화 단계
  - 테크놀로지 활용 교육 동향

- **교육에서의 혁신 및 디지털 전환을 위한 지원**
  - 테크놀로지 활용 교육의 양면성
  - 테크놀로지 활용 교육에서의 교사들이 겪는 어려움

- **테크놀로지 활용 교육의 방향성**
  - 물리적 기반, 테크놀로지 기반 또는 활용, 시너지 효과

학교 현장에서의 테크놀로지 활용 교육 현황

'테크놀로지 활용 교육'이라는 커다란 주제에 대한 논의에 앞서 미래 교육위원에 의해 먼저 제기된 질문은 '그렇다면 지금 현재 학교교육에서 테크놀로지 활용 교육이 어떻게 이루어지고 있는가'였고, 이에 대한 김명랑 교수의 답변이 이어졌다.

"학교 자체에서 선생님이 콘텐츠를 직접 제작해서 올리고 실시간으로 활용하거나 EBS 콘텐츠를 수업에 활용하거나 학급 경영에 활용하는 경

김명랑 교수

우 등으로 현재 이루어지고 있습니다. 대학도 마찬가지로 강제성을 두고 어떤 부분으로만 하라고 할 수가 없는 상황이라 온라인상에서 할 수 있는 건 다 허용하고 있는 상황이에요. 코로나 전에도 스마트혁신 학교들은 스마트기기들을 가지고 수업하는 활용 교육들을 해왔었고요, 전자칠판과 같은 수업 매체들이 보급된 학교의 경우 이것들을 활용해서 하는 수업도 있고요. 또 학생들한테 태블릿 PC를 나눠주고 구글 시트를 활용해서 실시간으로 현장에서 활용하는 학생 참여형 수업을 실시하는 경우도 있습니다. 현재는 이런 것들이 모두 혼재되어 실시되고 있다고 볼 수 있습니다."

뒤이어 초등학교 현장에 근무하는 신민철 미래교육위원의 첨언이 이어졌다. 최근 겪은 코로나 19로 인해 온라인 러닝, 블렌디드 러닝이 많이 보급되며 테크놀로지 활용 교육의 긍정적인 변화가 이루어지고 있는데 반해, 입시제도의 딜레마로 인해 그러한 긍정적인 변화들이 고등학교까지 이어지기 어렵다는 것이었다.

신민철 위원

"놀라운 변화는 뭐냐면 나이가 많은 선생님이나 기술에 익숙하지 않은 선생님들도 현재 에듀테크를 접해본 상황이 되었다는 거죠. 한 번 써보니까 편한 거예요. 에듀테크를 한 번도 안 써본 사람은 있어도 한 번만 써본 사람은 없다는 거죠. 실제 초등학교는 에듀테크 측면에서 엄청 빨리 변화하고 있어요. 문제는 중고등학교입니다. 입시제도가 안 바뀌어서 에듀테크가 들어와도 다들 인터넷 강의를 듣고 있어요. 이게 현실입니다. 변화를 위한 새로운 시도들이 늘 입시제도 딜레마에 잡혀 있어서 과연 우리가 발전할 수 있을지 교사로서 걱정이 됩니다. 현재 초등학교 아이들의 테크놀로지 활용 수준은 생각보다 높습니다. 진짜 잘합니다. 그런데 문제는 이렇게 역량을 키워놨는데 결국 그 역량을 다 버리고 수능으로 전향해야 되는 것이 정말 안타깝습니다."

테크놀로지 활용 교육을 위한 지원 하나, 교원연수의 변화

김 교수는 신민철 위원이 언급한 학교 현장의 상황, 특히 코로나 19 상황으로 인해 온라인 수업이 불가피하게 진행된 상황에서 기존에 있던 플랫폼들의 문제점 등 관련된 이슈들이 수면 위로 드러나기 시작하였음을 설명하였다. 그리고 이러한 시점에서 당초에 의도했던 테크놀로지 활용 교육이 실현되기 위해서는 현장에 어떠한 지원이 필요한지에 대한 논의의 장을 펼쳤다. 가장 먼저 제안된 지원방안은 신민철 위원이 제안한 것으로 '교원의 재교육'과 관련된 부분이었다. 신 위원은 기존 교원연수의 한계를 다음과 같이 언급하였다.

신민철 위원

"지금 HRD, 그러니까 Human Resource Development 기업 쪽에서 굉장히 강조하고 있는 것을 아실 겁니다. 사람들을 정규직으로 채용을 했는데 사회변화가 매우 빠르기 때문에 재교육을 하지 않으면 이 사람들이 쓸모가 없어지는 거죠. 그래서 재교육을 통해 이 사람들이 충분한 역량을 가지고 미래사회에 대처할 수 있도록 HRD 교육을 강조하고 있는데요, 교직현장에서는 HRD가 거의 없어요. 있다고 하더라도 형식적인 원격연수에요. 그런데 선생님들이 업무가 많기 때문에 대개는 동영상을 틀어 놓고 업무 봅니다. 그래도 연수시간 15시간은 나오죠."

이에 더하여 테크놀로지 활용 교육을 위한 교원연수의 효율성을 높이기 위해 다음과 같은 구체적인 방안을 제시하였다.

"3개월 간 선생님들이 출근하지 않고 연수원에서 교육을 받도록 하는 방안도 생각해볼 수 있을 것 같습니다. 열린 공간에서 새로운 아이디어를 생각하면서… 저는 그 3개월의 시간을 학교에서 보내지 않는다고 해서 예산, 인력낭비를 초래하는 것이 아니라, 그 3개월의 시간이 10년을 바꾼다고 생각해요. 이런 미래지향적인 디지털 전환 트레이닝 프로그램이 기반이 될 때 더 효과적으로 디지털 전환이 될 거라고 강력하게 생각합니다."

신민철 위원

테크놀로지 활용 교육을 위한 지원 둘, 전체적인 청사진 마련

테크놀로지 활용 교육을 위한 지원 사항과 관련하여 미래교육위원들이 이어간 두 번째 논의는 전체적인 청사진과 관련된 부분이었다. '디지털전환' 시대의 교육이 교육 쪽에서 새로운 디지털 기기를 만들거나 하는 등의 논의가 아닌, 일반적인 생활 가운데 이미 활용되고 있는, 그러나 교육 쪽에서는 아직 활용하고 있지 않은 기존의 인프라에 대한 것이므로 이를 어떻게 활용할 수 있을 것인지에 대한 전반적인 그림이 중요하게 논의되어야 한다는 내용이었다. 이와 관련하여 고산 위원은 아래와 같은 생각을 전하였다.

"디지털화하는 것에 있어서 기존의 있던 정의, 역할들이 어떻게 변할 것이며, 새롭게 도입되는 인프라와 콘텐츠에 디지털이 어떤 역할을 담당하도록 구성할 것인가? 그런 전체적인 그림이 잘 그려지면 좋을 것 같다는 생각

고산 위원

이 듭니다. 그럼 그 콘텐츠는 누가 담당할 것인가? 이게 공공에서 끌어가면 쉽지 않은 부분들이 많이 있었잖아요? 물론 처음에는 공공에서 바퀴를 굴리며 시작해야 되지만 더 오픈할 수 있는 플랫폼을 만들어서 민간 영역의 참여도 활성화시키고 콘텐츠의 질을 점점 높여갈 수 있을까? 그리고 거기에 참여하는 사람들은 어떤 것들을 가져갈 수 있을까? 이렇게 전체적인 그림을 그려보는 작업이 중요하고, 그 안에서 중요하게 논의되어야 할 부분들이 많다고 생각을 합니다."

특히 고산 위원은 인센티브를 통해 민간의 적극적인 참여를 유도하는 문제에 관해 보다 구체적으로 제시하였다.

"인프라는 큰 문제가 아니라고 생각하고요. 그 안에 있는 콘텐츠를 어떻게 유지보수 할 것인지가 관건이죠. 반드시 공공에서만 할 수 있다고 생각하고 접근하기보다는 민간에게 인센티브를 제공해서 민간이 활발히 참여하는 가운데 그 콘텐츠를 지속적으로 업그레이드하면서 거

고산 위원

기에서 무언가를 가져갈 수 있는 구조를 만들어야 될 것 같아요."

테크놀로지 활용 교육을 위한 지원 셋,
정보의 빅데이터화를 통한 교수학습 지원

테크놀로지를 활용한 디지털 전환 시대의 교육을 위한 세 번째 논의는 '정보의 빅데이터화'와 관련된 내용이었다. 디지털 전환으로 인해 기존에는 모을 수 없었던 학생들의 정보를 다각도로 제공받을 수 있게 될 것이고, 따라서 이를 위한 프로그램이 필요하다는 점이 언급되었다. 창업전문가로서 대학에서 후학들을 양성하고 있는 홍성재 위원의 발언을

통해 살펴보면 다음과 같다.

홍성재 위원

"어떤 학생이 어떤 학습활동을 했는지 아카이빙 (archiving)을 하는 것, 그리고 팀 활동을 했을 때 다른 학생들이 그 학생들을 어떻게 평가했고 과제점수가 어떻게 됐는지 기록하고 수집하는 것. 이런 것들이 디지털 빅 데이터화되면 다음 교수자가 학생들을 지도할 때 훨씬 더 유익한 점이 많은 것 같아요. 지금은 어떤 학생이 디지털 과목에서 A+인지, B인지 이 정도만 알고, 저도 그 정도만 아는 상태에서 다른 수업을 연계하다 보니까 수업의 연계성 측면에서 한계가 있죠. 미네르바 대학의 좋은 점이… 1학년 때부터 학생들의 학습활동을 아카이빙하는 것으로 알고 있어요."

테크놀로지 활용 교육과 관련된 데이터의 수집, 그리고 이에 대한 민간에서의 악의적 활용에 대한 우려에 대해 블록체인 분야 전문가인 김서준 위원은 아직 크게 걱정할 단계가 아님을 표명하였다. 마치 내 통장의 잔액은 본인만 확인 가능한 것과 비슷한 논리이다.

김서준 위원

"(보안과 관련한) 이런 것들은 교육 말고도 다른 영역에서도 많이 도입되어야 하는 기술적인 측면인데, 기본적으로 개인정보는 개인만 볼 수 있어야 되잖아요? 학생 본인은 학생 본인 데이터만 봐야 하고, 그것을 제3자가 모든 학생들의 정보나 통계를 쉽게 조회할 수 있으면 기본적으로 안 될 것 같아요. 근데 그런 형태로 인프라를 만드는 것은 현존하는 기술들을 가지고 구현할 수 있을 것 같고요. 금융정보도 마찬가지잖아요? 통장에 얼마 있는지는 볼 수 있지만 제가 다른 지역의 사람들이 돈이 얼마 있는지는 조회할 수 없게 되어 있죠."

이어서 김서준 위원은 교육 분야에서의 데이터 수집과 이에 따른 악용에 관한 문제를 넘어 무엇보다 중요한, 그리고 선행되어야 할 것은 데이터 활용에 대한 계획 마련임을 덧붙였다.

"현존하는 여러 가지 보안기술이나 데이터 레이어를 통해 보안시스템을 만드는 것은 그렇게 어렵다고 생각하지는 않아요. 정책만 잘 만들면 구현하는 데에는 큰 어려움이 있을 것 같지 않습니다. 보안이나 유출에 대한 우려에 앞서서 데이터가 어떻게 활용될 수 있을지에 대한 청사진

김서준 위원

이나 활용계획이 먼저 나오는 게 더 중요한 것 같아요. 데이터가 개방됐을 때 어떻게 활용될 수 있다는 스케치가 없는 상황에서 막연하게 데이터 유출이 무섭다고 하는 것은 단계에 맞는 논의는 아닌 것 같아요."

**테크놀로지 활용 교육을 위한 지원 넷,
학부모 교육을 통한 공감대 형성**

학교 현장에서의 테크놀로지 활용은 그동안 학교만을 중심으로 진행되는 경우가 많았다. 그러나 신민철 위원은 학교에서의 교육은 학생뿐아니라 학부모와도 관련되어 있다는 점에서 디지털 전환과 관련하여 학부모들의 인식을 개선하고 공감대를 형성하는 것 역시 간과해서는 안될 중요한 점임을 강조하였다.

"디지털 전환할 때 학교에서만 움직이면 안 될 것 같아요. 제가 학교에 관한 프로젝트를 진행할 때 중요한 포인트는 학부모들에 대한 인식

신민철 위원

개선이었거든요. 그래서 학부모들에 대한 공감대 형성을 하지 않고 디지털 전환으로 갔을 때 상당한 역풍을 맞을 수 있을 것 같아요. 그리고 코로나 상황에서 어떤 문제가 발생했냐하면요, 부모님들이 아이들에게 1+1은 2라는 것은 가르쳐주실 수 있는데, 온라인 학습 사이트에 들어가서 1+1은 2라는 것을 입력하는 방법을 모르시는 거예요. 그러다보니 자녀들과 갈등이 생기기도 하고요. 그러한 것들을 봤을 때 교육현장에서 에듀테크 도구를 적극적으로 도입하는 것은 맞는 말이지만 그 현상을 바라보고 있는 부모님 입장에서는 소외감을 느낄 수 있는 상황이 될 수 있기 때문에 장기적으로 보았을 때는 디지털 전환에 부모교육이 같이 가야된다는 생각을 가지고 있습니다."

테크놀로지 활용 교육의 효과성: 테크놀로지를 활용한 측정의 가능성

열띤 논의에 이어 10분 간의 휴식을 마치고 김명랑 교수는 준비한 두 번째 논의 주제인 테크놀로지 활용 교육의 효과성과 관련한 내용으로 자연스럽게 이어나갔다.

김명랑 교수

"테크놀로지 활용 교육의 효과성에 관한 논의는 왜 교육에서 테크놀로지 활용을 해야 하는가에 대한 논의의 시작점이기도 합니다. 교육에서의 성과가 있어야 계속적으로 지원이 되고 이러한 부분들이 교육부에서도 지원을 할 때 백업자료로 활용이 될 텐데요. 지금 에듀테크에서 논의하고 있는 VR 교육이라든지 실감형 교육, 게이미피케이션(gamification)과 같은 것들을 하려면 돈도 많이 들고 거기에 프로그램 개발하는 사람도, 참여자들도 많아야 되고 물리적인 교실 구조들도 개선되어야 하는데, 그것이 그저 교실학습을 변화시키고, 학생들에게 유의미한 경험을 제공해주고, 그러한 경험을 바탕으로 학생들이 성장하고 창의력을 발휘할 수 있도록 돕는 수준에서 교육부가 투자를 해야 되는 것이 맞는지… 아니면 테크놀로지 활용이 가시적인 효과가 있는지, 학업성취도 향상에 효과가 있는지, 학습 태도가 변화했는지 등에 초점을 두고, 이러한 결과들을 데이터화해서 효과성을 측정해야 하는 것인지에 대한 부분도 고민이 되는 부분입니다."

이에 대해 홍성재 위원은 테크놀로지 활용 교육의 효과성을 측정하는 데에는 어떠한 지표를 활용해야 하고, 활용할 수 있을 것인가에 대한 심도있는 고민이 필요함을 피력하였다.

김서준 위원은 과거와는 다른 현대 사회에서의 중요 역량 중 하나로 커뮤니케이션 역량을 언급하며, '테크놀로지를 활용한 테크놀로지 교육의 효과성 측정'이라는 아이디어를 제시하였다. 즉 전통적인 교실 환경에서는 측정이 쉽지 않은 것이 커뮤니케이션 역량이지만, 온라인이라는 환경을 이용한다면 토론에 대한 데이터가 기록으로 남고 쌓이기 때문에 교사는 학생들의 참여를 유도하는 코치의 역할을 수행하고 토론 데이터는 학생들의 수업참여도를 높이는 도구로 활용할 수 있다는 것이다.

김서준 위원

"과거에는 '시험에서 얼마나 문제를 맞혔나?' 이런 것들 위주로 평가가 되었다면, 앞으로는 필요한 역량은 하나의 정답을 맞히는 것보다도 토론 역량, 상대방에게 공감을 얻는 데 필요한 역량, 정보를 잘 탐색해서 다른 사람들에게 잘 전달하는 역량, 이런 복합적인 역량들인 것 같아요. 특히 커뮤니케이션 역량들을 볼 수 있어야 될 텐데 전통적인 교실 환경에서는 이런 것들을 측정하기가 쉽지 않았을 것 같아요. 그런데 온라인상으로 토론을 하거나 비대면으로도 의견을 나눌 수 있는 부분들이 개발이 되고 있고, 그러면 학생들이 얼마나 참여하고 의견을 내는지, 자신의 의견에 대해 얼마만큼의 공감을 얻어내는지, 예를 들면 그 의견에 얼마나 팔로우가 달리는지 등등 데이터를 쌓을 수 있는 환경이 마련된다고 생각합니다. 과거에는 측정할 수 없었던, 그러니까 토론하는 것에 대한 데이터를 얻을 수 있을 것이고, 선생님들도 실시간으로 보면서 참여가 뒤떨어지는 데이터가 나오면 학생들에게 참여를 유도하는 코치의 역할로 모든 학생들이 수업에 더 참여하는 결과를 이끌어내는 도구로써 활용할 수 있는 부분이 디지털교육에서 두드러지게 혁신할 수 있는 요소라고 생각하고 있습니다."

테크놀로지 활용 교육의 방향성
: 디지털 대전환 시대를 위한 학생들의 미래 설계

교육에서의 여러 논의, 특히 교육에서의 테크놀로지 활용은 궁극적으로 교육의 효과성 및 효율성을 높이는 가운데 미래 사회를 위한 인재 양성에 주안점이 있음을 다시 한 번 상기해 볼 필요가 있다. 이러한 관점에서 테크놀로지 활용 교육이라는 커다란 주제를 가지고 진행된 이날의 논의는 그간의 테크놀로지 활용 교육의 발전상을 짚어보고 앞으로 나아가야 할 방향성과 이와 관련된 지원방안을 다각도에서 생각해 볼 수 있었던 시간이었다.

미래사회에서의 직업은 현재와 많이 달라질 것이고, 따라서 새로운 능력에 대한 경험을 가능하게 하고 롤 모델(role model)의 발굴 및 제시 등 학생들의 미래를 위한 디자인 작업이 함께 이루어지는 쪽으로 나아가야 한다는 최재붕 위원의 미래교육을 향한 청사진을 전하며 끝맺고자 한다.

최재붕 위원

"앞으로 초등학교 저학년 아이들은 직업을 가질 때 지금 존재하지 않는 직업을 가질 확률이 65%라고 하잖아요. 대학교 무슨 과를 다닌다는 것이 아무 의미가 없는 시대가 금방 온다는 말이죠. 실제로 산업계에서도 일자리 변화가 일어나고 있고요. 앞으로는 직업 카테고리가 굉장히 다양해질 겁니다. 예전에는 여러 가지 지식을 배울 수 있는 플랫폼이 없었지만 지금은 가능하니까. 공부에서 특출한 역량을 발휘하지 못한 아이들도 직업을 탐색할 수 있는 교육과정을 만들어 주는 게 디지털 대전환에서는 굉장히 중요한 이슈가 아닐까 생각을 합니다. 부모님들도 공감할만한 롤모델이 많거든요. '당근마켓', '스타일난다', '무신사' 등등. 학연, 지연, 학벌로 승부하는 시대가 아니라 새로운 능력에 대한 경험이나 이런 것들이 미래를 바꿀 수 있다는 것에 롤모델을 찾아서 교육에서도 이런 것들을 하는 것이 괜찮다는 설득이 이루어지는 게 필요할 것 같아요.

아이들의 우수한 역량을 미리 발굴해서 창업도 자유롭게 하게 하고, 그러면서 자기의 미래를 설계하고 디자인하는 작업들을 선생님, 학부모, 학생들이 디자인하는 과정을 만들면 세금이 아깝지 않은 굉장한 교육들이 디지털 전환과 함께 이루어질 거라고 생각합니다."

"포기하지 말고 끝까지 한번 해보기"

오상훈 ㈜럭스로보 대표

로봇에 미쳤던 학창시절의 끝

초등학교 시절, 로봇을 처음 대했을 때 완성품은 멋졌지만, 실제로 작은 로봇이라도 만들려고 하면 복잡한 회로와 프로그램 개발 등을 하는 것은 저에게 너무 벅차고 힘이 들었습니다. 그래서 로봇을 배우려고 서울 집에서 부천까지 왕복 4시간 이상 걸리는 길을 다니며 로봇 분야 박사님께 배우게 되었습니다. 저는 이때 제가 어른이 되면 누구나 로봇을 쉽게 대할 수 있는 세상을 만들겠다는 생각을 어렴풋이 하게 되었던 것 같습니다.

대학 진학은 4년 전액 장학금과 매년 많은 연구비가 주어지는 광운대 '로빛' 연구소에 진학하였는데, 막연히 생각하던 대학생활과는 완전히 달랐습니다. 연구소 교수님은 밤낮도 주말도 없이 저희들을 몰아붙였습니다. 그렇게 로봇을 좋아했지만 3년쯤 지나니 완전히 방전이 된 것 같았습니다. 그래서 이곳에서 빨리 나와 어디든지 다른 곳으로 도망치고 싶은 심정이었습니다.

누구나 쉽게 로봇을 만드는 세상을 꿈꾸다

그러던 어느 날 새벽 학교에서 밤새 연구를 하고 집에 가는 길에 지하철에서 떠오르는 태양을 보게 되었습니다. 그 순간, '아! 내가 이렇게 고생한 것이 결국 기업에 취직해서 한 개의 부품처럼 살아가려고 이렇게까지 하고 있는 것인가?'라는 생각에 자괴감이 들었습니다.

그런 생각 끝에 문득 초등학교 때 로봇을 알려주시던 박사님 말씀이 떠올랐습니다. '너도 커서 어른이 되면 아이들한테 로봇을 가르쳐 주는 사람이 되라'라는 것이었습니다. 그 후로 고민한 끝에 힘이 들더라도 좀 더 뜻있는 일을 해보자는 생각으로 창업을 결심하게 되었습니다. 그렇지만 제가 로봇을 배운 것처럼 어렵고 힘이 든다면 아마도 모두 중간에 포기하고 말 것이라는 생각이 들었습니다. 그래서 "누구나 쉽게 로봇을 만들 수 있는 세상을 만들어보자"는 생각을 하게 되었고 그 꿈을 이루어보고자 연구소를 나왔습니다.

회사 창업

그러나, 회사를 만드는 일은 쉽지 않았습니다. 먼저 저와 함께 할 사람들을 찾아야 했습니다. 제 주변에는 로봇분야에 실력이 뛰어난 선배와 후배들이 있었습니다. 선배와 후배를 찾아가 창업 이야기를 하니 모두들 거들떠보지도 않고 무시했습니다. 반 년 넘게 쫓아다니면서 설득을 한 끝에 2013년 자본금 일천만원, 인원 5명으로 럭스로보를 창업했습니다. 이들은 각각 로봇설계, 제작, 프로그램, 보안, 디자인분야에서 특별한 실력들을 갖춘 선배와 후배 친구들이었습니다. 그러나 사업이라는 것이 그렇게 녹록한 것이 아니었습니다.

기술력이 있어도 사업에 대한 경험도 부족하고 잘 몰랐기 때문에 많은 시행착오를 하게 되었습니다. 첫 사업자금은 미래창조과학부에서 스타트업 지원자금인 5,000만원이었는데, 연구개발비로 쓸 돈이 모자라서 동료들 월급은 10만원씩이었습니다. 그렇게 간절한 마음으로 일했지만 스타트업은 쉽지 않았습니다. 3년여 간 여섯 개 아이템을 개발하였지만 생산하지도 못하고 사라진 것도 있고 특허비만 날린 것도 있었습니다.

여섯 번 실패

첫´번째 아이템은 누구나 쉽게 만들 수 있는 로봇 키트입니다. 지금과 유사한 아이템이었지만, 그 당시에는 기술 완성도만 높이면 제품은 팔릴 것이라는 단순한 생각으로 제품을 만들었지만 아무도 사지 않았습니다. 그 이유는 소비자가 원하는 제품이 아니고 제가 원하는 제품이었기 때문입니다.

두 번째는 스마트 책상이었습니다. 첫 번째 아이템 실패 후, 소비자가 원하는 제품을 만들어 판매하려고 했지만 이번에는 엉뚱한 곳에서 일이 터졌습니다. 정부지원 자금이 부족하여 각종 스마트 기능을 갖추지 못하고 기능이 대폭 축소되는 바람에 중간에 멈추게 되었습니다.

세 번째는 전구에서 나오는 특정 주파수를 핸드폰으로 분석해서 실내의 위치를 알아내는 IPS(실내위치서비스)기술이었습니다. 과거 저의 실패 사례와 다른 창업자들이 실패한 내용들을 참고하며 또다시 실패하지 않으려고 했습니다. 소비자의 필요성을 분석하고 자금도 효율적으로 사용하였습니다. 그러나 제품을 개발하면서 해외특허를 빨리 출원했어야 하는데 특허출원이 늦어지는 바람에 미국의 Bit Light가 먼저 특허를 출원하여 전구 양산을 포기하게 되었습니다.

네 번째는 좀 더 가벼운 것으로 먼저 사업을 해보자는 생각에 식물의 상태를 빛으로 표현해주는 스마트 화분을 만들었습니다. 그러나 제품을 생산가격이 높고 여기에 유통비용을 반영할 경우 판매단가가 높아 누구도 사지 않을 것 같아 포기하게 되었습니다.

다섯 번째는 특허도 내고 유통분석과 소비자 요구 등을 반영해서 실질적으로 판매가 가능한 영상처리 교육용 로봇을 만들었습니다. 저희 제품은 항상 세계대회에서 1등을 했고 영상처리 대회에 나오는 학생들은 저희 제품을 구매했습니다. 이 사업을 포기한 이유는 시장이 1년에 10억이 안 되고 시장 확대도 한계가 있어 포기하게 되었습니다.

여섯 번째는 전력선 통신을 기반으로 한 IOT솔루션이었습니다. 최선을 다했기에 대기업에서 기술이전 문의도 오고 투자도 하고 싶다는 연락도 있었습니다. 그런데 중국의 샤오미가 저희와 똑같은 제품을 가지고 전력선통신이 아닌 WiFi기술로 IOT솔루션을 만들어 팔기 시작했습니다. 저희가 생각했던 제품가격보다 3천원이 저렴한데도 팔리지 않고 있었습니다. 투자자들도 '이런 제품은 대기업도 어려운데 너희 같은 신생업체가 할 수 있겠냐?'라고 했습니다. 여러 가지 상황을 고려한 결과 기술원천이 다른 회사에 있고 사업을 하게 되면 휘둘릴 가능성이 매우 커서 포기하였습니다.

실패와 절망 속에서 희망 그리고 첫 매출

직원들은 점점 추진하는 사업마다 실패가 반복되고 월 급여도 10만원밖에 안 되는 '공짜 노동'에 지쳐갔습니다. 모두가 포기하고 그만 두자는 생각들을 가지고 있었습니다. 미래는 암울했습니다. 현실에서 사업이 얼마나 어려운지 피부로 느끼면서 전쟁의 패잔병처럼 절망으로 떨어져 들어갔습니다. 그러다보니 동료 간에 말도 거칠어지고 모두가 피로감에 물들어 갔습니다. 저도 '내 인생이 이렇게 끝나는가?'라는 의구심도 생기고 좀 더 해보고자 하는 의욕도 점점 떨어져 갔습니다.

그즈음 비가 내리는 줄도 모르고 절망감에 빠져 멍한 상태로 비를 쫄딱 맞으며 집 근처에 왔는데, 길바닥에 개미가 비를 피해 빗물이 없는 곳으로 부지런히 짐을 나르고 있는 것을 보았습니다. 그 순간 미물도 저렇게 살아가려고 노력하는데 나는 지금 무엇을 하고 있나?

정신이 번쩍 들었습니다. 그리고 제 마음으로부터 떠오르는 것이 있었습니다. '너도 커서 어른이 되면 아이들한테 로봇을 가르쳐 주는 사람이 되기를 바란다'라는 말이었습니다. 스스로 마음을 다잡으며 다짐했습니다. 무슨 일이 있어도 세상 사람들을 위하여 알기 쉽게 로봇을 만들 수 있는 제품개발을 하겠다는 내 자신과의 약속을 반드시 지켜야겠다고 생각했습니다. '제 자신 안에 아직은 남아있는 절실함 그리고 마지막 남은 희망 한 줌이 다할 때까지는 절대로 포기하지 말자'라고 다짐했습니다.

그리고는 그동안 함께해준 동료들에게 말했습니다. '정말 마지막으로 처음에 구상한 것 딱 한 번만 더 해보자'라고 했습니다. 그것이 현재 'MODI'입니다. 모디는 누구나 쉽게 코딩을 통해 조립할 수 있는 로봇 모듈입니다. 각각의 모듈을 통해 통신도 되고 전등을 켜고 끌 수 있으며 모터가 달려 팬을 돌릴 수 있는 등의 기능을 갖춘 모듈 13종이 있습니다. 이것을 사용자가 자유롭게 조립해 나만의 로봇을 제작할 수 있습니다. 레고와도 조립호환이 되기 때문에 모양도 원하는 대로 할 수 있습니다.

사업 초기에 구상했던 아이템이지만 사업을 대하는 자세는 달랐습니다. 국내뿐 아니라 처음부터 해외 시장 진출을 염두에 두었고, 홍보 자료도 훨씬 정교하게 제작했습니다. 망해 보지 않으면 알 수 없는 것들을 통해 지혜로움을 얻게 되었습니다. 몇 번의 실패를 거듭해 보니 사업을 어떻게 해야 하는지 조금씩 깨달았습니다. 제품기획, 제품전략, 소비자 분석, 원천기술 및 특허 확보, 경쟁사 확인, 양산 및 제품 품질 검증, 투자자의 의견, 영업 및 유통 등 많은 검토와 분석을 했습니다.

　처음에는 여가용 DIY(do it yourself) 조립 제품으로 판매하려고 했습니다. 그런데 KOTRA 수출창업지원팀에서 제품을 보더니 '교육용으로 쓰면 좋겠다'며 영국 학교에 판매를 타진해줬습니다. 영국 학교에서는 '코딩(컴퓨터 프로그래밍)과 접목한 교육용 아이템으로 유용하겠다'라고 하며 구매를 결정했습니다. 그렇게 창업 4년 만에 올해 첫 매출을 기록했습니다. 영국이 채택하자 영국령이어서 교육 커리큘럼이 비슷한 나라에서도 잇달아 연락이 왔습니다. 저희는 올해 10개국에 수출했고 내년은 매출 200억 원을 목표로 하고 있습니다.

1,000억 원 인수 제안 거절… 망하면 또 하지 뭐

　2년이 안된 스타트업으로는 상당한 성과일 수 있지만 럭스로보의 핵심 기술은 로봇 안에 들어있는 반도체입니다. 저희는 모듈 하나하나를 사용자가 쉽게 제어할 수 있는 환경을 구축하기 위해 연구를 하면서 자체 기술로 반도체 운영체제(OS)를 개발했습니다. 반도체끼리 서로 통신하는 방식을 사용해 값싼 반도체로도 값비싼 제품의 성능을 충분히 낼 수 있습니다. 이와 같은 성능과 가격경쟁력을 이길 수 있는 기업은 아직 없습니다.

　글로벌 기업들은 이 기술에 주목했습니다. 이 기술을 응용하면 전자 제품 생산단가를 낮출 수도 있고, 모든 전자기기를 똑똑하게 할 수 있습니다. 럭스로보 기술에 대해 전문가는 '차세대 엔비디아(세계 1위 그래픽 반도체 업체)가 될 가능성이 있다'라는 호평도 있었습니다. 이 기술을 얻고자 저희에게 글로벌 IT기업이 1억 달러에 인수제의를 했지만 거절했습니다. 이유는 간단합니다. 저희 럭스로보만의 기술이 세상 사람들에게 빛이 되고 누구나 쉽게 활용되기를 바라기 때문입니다. 오직 럭스로보의 '존재가치와 럭스로보 다움'을 만들어가고 싶습니다. 럭스로보는 재미있는 곳이며, 말하는 것이 현실에서 구현이 되는 곳이며, 누구나 모두 함께 즐기면서 공부의 원리를 만들어 가는 곳으로 항상 세상 사람들 곁에서 함께하기를 원하기 때문입니다.

미래 인재들을 위하여

이제 만 7년이 된 Luxrobo는 함께하는 사람들도 80여 명으로 늘어났고 국내외 90건이 넘는 OS 및 제품관련 특허출원을 했으며, 52개국에 수출을 했습니다. 그리고 여러 대기업과 VC로부터 약 150억의 투자도 받았습니다. 아직도 어려움은 있지만, 극복하며 성장할 것입니다. 앞으로는 교육 환경도 달라질 것입니다. 학교에 가서 교육을 받는 것이 아니라 그 분야의 전문가들을 네트워크상에서 만나 공부하며 학점도 받을 수 있을 것입니다. 그리고 서로 다른 다양한 분야와 기술들이 융합되고 응집되어 새로운 비즈니스가 만들어질 것입니다. 미래는 새로운 세계를 열어가고자 열망하는 세대들의 것이 될 것입니다.

향후 창업을 꿈꾸시는 학생, 청년 등 모든 분들께 말씀드리고 싶습니다. 첫째는 자신이 좋아하는 일이 창업으로 연결되어야 합니다. 일을 즐기면 성공도 가까워집니다. 다음으로는 창업을 하면서 너무 조급해 하지 않기를 바랍니다. 조급해지면 실수하게 되고 실패할 확률이 높기 때문입니다. 셋째는 가급적 그 분야의 여러 전문가들의 의견을 경청하기를 권합니다. 산을 안전하게 오르고 싶다면 먼저 산악 전문가의 의견을 듣고 따르는 것이 필요합니다. 자신의 고집대로 하다가는 죽을 확률이 커질 뿐입니다. 그리고 사업실패 과정에서 이것이 마지막이라고 생각될 때 한 번 더 생각해보기를 권합니다. 지금 내가 하고 있는 이 기술이 경쟁력은 있는가? 나는 이 일이 재미있는가? 그리고 이것이 세상 사람들에게 진정 도움이 되는가? 생각해 보세요. 만약 확신이 든다면 성공 확률은 클 것입니다.

디지털 시대의 교육과 학습격차

2020년 미래교육위원회 디지털 전환 분과의 두 번째 회의에서는 '디지털교육 시대의 학습격차 양상과 대책'을 둘러싼 구체적인 논의가 진행되었다. 교육전문가로 위촉된 정종원 교수(울산대)는 '모바일 러닝', '학습자의 자기주도성' 관련 연구를 진행하는 가운데, 현재 대학 내 미래교육기획단의 부단장, 교육성과관리센터의 센터장을 맡고 있는 만큼 디지털 전환 시대 교육의 방향성 논의에 대한 높은 기대감을 바탕으로 회의가 시작되었다.

디지털교육 시대로의 초대

분과회의 참석 위원들의 간단한 소개를 마친 후, 정종원 교수는 오늘 논의가 향후 정책 수립을 위한 가시적인 성과를 도출할 수 있는 기회가 되었으면 좋겠다는 바람과 함께 발제의 포문을 열었다.

정종원 교수

"아마 오늘 주제는 저희가 당면한 과제이기도 하고, 올해 하반기에 교육부에서 관련된 여러 정책이 제안 및 시행되고 있는 부분들도 있기 때문에 우리나라 미래교육 중에서도 단기간에 중점적으로 논의가 진행될 수 있는 주제라고 생각됩니다. 가시적으로 어떤 정책화가 이미 이루어졌는지 살펴보고, 더 정교한 정책을 수립하는 데 오늘 논의 내용이 잘 활용이 되었으면 하는 바람입니다."

COVID-19, 원격교육의 시작, 그리고 학력격차

코로나19를 겪으며 디지털 기반의 교육에 대한 전국민의 관심이 증폭된 시대적 상황을 언급하며 정 교수는 발제를 위한 배경을 설명해 나갔다. 비교적 추상적으로 다가올 수 있을 법한 '디지털교육 시대의 학습격차'라는 주제는 온라인 개학, 원격수업이 이루어진 2020년 한 해의 상황과 맞물려 쉽게 이해되고 체감되는 부분이었다.

"아마 일반 국민들에게 있어서 가장 관심의 대상이 되었던 주제 중에 하나는 바로 원격수업으로 인해서 발생하는 학력 격차 문제가 아닐까 싶습니다. 일반 국민들에게 가장 피부에 와 닿는 논의 주제인 것 같습니다. 이 이슈는 1학기 말 즈음 한 학기 동안 진행됐던 원격수업의 어떤 질적인 문제들을 종합적으로 리뷰하면서 여러 언론에서 제기가 되었죠.

특히 논의가 본격적으로 촉발됐던 한 가지 사례라고 할까요? 아시다시피 대학수학능력시험 모의평가를 치르는데 6월에 결과를 봤더니 절대평가 교과목인 영어 과목의 경우 2019년에 비해서 1등급 학생의 비율은 소폭 상승했고, 반면에 2등급과 3등급의 학생은 4.1%나 5.2%씩 감소하는 양상을 보였다는 것입니다. 언론에서는 '준비가 좀 되어 있고 디

정종원 교수

지털 환경에 적응을 하는 학생들은 성취도가 올라가는데, 그렇지 못한 학생들은 성취도가 떨어지는', 그러니까 일종의 학업성취도에 있어서 격차 문제가 발생하고 있는 거 아니냐는 문제 제기를 했고요. 물론 이 결과에 대해서 교육과정평가원에서는 단순하게 그 결과 자체를 놓고 학력 격차가 존재한다고 단언하기는 어려운 여러 가지 변수들이 존재한다고 얘기를 했습니다만… 실제 선생님들을 대상으로 진행됐던 설문조사 결과를 봐도 대략 80% 가까운 선생님들이 '올해 코로나로 인해서 본인들이 지도하는 학생들 사이에 학력 격차가 심화되었다'라는 인식을 보여주셨습니다. 여러 가지 상황과 자료들을 살펴보면 어쨌든 디지털 환경에서의 학습 격차가 전년에 비해서 조금 늘어나고 있고, 그런 현상들이 '실제 존재한다'라는 인식이 있는 것 같습니다."

디지털교육 시대의 당면과제: 디지털 격차

정 교수는 코로나로 인해 한 학기 동안 원격수업이 진행되며 지적된 문제점들을 교육학 분야에서 지속적으로 논의가 이루어졌던 디지털 격차에 대한 연구 흐름에 대한 소개로 이어나갔다.

정종원 교수

"이 부분은 사실은 정책적인 측면에서 봤을 때에는 당장 지금 코로나 2020년 상황이 아니라, 이전부터 논의가 진행됐던 부분이기도 합니다. 교육학 안에서는 1960년대부터 ICT와 관련된 여러 가지 교구라든지 인프라들이 학교 현장에 적용되기 시작하면서 이런 새로운 환경에서 벌어지는 학습격차에 관련된 문제들을 풀어나가기 위한 연구들이 진행이 되었습니다. 디지털 격차와 관련된 부분들은 크게 논의가 두 가지 정

Chapter 02 미래사회와 미래인재를 위한 교육정책

도로 나뉘는데, 첫 번째는 인프라에 있어서의 '접근성' 차이 문제입니다. 실제로 우리나라 안에서도 초기에 디지털 학습 환경에 접속이 가능한 학생들과 그렇지 못한 학생들이 파악이 되었었고, 그래서 시·도교육청의 교육부에서 디바이스 대여와 같은 여러 가지 방안을 통해 학습 환경에 접속할 수 있는 보편적인 권리를 보장하기 위한 논의가 이루어지고 시행이 됐었습니다. 두 번째 문제는 '디지털 리터러시'와 연관이 되는데요. 익숙치 않은 디지털 환경에서 제시된 학습 활동들을 얼마만큼 잘 진행할 수 있는가와 관련이 있습니다. 학습자 개개인별로 얼마만큼 그동안 디지털 환경을 통해서 학습 활동을 진행한 사전 경험이 있는지, 또는 이와 연관된 어떤 디지털 리터러시 능력이 어느 정도인지, 자기주도적인 학습 능력이 어느 정도인지 등에 따라 같은 환경 안에서도 여러 가지 성과들이 차별적으로 드러나는 요인이 될 수 있다고 볼 수 있습니다."

정 교수의 발제 개요를 간략히 정리하면 다음과 같다.

발제개요

디지털 시대의 교육: 학습격차의 대처를 넘어서 미래인재 양성의 본질로

- **디지털교육 시대의 학습격차 이해하기**
  - COVID-19으로 인한 대면수업의 축소 및 원격수업 비중 증가
  - 2020년 6월 대학수학능력시험 모의평가 결과, 전국 초중고 교사 5만여 명 대상의 설문조사 결과, 미국 브루킹스 연구소 연구 결과

- **디지털 학습격차의 원인 이해하기**
  - 일차(first-order) 격차와 이차(second-order) 격차
  - 디지털 학습격차 관련 선행연구 결과

디지털 학습격차, 그 본질과 원인에 대하여

디지털 학습격차의 본질과 원인에 대한 첫 번째 논의 주제는 한재권 위원의 발언을 시작으로 본격화 되었다. 한 위원이 생각하는 디지털 시대의 학습격차의 본질은 결국 자기주도적 학습능력의 차이, 그리고 이와 관련된 학습동기의 차이라는 것이었다. 이는 디지털 교육에 국한되는 것이 아닌 교육 자체의 본질이며, 원격수업이라는 상황으로 인해 더 증폭되어 나타나는 현상으로 분석된다는 요점이었다.

한재권 위원

"일단은 저도 학생들 가르치는 입장에서 보면 학생들 성취도가 낮아지는 것은 명확하게 보입니다. 특히 같은 과목을 몇 년 동안 가르치는 그런 교과목일 경우 확실하게 보이거든요. 그래서 고민을 좀 해봤죠. 왜 지금 이렇게 똑같은 내용을 가르치는데, 나는 말을 똑같이 하고, 똑같은 문제를 푸는데 왜 안 될까?라는 생각을 해보면 역시 자기주도성인 것 같아요. 그 성격을 규정하다 보면 디지털 리터러시라기보다는 사실은 자기주도성이 조금 더 강력한 요인이 아닌가. 물론 디지털 접근성이라든가, 뭔가 다른 능력이 떨어지면 당연히 성취도가 더 떨어지는 건

맞죠. 그건 의심할 여지가 없는데. 플러스, 더 중요한 건 아마 자기가 공부를 하고 싶으냐, 아니냐에서 빈익빈 부익부 현상이 더 심해지는 것이라고 저는 보고 있어요. 원래 잘하려는 친구들, 그리고 자기주도성이 높아서 공부하려는 의욕과 동기가 충분한 친구들은 이런 팬데믹 상황이라든가 원격수업이라는 것을 더 잘 이용하더라고요. 그래서 성적이 더 좋아지고, 더 남는 시간에 더 많은 효율적인 학습을 하는 현상들을 봐왔거든요. 그러면 결국에는 자기가 하고 싶은 것을 하는 애들이냐 아니냐가 진짜 기저에 깔려있는 본질인 것 아닌가라고 생각합니다. 그러면 이것은 그냥 교육 자체의 본질인 거죠. 정말 이 학생이 자기가 하고 싶은 것을 어떻게 찾아 줄 것인가에 대한 그 교육 자체의 본질. 이게 본질일 수밖에 없고, 그 본질이 이런 원격수업에 있어서는 더 크게 증폭이 되어서 나타나는 현상이라고 분석을 하고 있습니다."

디지털 학습격차와 관련하여 임승혁 위원은 평가방법의 문제를 지적하며 논의를 이어나갔다. 최근 원격수업과 관련하여 언급되는 학력격차, 학업성취도 저하의 문제가 결국 국영수 과목 위주의 시험이라는 기존의 평가방식에 입각해 있기 때문이라는 의견이었다.

"지금 여기서 말하는 학력 격차나 학생들의 학업성취도가 떨어진다는 기준 자체가 기존의 교과목, 그러니까 국영수 과목의 시험 성적을 기준으로 삼고 있다는 것에서부터 문제에 접근해야 할 것 같아요, 이미 디지털 교육과 맞물려 교육 방법이 바뀌고 있는데 평가방법은 여전히 구시대인 것에 머물러 있다 보니까,

임승혁 위원

당연히 그 둘이 안 맞으니까 이런 당연한 결론이 나는 거 같습니다."

임 위원은 이에 더하여 디지털 시대의 교육, 학습이라는 개념이 '온라인 강의'에 국한되어 생각되기 때문이라는 점을 지적하였다. 그는 디지털 학습을 폭넓은 관점에서 바라보아야 할 필요성을 제기하며, 디지털 학습격차에서 정보수집 단계에서의 격차 해소, 즉 인터넷 접근성, 인프라 등에서의 평등을 이야기하였다.

임승혁 위원

"디지털 교육이 단순히 온라인 교육에만 국한되는 것은 아니라고 봐요. 결국 디지털 학습은 디지털 시대에서 중요한 능력, 즉 '정보를 어떻게 수집하고, 어떻게 활용하느냐' 이 두 가지 단계가 중요한 단계라고 생각을 하는데요. 어떻게 보면 디지털 활용 부분은 한재권 교수님이 말씀하신 것처럼 개인적인 능력차가 조금 존재한다고 생각해요. 좀 더 능동적이고 발 빠른 아이들이 더 다양한 툴을 이용하기 때문에 더 빠르게 습득해서 활용을 하니까요. 그래서 정보수집단계에서 이루어지는 격차들을 해소해 주는 게 먼저라고 생각하고요. 그게 어떻게 보면 누구나 출발선이 동등하게 맞춰주는, 일종의 가정에서의 인터넷 접근성이라든지, 아니면 인프라 같은 것들, 정보인프라 같은 것들을 먼저 모두에게 평이하게 맞춰주는 거죠. 그리고 장애 유무에 따라서 정보접근성 격차가 이뤄지는 부분들도요. 이렇게 정보수집 단계에서 나타나는 격차를 해소해 주는 게 먼저가 되어야 하지 않을까 생각을 해봤습니다."

디지털 시대의 도래, 그러나 변하지 않는 인재상

학습자의 자기주도성과 학습동기에서의 차이, 평가방법의 문제 등에 대한 미래교육위원들의 논의를 정리하며 정 교수는 학습자의 자기주도

Chapter 02 미래사회와 미래인재를 위한 교육정책

성과 동기, 그리고 이와 관련된 학습격차의 양상을 소개하였다.

정종원 교수

"학습에 있어서 어떤 동기나 자기주도성의 중요성을 오늘 처음 들으신 분은 아마 없으실 거예요. 다 중요하다고 이야기하는데, 문제는 '그러면 교육 현장에서 어떤 방식으로 아이들의 또는 학생들의 자기주도성을 기르느냐' 이 부분에 대해서는 여전히 그냥 학습자 개인의 어떤 과제로 남겨둔 거죠. 학습격차의 양상들을 살펴보면, 아까 말씀하셨다시피 학습에 있어서의 어떤 계층이라고 할까요? 교육 쪽 분야에서 크게 세 가지 형태로 얘기를 하는데 첫 번째 형태는 학습동기나 자기주도성이 충분한 아이들. 그래서 이 층에 있는 학생들은 환경이 어떻든 교사의 도움이나 학부모의 도움이 있든 없든 간에 자기가 정말 알아서 할 수 있는 친구들이 있고요, 또 반대쪽 측면에는 동기도 전혀 없고 공부할 의지가 없는 학생들이 분명히 존재하거든요. 그래서 어떤 도움을 줘도 사실 크게 발전이 없는 학생들이 있고, 중간 단계에 있는 학생들은 도움이 있으면 성취도나 역량개발이 이루어지고, 도움이 없는 상황에서는 그 부분이 해결이 안 되는 부분이죠. 그래서 이걸 educational triage라고 해서 마치 전쟁터에서 군의관이 부상 정도에 따라서 후송해야 될 사람, 처치해도 안 되는 사람, 경미한 부상 이렇게 나누는 그런 개념이나 컨셉과도 비슷하다고 볼 수 있죠. 학생들을 이렇게 분류한다는 것이 결코 바람직하지는 않지만요. 학생들의 어떤 잠재적인 능력을 단편적인 현상만 바라보고 판단해서는 안 되지만 이러한 계층이 존재하고 계층에 따라서 접근하는 방식이나 지원해야 되는 요소들이 좀 달라질 수 있을 거 같아요."

고산 위원은 코로나 상황을 계기로 교사들이 티칭(teaching)에서 보다 자유로워지게 되면서 코칭(coaching)을 통한 학생 개별 맞춤형 교육이 진행될 수 있는 기회가 될 수 있을 것이라는 기대를 전하였다. 뒤이은 최재붕 위원의 발언은 학습격차의 궁극적인 원인이 '변하지 않는 인재상'에 있음을 지적하였다. 최 위원은 최근 한재권 위원과 함께 했던 영재발굴단에서 만난 초등학교 4학년 드론 챔피언 학생의 예시를 소개하며, 앞으로의 사회에서는 디지털 문명을 이용할 수 있는 아이와 그렇지 못한 아이와의 격차가 더욱 커질 것이며, 이러한 디지털 리터러시가 자기주도학습과 맞물려 미래의 성공에 영향을 미칠 것이라고 예측하였다. 결국 디지털 격차의 문제는 디지털 교육에서 인프라의 평등, 디지털 활용 능력의 향상 등과 같은 차원을 넘어서 궁극적으로는 디지털 문명 시대의 인재양성을 위한 본질을 염두에 두어야 한다는 것이었다.

최재붕 위원

"제가 그 한재권 교수님하고 영재발굴단 갔을 때 익산에 용성 초등학교 4학년 학생이 드론 챔피언을 하더라고요. 이 아이가 학교에서 선생님이 특화학교라고 드론을 좀 가르쳐 주었더니 자기주도로 열심히 해서 성인을 꺾고 초등학교 4학년 때 드론 조종 챔피언이 됐어요. 근데 이 아이가 지금 프로그래밍 드론을 한대요. 코딩 드론. 이게 관심이 있는 거죠. 그런데 용성 초등학교가 전교생 12명의 미니스쿨이라는 겁니다. 이 아이는 어릴 때 뭘 경험한 것이냐면, 돈이 없어도, 부모가 부자가 아니라도, 어떤 환경이 되더라도 디지털을 이용하면 내가 이 분야 최고가 될 수 있다는 걸 경험한 거죠. 그러니까 이 아이는 완전히 다른 세계로 가는 거예요. 결국 저는 뭐라고 생각하는가 하면, 디지털문명을 잘 이용하는 아이들과 그렇지 못한 아이들의 격차가 굉장히 커지고, 또 그 아이들이 자기주도학습을 하면서 자기 미래를 꿈꿔갈 때는 그 간극이 어마어마하게 커지는데, 우리가 교육에서 그걸 알려 주지 않고, 그걸 할 수 있다는 가능성을 알려 주지 않는다면, 이것이 앞으로 교육에서 가장 큰 문제점이 되지 않을까? 그래서 그런 관점에서 이 학습의 격차 문제를 자꾸 보자, 앞으로 미래에 잘될 아이들의 이 굉장한 스팩트럼들, 이런 것들을 보면서 그 아이들의 미래를 조금씩 조금씩 한 발 한 발 원스텝 투스텝 알게 해주는 그런 쪽으로 방향을 전환하고 기준도 바꾸고 해야 진정한 디지털 문명 시대의 학습에 대한 교육의 본질을 실천할 수 있을 것 같아요."

디지털 전환의 시대에는 꿈을 위한 교육이 필요합니다.

디지털 시대의 학습격차를 학생들의 꿈과 미래라는 보다 넓은 차원에서 접근한 최재붕 위원의 논의는 이를 구체적으로 어떻게 실현할 것인지에 고민하는 한재권 위원의 논의로 연결되었다. 한 위원은 먼저 학생들의 꿈과 미래 진로에 대한 현 실태를 전달하며, 일선 학교 교사들이 겪는 어려움을 공유하였다.

한재권 위원

"최 교수님께서 말씀하신 내용을 실현하려면 어떻게 할 것인가. 아이들에게 꿈을 키워주고 롤모델을 보여주는 그런 교육은 어떻게 할 것인가를 생각하고 있는데요. 그럼 지금은 어떻게 하고 있느냐? 중고등학교를 가보면요, 꿈 과목은 없습니다. 그럼 선생님들은 그거를 하고 싶어 하지 않느냐? 아닙니다. 하고 싶어 하는 교사들, 젊은 교사들 굉장히 많으시잖아요. 이 교사분들이 개개인의 능력으로 하고 있어요. 자기 시간 쪼개고, 자기 열정을 다 바쳐서. 원래 해야 되는 거는 열심히 또 하고 더해서, 열정으로, 아이들을 잘 되게 하고 싶은 열정으로 자기희생을 하고 계시더라고요."

학교 현장에서 아이들에게 꿈을 키워주는 교육을 실천하기 위해 한 위원이 제안한 사항은 교·사대 내의 교육과정 및 방법의 개선이었다. 교육대학과 사범대학 및 교직과정 내에서 학생들의 꿈을 키우고 진로지도를 하기 위한 이론과 방법론의 소개 및 적용, 더 나아가 관련 교원양성 교육과정 내의 관련 과목 개설이 이루어지길 바라는 내용이었다.

한재권 위원

"그러면 이렇게 교육을 선생님들에게 다 맡기는 것이 과연 맞는 것인가. 전통적인 교육 플러스 꿈을 가르쳐 주는 그 교육을 선생님 몫이라고 하는 게 맞는 것인가. 그게 아니라면 우리가 어떻게 해야 되는 것인가. 첫 번째 문제는 일단 선생님들이 의지가 있어도 어떻게 해야 될지 모르시는 경우가 많습니다. 나는 아이들에게 이 동기를 보여주고 싶은데 어떻게 해야 되지? 그런 것들을 선생님들도 배워 본 적이 없어요. 사범대나 교대에서 이런 거 과목 있나요? 없습니다. 개인적으로 잘하는 선생님들은 어떻게든 하는데, 의지는 있지만 어떻게 하는지 모르고 배워본 적도 없는 선생님들은 그냥 맨땅에 헤딩을 하고 실패를 하고 있더라고요. 그래서 이렇게 교사 개개인의 능력에 의존하도록 하는 게 아니라, 공교육 체계에 들어와야 되죠. 아이들에게 꿈을 키워주는 교육 또는 롤모델을 보여주는 방법, 그리고 어떻게 하면 자기주도성을 높이는가에 대한 그런 전문적인 이론들, 이런 것들을 체계화한 교육이 필요하다고 생각합니다. 선생님들에게 가르쳐 주어야하는 거죠. 그 다음은 두 번째인데요. 과목을 개설하는 거죠. 지금은 국어, 영어, 수학을 가르치죠. '꿈' 과목이 있는 이런 제도적인 개혁을 시도하고 전문가를 기르는 겁니다. 이건 교대나 사범대 그런 전공과목으로 있으면 더 좋죠. 그래서 수학 선생님처럼 꿈 선생님이 있는 거죠. 그래서 그런 사항들을 공교육 안에 포함시킬 수 있는 방법을 만들어 보자, 과목의 개설까지 가보자, 이게 제 제안입니다."

모두를 위한 꿈과 희망 교육
: 테크놀로지를 활용한 교육콘텐츠를 통하여

디지털 시대에서는 그에 걸맞은 꿈과 희망을 심어주는 일이 중요하다는 점, 그리고 이를 교사 개인의 노력에 맡기는 것이 아닌 교원양성기관에서부터 체계적으로 교육시켜야 한다는 점에 이어 고산 위원은 이러한 주장을 실현하기 위한 디지털 테크놀로지의 활용 가능성을 제시하였다. 특히 꿈과 희망이 필요한 소외계층 학생들일수록 가정에서의 관심, 도움이 부족한 현실이지만 디지털 전환 시대의 테크놀로지를 활용한다면 이를 극복하는 데 도움이 될 수 있을 것이라는 요지의 내용이었다.

고산 위원

"저도 최재붕 교수님 말씀에 전적으로 동감하는데요. 예전에 제가 우주인 이력이 있잖아요. 그때 전국 돌면서 강의를 한 적이 있는데, 그런 꿈과 희망에 대한 얘기를 가장 필요로 하는 아이들은 아마 소외계층에 있거나, 돌봄을 못 받는 아이들일 거란 말이에요? 근데 그런 아이들은 사실 우리나라에서 우주인이 배출됐는지조차 몰라요. 그리고 정말 잘하는 애들, 과학고등학교, 영재고등학교 이런 데에서 강의 요청이 많이 들어왔었는데요, 이 아이들은 이미 너무 잘 알고 있죠. 부모님이 잘 챙겨 주시는 거 같아요. 그러니까 보통 조손 가정이나 아니면 돌봄을 잘 받을 수 없는 환경에 있는 아이들은 정말 뭐가 일어나고 있는지도 모르는 거예요. 사실은 현실적으로 꿈이나 이런 것들에 대한 큐레이터 역할을 해주는 분들이 부모님인데, 그럴 수 없는 환경은 어떻게 해야 되는지에 대한 문제인데. 만약에 담임선생님들이 수업에 대한 부담에서 어느 정도 벗어나실 수 있다면, 학습에 대한 것도 멘토링을 해주실 수 있지만, 인생에 대해서, 꿈에 대해서, 진로에 대해서 굉장히 많은 부분을 소위 '있는' 집에서 부모가 하는 것 이상으로 해줄 수 있는 상황이 되어야 하지 않나. 당연히 그게 담임 선생님의 개인에게 의존하는 건 아니고, 콘텐츠들이 중앙에 잘 구비되어야 하는 것이고, 그런 것들을 큐레이션 해줄 수 있는 시간을 확보해 드려야 되는 거 아닌가라는 생각을 계속하게 됩니다. 담임 선생님과 중앙에서 디지털로 구축한 콘텐츠들을 통해서 선생님들께서 잘 큐레이션 해주실 수 있지 않을까라는 생각을 해봤습니다."

에듀테크에서의 민간과 공공의 협력: 보다 나은 생태계를 위하여

디지털 시대의 인재양성을 위한 미래교육위원들의 논의는 민간과 공공이 협력함으로써 교육자원이 개발 및 활용되어야 한다는 데에 점차 초점이 모아지기 시작했다. 특히 최재붕 위원은 디지털 시대의 교육에서는 무엇보다 수요자인 학생을 중심으로 생각하여 수요자 입장에서의 필요성, 중요성을 먼저 살펴보아야 함을 피력하였다. 이러한 관점에서 제안된 아이디어는 '교육용 콘텐츠 댐'이었다.

최재붕 위원

"우리 이제 '데이터 댐' 얘기 많이 하는데, 데이터 댐만 만드는 게 아니라 '교육 콘텐츠 댐'같은 걸 하나 만드는 거죠. 예를 들면 제가 아까 얘기했던 분들, 굉장히 자기주도적인, 여러 가지 능력 확대를 통해 디지털 문명을 기반으로 성공했던, 새로운 롤모델을 보여줬던 사람들을 하나씩 교육 콘텐츠로 만드는 거죠. 많은 분들이 기꺼이 참여해 주실 거예요. 그분들의 레퍼토리를 지속적으로 만들어서 댐으로 쌓아놓고, 이제

AI가 도움을 주는 거죠. '너는 이런 거 하고 싶니? 그럼 요걸 봐, 그건 요런 걸 가르쳐 줘, 그 다음은 이걸 봐봐.' 이런 영상들을 쫙 보면 롤모델에 대한 아이들 각자 나름의 비전이 생길 것 같아요."

최 위원은 교육용 콘텐츠 댐의 효율적인 구축 및 활용은 공공에서 모든 부분을 해결해 주기 힘들기 때문에 오히려 민간이 공교육 부분에 적극적으로 참여해야 할 필요가 있음을 제안하였다. 더불어 공공은 민간이 잘 기획하고 펼쳐나갈 수 있도록 정책을 만들고 가이드를 제공하는 역할을 담당해야 함을 강조하였다.

고산 위원은 교육 부분에 민간이 참여하는 데 따른 우려의 목소리를 놓치지 않으면서도 다음과 같은 긍정적인 사례를 전함으로써 민간과 공공의 협력은 보다 나은 생태계 조성에 도움이 될 것임을 표명하였다.

고산 위원

"교육 부분에 민간이 참여하는 것에 대해 우려가 있을 수도 있을 것 같은데, 아주 익스트림한 케이스를 좀 보면 안도가 될 수도 있을 것 같아요. 우주 개발이 정부 주도로 나사(NASA) 같은 곳에서만 진행되어왔잖아요. 그러다가 '스페이스 X'라든지 민간에서 나오기 시작하면서 엄청나게 효율성이 높아졌거든요. 하지 못했던 것들도 해낼 수 있게 되고요. 저는 가능할 수 있다면 민간에 기회를 열어주어야 하다고 생각해요. Goal을 명확히만 제시해 주는 거죠. Goal을 명확히 해주고 e-서비스 등이 경쟁적으로 들어오는 거예요. 그니까 교과서도 여러 가지 경쟁적으로 있을 수 있는 것처럼 온라인 교육도 목표에 맞는 콘텐츠를 갖고 있는 회사들이 들어올 수 있는 거죠. 앱스토어처럼요. 학생이 선택할 수 있게 해야 된다고 최 교수님 말씀하셨는데 저는 100% 공감합니다. 학생이 선택해서 그 과정을 들으면 그 회사에 돈이 가는 거예요. 그렇게 경쟁 시스템을 만들어야 콘텐츠가 계속 발전되면서 서로 학생들을 잘 가르치고 이윤을 창출하기 위해 움직일 때 훨씬 고도화될 수 있다고 생각합니다. 물론 공공에서도 그런 콘텐츠를 만들어갈 수 있겠지만… 그와 병렬적으로 이미 에듀테크를 하는 회사들이 많으니까 그들한테는 이게 굉장히 B2G 모델의 사업 기회가 될 거거든요. 그걸 열어줄 수 있다면 좋은 생태계가 만들어질 수 있을 것 같아요."

교육콘텐츠 댐의 아이디어를 이어받은 한재권 위원은 민간의 참여에 대한 의견에 힘을 보탰다.

한재권 위원

"데이터 댐, 요즘 많이 얘기하고 있는데, 교육 콘텐츠는 그런 댐을 만들 생각을 왜 못 하냐, 이런 거죠. 생각했을 수도 있겠어요. 그런데 '누가 만들지'에서 딱 멈췄을 것 같아요. 그럼 그 '누가'는 교육부냐, 아니죠. 교육부에서 하는 일이 얼마나 많은데 그런 것까지 할 수 있겠습니까? 이런 것을 민간이 해야죠. 기관들은 과제 만들어서 외주를 주는 거죠. 그럼 교육콘텐츠 댐에 수많은 롤모델 콘텐츠들이 모여 있으면 이것들을 어떻게 활용할 거냐, 이걸 선생님이 하느냐? 아니죠. 선생님들도 할게 많잖아요. 이용을 할 수 있는 시스템까지 만들어주면 좋죠. 이런 댐에 있는 데이터들을 전문적으로 학생들에게 공급해주는 역할을 하는 민간 시스템을 만드는 건 민간이 더 잘 하고 효율적인 거죠."

디지털 문명 시대의 교육: 변화를 기회로

미래교육위원들이 전하는 민간과 공공의 협력, 교육 수요자를 위한 민간의 노력 및 이를 뒷받침하기 위한 공공의 지원 중요성에 대해 정종원 교수 또한 공감했다. 이는 오늘 분과회의를 통해 얻게 된 소기의 성과임을 전하였다.

그렇다면 디지털교육 시대에서 교육의 보편적 가치 실현을 위해 모색해야 할 부분으로는 무엇이 있을까? 정 교수는 최근 발표된 그린뉴딜 사업, 스마트스쿨 사업 등에 대해 언급하며 디지털 학습권 보장 및 디지털 교육복지를 위한 중장기적 정책과제에 대한 논의의 장으로 미래교육위원들을 이끌어 나갔다. 임승혁 위원은 디지털 학습권의 보장이 디지털 학습권의 범위와 영역에 대한 문제로 이어질 수 있을 것이며, 종국에는 공교육, 사교육의 구분이 모호해지게 될 것임을 전하였다. 더불어, 앞으로의 디지털 학습은 학생들의 선택권을 보장하는 방면으로 전개될 것임을 전망하였다.

임승혁 위원

"어떻게 디지털 학습권을 보장하느냐도 중요하긴 한데, 디지털 학습권을 어디까지 확장시킬 수 있느냐도 중요하다고 생각합니다. 어떻게 보면 민간영역과 공공영역 협력에 관한 이야기와도 겹칠 수도 있는데요, 어쨌든 이제는 학생들이 본인이 원하는 툴이라든지 콘텐츠를 오히려 학교 영역보다 더 자유롭게 접근할 수 있게 되었죠. 사실 옛날에는 너무 공교육하고 사교육을 나누려고 하다 보니까 오히려 더 격차가 벌어진 것 같아요. 디지털 교육에서는 그런 것들을 구분한다기보다는 더 섞여 들어와야 한다고 생각을 하고, 그 섞여 들어가는 과정에서 디지털, 에듀테크도 다양하게 학생들이 원하는, 본인이 원하는 것들을 자유롭게 선택하고 자기에게 좀 더 입맛에 맞는 것을 선택할 수 있도록 도울 수 있을 것 같아요."

외부 환경의 변화는 예전부터 지속적으로 있어 왔다. 고산 위원 또한 코로나 사태 등 현재 당면한 변화의 바람을 거부하고 기존의 관성에 젖어있다보면 미래 교육의 방향성을 상실하게 되는 결과를 초래할 수 있다는 우려를 표하였다. 오히려 외적인 변화의 압박을 빨리 수용하고 기회로 활용할 수 있어야 함을 피력하였다.

고산 위원

"당연히 뭔가 바꾸려면 기존의 관성이 있었기 때문에 감정적으로 싫을 수도 있거든요. 되게 단순하게 그냥 싫어요, 그럴 수도 있어요. 그런데 그렇게 되면은 방향성이 상실되는 것 같다는 생각이 듭니다. 그래서 학생이 원하는 방향을 중심에 두고 학생의 관점에서 생각하자는 말씀이고요. 또 하나는 우리가 원하든 원치 않든 간에 그런 변화를 해야 된다는 압박이 외적으로 이미 왔다는 거잖아요. 코로나 사태가 뭐 이번 한 번으로 끝날 건 아닐 거고, 분명히 원격, 디지털화된 교육환경이 펼쳐질 텐데 이거를 기회로 활용하자는 이야기입니다. 사실은 우리나라 교육환경도 계속 변해 왔죠. 예전에 제가 초등학교 다닐 때만 해도 한 반에 50~60명 됐었고, 그때는 제 생각에도 선생님들이 아이들을 다 통솔하려면 매를 들어서라도 했었어야 하는 상황이었고요. 그런데 점점 학생 수도 적어지면서 계속 바뀌어 왔거든요. 그것도 외부 환경이죠, 학생들이 줄어드니까. 근데 이제 코로나 같은, 정말 진짜 대단한 외부의 환경을 맞닥뜨렸을 때, 우리 교육이 한 단계 더 빠르게 전환할 수 있는 기회로 삼자는 말씀을 드리고 싶습니다. 어쩔 수 없는 변화거든요. 그러니까 더 빨리 테이크 하자. 이런 기회를."

'디지털교육시대의 학습격차의 양상과 대책'이라는 디지털전환 2차 분과회의는 디지털 시대에서의 교육, 학습격차의 문제를 넘어서서 인재상까지 변화해야 할 필요가 있다는 거시적인 관점에 대한 논의가 함께 이루어진 풍성한 시간이었다. 디지털전환의 시대를 맞이하며 무엇보다 잊지 말고 중심에 두어야 할 부분에 대해 언급한 한재권 위원의 발언을 끝으로 마무리하고자 한다.

한재권 위원

"디지털이라는 형용사에 갇히지 말고 트랜스포메이션이라는 본질을 봐야 된다고 생각합니다. 디지털은 수단이죠."

"융합형 문제해결 프로젝트,
스스로 성과지표를 만들 것!"

홍성재(한성대학교 창업R&D센터 교수)

최근 대학들의 큰 변화 중의 하나는 창의적 디자인 사고를 통해 자기 주도적 학습역량을 키우는 융합형 문제해결 프로젝트 활동을 지속적으로 학생들에게 권장하고 있다는 것이다. 이제는 그 규모를 키워 특별한 프로그램이 아니라 전공과 교양 수업에서도 이와 같은 프로젝트들을 일상적으로 만들어내고자 하는 움직임이 활발하다.

하지만 실제 교육 현장에서는 융합형 문제해결 프로젝트를 진행하기 쉬운 조건은 아니다. 먼저 교육자가 이러한 융합형 문제해결 프로젝트를 주도하기에 적합한지를 살펴보아야한다. 이러한 프로젝트를 지휘하기 위해서는 실로 많은 재능이 필요하다. 교육자이자 사업가이기도 해야 하며, 예술가적 상상력을 발휘해야 하지만 때로는 가설을 세우고 검증하는 실험실 연구원이기도 해야 한다. 이런 복합적 능력을 가지고 있는 교육자가 프로젝트를 설계하고 진행할 때 참여자들은 융합형 문제해결 프로젝트에 대한 실마리를 찾을 수 있다.

두 번째는 학생들의 태도와 자세이다. 이러한 융합형 문제해결 프로젝트에 참여하는 학생들의 군상은 다양하다. 장학금을 받기 위해서, 취업에 필요한 새로운 스펙이 필요해서, 비교과 점수를 받기 위해서, 친구

Chapter 02 미래사회와 미래인재를 위한 교육정책

를 만들기 위해서, 프로젝트를 기획하고 싶어서, 창업 전 워밍업으로 등 융합형 문제해결 프로젝트라는 거대한 창문만큼 다양한 욕구의 학생들이 참여한다.

그러니 막상 조를 편성해서 보자면 모두 다른 생각을 가지고 있기도 하다. 과제를 잘해서 장학금을 받는 것에 목표를 두고 있기도 하지만 반대편의 학생은 그저 친구를 만들고 싶을 수도 있다. 그래서 이러한 프로젝트형 과제를 수행하며 오히려 집단지성의 장점을 느끼기보다는 집단의 피로감만 커질 수도 있다. 이럴 때 필요한 것이 있다. 지원동기야 여러 가지일 수 있지만, 팀은 스스로 성과지표를 설정해야 한다. 그것이 융합형 문제해결 프로젝트에 임하는 학생들이 가져야 할 필수적인 자세이다.

학생들은 20년 가까이 살아오면서 단 한 번도 스스로 성과지표를 설정하지 않았을 수 있다. 오히려 스스로 성과지표를 설정하라고 하면 되묻기도 한다. '자기가 정한 목표가 객관적일 수 있나요?' 그렇다. 실제로 사회 속 개인은 스스로 평가하기 보다는 지속적으로 타인에 의해 평가를 당한다. 그래서 어떤 과제를 수행하기 전에 이미 평가 기준이 명확하게 정해져 있는 경우가 대부분이다. 그래서 그 최초의 평가 기준을 스스로 정한다는 생각을 할 틈이 없었다. 그러나 이제는 달라져야 한다.

PROJECT=제한된 조건
시간/자금
인력/정보

프로젝트의 속성은 제한된 조건 속에서 실행해야 한다는 점을 명확하게 한다.

스스로 성과지표를 만들 것

프로젝트를 수행하며 학생들은 성과지표의 설정 권한을 최초로 설계할 수 있다.

　융합형 문제해결 프로젝트의 핵심은 과연 무엇일까? 바로 스스로 문제를 찾는 것에 있다. 그것도 게으름과 같은 개인의 문제가 아닌 사회의 크고 작은 시스템적 결함을 찾는 사회문제를 바탕으로 하며, 이것을 어떠한 방식으로 개입하여 변화시킬지에 대한 해결방안도 스스로 만들어내야 한다. 즉 문제를 출제하고 이를 푸는 것 모두 자기 주도적으로 실행하는 것에 있다. 이때 중요한 포인트는 이 문제가 너무 어려워도 좌절할 수 있고, 너무 쉬워도 허들을 넘어서려는 의지가 약해질 수 있으니 그 적당한 난이도를 조절해주는 것이 필요하다. 융합 프로젝트의 교육자라면 이 점이 교육 과정의 핵심일 것이다. 프로젝트의 팀원들의 수준을 고려하여 적당한 난이도로 조절해주는 것, 그리고 이러한 프로젝트들을 통해 중요한 것은 최종 성과가 아닌 자기주도적인 문제해결형 인재로 각 개인들을 성장시키는 것이다.

지금의 대학은 스타트업 조직을 성장시키는 인큐베이터 기관과 닮아 가고 있다. 대학이 더 적극적으로 메이커스페이스를 만들고 융합형 프로젝트를 실행하고 있으니 말이다. 이 속에서 불확실한 미래를 스스로 헤쳐 갈 인재를 육성하는 일, 오늘도 갈 길이 멀다.

학교 진로교육의 WHY, WHAT, WHO, 그리고 HOW

　　2020년 미래교육위원회 진로교육 분과의 첫 번째 회의는 '학교 진로교육'이라는 대주제하에 학교 진로교육에 대한 네 가지 질문에 중점을 두고 논의가 진행되었다. 첫째, 학교 진로교육이 왜(why) 중요한가? 학교 진로교육의 의미와 중요성에 관한 질문이다. 둘째, 학교 진로교육을 통해 학생들의 무엇(what)을 길러주어야 하는가? 학교 진로교육의 목표에 관한 질문이다. 셋째, 학교 진로교육은 누가(who) 담당해야 하는가? 학교 진로교육의 주체와 이들에게 필요한 역량에 관한 질문이다. 마지막으로 학교 진로교육을 어떻게(how) 실행해야 하는가? 학교 진로교육의 바람직한 방법에 대한 질문이다. 이날 분과회의의 교육전문위원으로 진로교육과 관련한 학술 및 정책연구에 풍성한 경험과 전문성을 지닌 숙명여대 김봉환 교수를 위촉하였다.

학교 진로교육을 둘러싼 4가지 근본적인 질문

김봉환 교수는 미래교육위원에 소담한 인사를 전하며, 발제의 문을 열었다.

김봉환 교수

"여러분 반갑습니다. 저도 처음에 의뢰를 받고 오늘 회의의 취지와 제 역할에 대해 이렇게 저렇게 고민하여 시간을 좀 보냈는데요, 오늘 회의가 '실험적이다', '도전적이다'라는 말씀을 해주시니, 마음의 부담은 덜한 거 같습니다. 그리고 오늘 이 자리에 정책을 입안하고 집행하시는 교육부 전문위원님들과 사무관님도 계시고, 또 오늘 참석하신 미래교육위원님들의 이력을 보니 진로교육에 관한 참신한 아이디어를 많이 전해 주실 것 같다는 생각도 하게 됩니다. 이렇게 함께 시간을 보내게 되어서 반갑습니다. 고맙습니다."

곧이어 김 교수는 학교 진로교육과 관련한 지난 수년간의 교육 및 연구 경험을 바탕으로 학교 진로교육에서 되짚어 보아야 할 근본적인 질문(why, what, who, how)을 차근히 설명하면서 미래교육위원들을 논의의 장으로 초대했다.

발제개요

학교 진로교육의 방향 및 정책과제 탐색

- **발제개요**
  - 학교 진로교육에서 지향해야 할 방향과 이를 구현하기 위한 정책

- **논의사항**

  - 학교 진로교육은 어떤 의미와 중요성을 지니고 있는가?
  - 학교 진로교육은 무엇을 목표로 해야 하는가?
  - 학교 진로교육의 주체는 누구이며, 어떠한 역량을 갖춰야 하는가?
  - 학교 진로교육의 바람직한 방법은 무엇인가?
  - 위에서 논의한 학교 진로교육의 방향을 구현하기 위해 어떠한 정책과제가 필요한가?

학교 진로교육은 왜(WHY) 필요한가
: 학교 진로교육의 의미와 중요성

김 교수는 학교 진로교육에 관한 정책과제 논의에 앞서 미래교육위원들과 함께 학교 진로교육의 의미와 중요성을 되짚어보았다. 김 교수는 학교 진로교육에 대한 이와 같은 근본적인 질문을 준비한 이유를 다음과 같이 설명하였다.

김봉환 교수

"아주 오래전 문교부 시절부터 보니까 진로교육이 중요하다고는 늘 얘기를 했더라고요. 그런데 왜 그런 것들이 일선 교육 현장에서 싹을 틔우고, 꽃을 피우고, 열매를 맺어서, 융성하고 번창하지 못했을까? 아마도 그 중요성은 강조되었으나, 늘 선언적인, 상징적인 의미에서 중요하다고 이야기해왔던 것 같아요. 조금 야박하게 말하면, 그렇게 말하지 않을 수 없으니까, 그렇게 구어처럼 이야기해 온 것은 아닐까 생각합니다. 그래서 오늘은 뭔가 손에 잡히는 정책을 이야기하기 전에 진로교육은 무엇이고, 왜 중요한지에 관해 이야기해보면 좋겠어요."

진로교육의 의미에 관하여 가장 먼저 운을 뗀 미래교육위원은 임승혁 위원이었다. 임 위원이 정의한 진로교육의 의미는 학창 시절 경험한 진로교육에 대한 안타까움과 맞닿아 있었다.

임승혁 위원

"저도 김봉환 교수님 말씀 들으면서 굉장히 공감이 갔습니다. 우리나라에서는 진로교육이 결국 진학으로 이어지고, 특정과를 진학해서 직업으로 이어지고, 여전히 '진로'를 굉장히 천편일률적이고 정형화된 '직업'으로 인지하는 경향이 있는 것 같아요. 당연히 진로와 직업은 서로 떨어질 수 없는 관계에 있긴 하지만, 직업은 어찌됐든 진로의 하위 개념이지, 진로의 전체적인 것을 다 포함하는 개념은 아니라고 봅니다. 그래서 앞으로 학교에서 진로교육을 할 때에도 특정 학과라든지 특정 직업을 목표로 하거나 직업에 대한 가치관이나 개념을 정형화하는 것에서 벗어났으면 하는 바람이고요."

진로의 의미가 직업으로, 진로교육의 의미가 직업교육으로 환원되는 현실에 대한 임 위원의 비판적 견해는 '진로교육에 대한 고정관념'에서 벗어나기를 바라는 기대와 희망으로도 이어졌다. 진로교육에 의미에 대한 탈학습(unlearning), 즉 이제까지 생각해왔던 진로교육의 의미를 일종의 학습된 고정관념으로 바라보고, 이러한 의미를 배우지 않은 상태로 되돌아가 그 의미를 다시금 탐색해보자는 것이었다. 진로교육을 새롭게 정의하기 위한 시도는 진로교육에서의 수업방법과도 자연스럽게 연결되었다. 그 일부를 전하면 다음과 같다.

"그러니까, 기존에 기성교육이 가지고 있었던, 기성교육이 학생들에

게 부여했었던 진로나 직업에 대한 고정관념을 깨는 것, 예를 들어 창직 교육처럼, 학생들 스스로 '아직 이 세상에 존재하지 않지만 있으면 좋겠다고 생각하는 직업'에 대해서 서로 생각하고 공유한다든지, 아니면 기존 직업들을 해체하고 연결하는 작업을 통해 새로운 직업의 형태를 생각한다든지, 뭔가 기존의 틀에 박혀

임승혁 위원

있지 않은 고정관념을 깨는 그런 수업들이 진행되었으면 좋겠다고 생각합니다.”

임 위원이 제안한 진로교육의 의미와 방법은 진로교육에 대한 김 교수의 오랜 신념과도 공명하였다. 김 교수는 진로교육을 학생들의 가슴 속에 별을 심어주는 것에 빗대어 설명하고, 그 중요성을 함께 전하였다.

“가끔 진로교육에 대한 시(詩)적인 표현으로, '청소년들의 가슴에 품을 수 있는 별을 하나씩 간직하도록 도와주는 것'이라고 합니다. 그리고 학년이 올라갈수록 그 별을 향해가는 약도와 같은 밑그림이 점점 선명해지도록 이끌어주고 지도해주자고요. 그런 그림이 머릿속에 있는 아이

김봉환 교수

가 왜 가출을 하고, 무단결석을 하고, 선생님한테 불량스럽게 굴고, 인터넷 중독에 빠지고, 약물 중독에 빠지겠느냐. 진로라는 것 하나를 잡고 잘 이끌어 나가다 보면, 다양한 종류의 비행을 저지를 가능성의 싹을 미리 막을 수도 있다는 것은 제 자신의 경험에서 나온 것이기도 합니다. 유혹과 갈등의 경계선에 섰을 때 나를 잡아주는 힘이 되는 게 바로 진로라는 척도 아니었던가. 그래서 교실 붕괴 문제, 청소년 비행 문제 등과 같은 문제들도 진로라는 키워드를 화두로 실마리를 찾는다면, 잘 해결될 가능성이 있지 않은가. 이런 측면에서 저는 진로교육의 의미와 중

요성을 피력할 수 있다고 생각을 해보았습니다."

조금 더 넓은 관점에서 보면, 과거와는 달리 현재 우리 시대는 미래를 위한 설계, 직업이나 진학을 위한 계획의 수립이 무의미해진 불확실성의 시대, 예측불가능한 시대가 되었다. 특히 최근의 코로나 상황은 그러한 불확실성을 더욱 가중시키고 있다. 이러한 시대에는 진학이나 직업을 목표로 하는 직업 탐색 중심의 성공지향적 진로교육의 의미가 퇴색될 수밖에 없다. 김 교수와 임 위원의 대화에서 나타나듯, 이러한 시대에 필요한 진로교육은 평생교육 기반의 배움의 가치와 즐거움, 현재를 향유하며 살아가는 자기주도적 인간을 길러내는 교육으로 그 지향을 전환할 필요가 있으며, 삶에 대한 안목과 가치관, 삶의 태도와 방식들을 길러내는, 즉, '삶의 힘'을 키우는 교육이 진로교육의 핵심이 되어야 할 것이다. 더불어, 이러한 '지향점'의 변화는 다양성과 유연성을 기반으로 세상을 이해할 수 있는 능력을 함양하는 방향으로 진로교육이 전개되어야 함을 시사하였다. 즉, 다양한 경험 속에서 시행착오를 거치고 성찰하는 과정을 지지하고 격려하는 방향으로의 교육 환경 변화와 콘텐츠 개발이 요청된다는 것이다.

진로교육을 통해 무엇(WHAT)을 길러주어야 하는가
: 학교 진로교육의 목표

학교 진로교육의 목표에 관한 질문은 진로교육의 의미와 중요성에 관한 질문의 연장선에 있었다. 김하늬 위원은 앞서 논의한 진로교육의 의미와 중요성을 국내외 학교현장과 연계하여 진로교육을 진행했던 자신의 경험과 연결하여 보다 구체적인 수준에서 학교 진로교육의 목표를 풀어냈다.

김하늬 위원

"기존 과목들에 진로교육을 얹어서 하는 방식보다도 '관심사에 기반한 교과수업', 예를 들면 국어라는 교과에서 내가 관심 있는 주제, 사회면 사회, 과학이면 과학, 결국은 관심사에 기반한 방식으로 교과수업을 설계하는 것도 하나의 진로교육이라고 생각합니다. 진로교육이 따로 분리되기보다는 기존 교육과정의 면면에 스며들도록 하는 방향으로 가야하지 않을까라는 생각이 들었어요."

김 위원은 '관심사를 찾아가는 교육', 즉 학교 진로교육의 목표가 학생들이 자신의 관심사를 찾아가도록 도와주는 교육이 되어야 한다는 생각을 Real World Learning라는 프로그램 진행 경험과 함께 한층 더 가시화하였다.

김하늬 위원

"저희 단체(유쓰망고)에서는 Real World Learning이라고 하는, 그러니까 '실제 세상을 통한 배움이 정말 필요하다'는 키워드를 가지고 주로 고등학교 선생님들과 협업을 하면서 학교에서 좀 색다른 진로교육의 방식을 도입하기 위한 실험들을 하고 있는데요, 올해 저희가 고등인턴쉽 프로그램을 진행했어요. 보통 '인턴십'이라고 하면 특성화고 학생들을 대상으로 한 도제식 수업, 아니면 학교 밖 청소년과 관련한 것들을 흔히 떠올리시기 마련이고, 우리나라에서는 약간 부정적인 인식도 있잖아요. 그런데 제가 관심 있게 보고 있는 미국의 공교육 학교 사례들이 있는데, '매트스쿨'을 비롯해서 '빅픽처 러닝'이라고 하는 학교 네트워크에서는 인턴십 자체를 일반계 고등학교 과정으로 통합을 했어요. 그래서 학생들은 일주일에 이틀을 자신의 관심사를 기반으로 선택한 '멘토회사'에 가서 실제 일을 하고, 거기서 생긴 학습적 호기심을 다시 학교로 가져와서 더 의미있는 방식으로 학교 생활을 하게 되는 거죠. 예를 들면, 교과에 대한 관심도도 높아지고요. 이런 식으로 '학교 진로교육'이라는 것을 단순히 '진로교사가 가르치는 교육'에 제한할 것이 아니라, 학교 밖에 있는 다양한 회사들, 지역 마다 각기 다른 다양한 자원들을 학교와 연결하는 방식으로 나아갈 필요가 있다고 생각을 하고 있습니다."

김 교수는 김 위원이 전한 '관심사를 찾아가도록 돕는 진로교육'을 '진로적응성'으로 개념화하고, 이러한 개념이 현대사회에 더욱 중요해지는 이유를 다음과 같이 역설하였다.

김봉환 교수

"오늘 김하늬 위원님께서 아주 좋은 얘기를 해주셨다고 생각을 합니다. 학교 진로교육이 무엇을 목표로 해야 하는가. 좀 전에 제가 설명을 드릴 때 진로교육이 사람과 대학전공, 사람과 직업을 매칭시키는 쪽으로만 에너지를 집중하는 데에서 벗어나야 한다고 말씀을 드리고 싶었는데요, '관심사'라는 게 참 좋은 단어 같아요. 직업 탐색을 하더라도 직업군 탐색, 즉 특정한 직업을 포함한 여러 직업을 하나의 클러스터(cluster) 개념으로 보고 관심사를 폭넓게 탐색하는 거죠. 왜냐하면 미래사회로 갈수록 변화는 더 빨라질 것이고, 불확실성은 더 커지게 될 텐데, 꼭 집어서 하나만 고수했다가 그게 나중에 없어지거나 하향 직업이 되면 대안을 찾기가 어렵고 망연자실할 가능성도 있다는 거죠. 그리고 최근 직업심리학 분야의 책을 보면, 특히 해외에서는 '이제 매칭의 시대는 저물고, 적응의 시대가 도래했다'는 메시지가 전반적이에요. 홀랜드 검사처럼 매칭을 하던 시절에 쓰였던 진로 이론들은 이제 빛을 잃어가기 시작했다는 거죠. 한때 매칭이론이 큰 파워가 있었는데, 지금은 직업

세계가 너무 빨리 변하고, 취업하는 것도 옛날만큼 쉽지 않고, 선택지가 별로 없는 상황에서 매칭이라는 개념은 이제 빛을 잃어가기 시작했다는 겁니다. 그래서 최근 새롭게 등장하는 개념이 '진로적응성'이라는 개념입니다. 외적 환경이 바뀌고, 직업 세계가 바뀌고, 내가 갈고 닦은 직업 능력으로 커버할 수 없는 쪽으로 나의 진로가 바뀌더라도, 그런 것들을 빨리 빨리 감지하고, 감지한 내용을 토대로 바뀌었을 때의 변화된 모습은 과연 어떨지 상상해 보고, 변화되었을 때 그 일을 잘 하려면 필요한 능력이 무엇인가 생각해보고, 그 중에서 내가 부족한 부분이 뭔가를 끄집어내고, '자 그것을 메꾸려면 오늘부터 내가 할일이 뭐지?'라는 질문을 끊임없이 생각하고, 성찰하고, 계획을 세우고 행동으로 옮기면서 평생을 살아갈 수 있는 힘을 길러주는 게 진로교육의 목표가 되어야 되지 않을까 생각합니다. 이제 '진로적응성'이라는 파도를 우리가 한 번 학교 현장에서도 이제 좀 펼칠 시기가 되지 않았는가."

두 번째로 논의된 학교 진로교육의 목표는 학생들이 자신이 원하는 길을 포기하지 않고 끝까지 실현해 나갈 수 있는 용기, 남들이 가지 않은 길을 기꺼이 선택하고 추구하는 용기와 희망을 지속시켜주는 것이었다. 많은 위원들이 이제까지의 학교 진로교육이 꿈을 포기하도록 하는 교육, 꿈과 현실 사이에서 철저히 현실을 따르도록 하는 교육이었다는 점에 공감했다. 이를 자신의 직접적인 경험으로 풀어낸 김윤기 위원, 그리고 이에 대한 공감을 표한 임승혁 위원, 지한별 위원의 이야기를 들어보자.

"진로교육이라고 하면, 사실 본인이 하고 싶은 거를 '너는 이룰 수 있다'고 믿음을 줄 수 있어야 하는데 오히려 학교에서는 반대로 끊임없이 자주 그 자신감을 깎아 버리는 용도밖에 안 되는 거 같아요. 저 같은 경우는 소프트웨어 개발자가 꿈이었고, 지금은 그 일을 하고 있잖아요. 그런데 사실 제가 학교 다닐 때는 제 분야에 대해서 아는 사람들이 없었어요. 그냥 아무도 없었어요. 선생님들도 프로그래머 정도밖에 모르시고, 학생들도 제가 열심히 한다는 정도만 알기 때문에 사실 그 꿈

김윤기 위원

을 지키는 게 굉장히 힘들거든요. 혼자만의 길을 갈 수밖에 없었던 그 시절에 오히려 '그 분야 괜찮아 보인다, 한번 해 봐라, 이렇게 공부하면은 잘 될 거 같다.' 오히려 조금은 실현 가능성이 없어 보여도 희망을 심어주는 게 더 중요하다는 생각이 들거든요. 끊임없이 자신감이 깎이기 때문에, 혼자서도 그 고민을 하면서 자신감이 깎이기 때문에, 학교에서는 오히려 이미 깎인 자신감을 더 깎기보다는, 조금 말이 안 돼 보여도 자신감을 심어주는 게 더 중요하지 않나 그런 생각이 듭니다."

"소소한 성취감을 느끼게 해주는 것이 중요하다고 생각을 해요. 진로교육이 아무리 좋은 커리큘럼을 가지고 있고 아무리 훌륭한 교육자가 교육을 하더라도 결국 이 교육을 받는 주체가, 학생들 자체가 능동적이지 않으면 효과가 없기 때문에… 이런 수동적인 학생들을 좀 더 주체적이고 능동적이고 만들려면 어

임승혁 위원

릴 때부터 좀 소소한 성취감을 본인이 맛보는 게 되게 중요하다고 생각하거든요. 그래서 작은 프로젝트부터 규모를 점점 크게 하더라도 스스로 직접 프로젝트를 기획하고, 성과를 내면서 '나 스스로도 이게 내가 뭘 할 수 있다'라는 것을 조금씩 깨닫고, 이런 자신감으로 자기가 결국엔 내 삶을 개척하고, 내 진로를 좀 더 능동적으로 결정할 수 있다고 생각합니다."

지한별 위원

"결론적으로 진로교육에 있어서 가장 중요한 것은 경험을 전해주는 것, 그리고 희망과 용기를 전해주는 것이 아닐까라고 생각을 합니다. 이런 것들을 전해주는 역할은 당연히 학생이 아니라 그 주변에 여러 주체들이 있겠지만, 방법에 있어서는 스스로 뭔가 찾아가고 탐구하고 하는 그런 주체가 학생이 될 수 있게끔 선생님과 멘토들이 이끌어주어야 할 것 같아요."

진로교육의 주체는 누구(WHO)이며, 어떠한 역량이 필요한가
: 학교 진로교육의 주체와 역할

학생들이 진로교육의 주체로 설 수 있도록 돕기 위한 임파워먼트(empowerment) 과정이 중요하다는 지한별 위원의 주장은 학교 진로교육의 주체에 관한 논의로 자연스럽게 연결되었다. 지 위원은 학생들이 진로교육의 주체로 성장하는 데 커다란 도움을 줄 수 있는 선험자로서 학생 자신과 비슷한 경험 혹은 고민을 가진 '멘토'와의 만남이 중요함을 강조하였다.

지한별 위원

"학생 때 생각을 해보면, 외부에서 강사님들이 오시거나 아니면 실제 그 직업을 가지신 분이 오셔서 특강을 해주셨던 게 되게 오랫동안 기억에 남더라고요. 그리고 제가 얼마 전에 고등학생들을 대상으로 '사이버 가디언즈 컨퍼런스'에서 강연을 했던 적이 있는데요, 그때도 학생들한테 제 직업인 화이트 해커가 어떤 일을 하고 있는지, 제가 어떤 진로를, 이제 어떻게 가지게 되었는지, 꿈을 꾸게 된 배경이라든가 이 직업을 하게 된 고등학생, 대학생까지의 과정들을 얘기를 해줬던 적이 있어요. 그런데 제 강의를 듣고 한 친구가 '특강이라고 해서 그냥 일반적인 뻔한 강의일줄 알았는데, 멘토님 자신의 이야기를 해주셔서 되게 좋았다'라는 피드백을 주었거든요. 그리고 '용기를 얻을 수 있는 그런 강의였다'라는 피드백을 받아서 저도 되게 기뻤어요. 그런 걸 보면서 우리 학생들은 당연히 진로라는 것에 대해서 뭔가 막연하고 어렵고 힘들게 느낄 것 같아요. 저희도 그랬던 것처럼… 그래서 그런 부분들을 공감을 해 주고, 우리는 그때 진로를 선택함에 있어서 어떻게 고민을 했는지, 지금 어떻게, 어떤 직업을 가지고 일을 하고 있는지, 이런 것들을 알려주는 것도 좋고. 그보다도 좋은 것은 나에게는 어렸을 때 어떤 일을, 어떤 고민들을 가지고, 어떤 생각을 가지고 이런 것들을 찾아 나가는 과정이 있었는지, 그런 것들을 조금 더 나눌 수 있는 시간을 갖는 것이 될 것 같아요. 그렇게 되면, 자연스럽게 학생들에게 희망도 용기도 줄 수 있지 않을까 그렇게 생각을 합니다."

김하늬 위원은 멘토의 역할을 학교 밖으로 확장하고, 멘토와의 만남을 교육 프로그램화하는 등 보다 적극적인 수준에서 시도해볼 수 있는 멘토 활용 방안에 대해 이야기하였다.

김하늬 위원

"미국은 고등학교가 4년이잖아요. 4년 내 관심사는 정말 달라요. 인턴십을 경험했던 곳이 다 다르고, 한 학기마다 현장을 바꿔서 선택을 할 수 있고요. 만약에 멘토와 프로젝트, 여기서는 '인턴십에 기반한 학습'이라고 표현을 하는데요, 단순히 가서 시키는 일을 하는 게 아니라, 이 학생의 관심사를 중심으로 학생과 멘토, 현장 교사, 이렇게 셋이 만나서 이 학생이 이 현장에서 할 수 있는 프로젝트를 기획하고, 그걸 기반으로 학교 커리큘럼, 그러니까 이 학생만의 시간표를 다시 짜는 거죠. 그렇게 해서 진행을 하다 보니까 이게 단순 일 경험이 아니라, 내가 궁금한 지식이 실제 세상에서, 현장에서 어떻게 사용되는지를 배우면서 동시에 그러한 배움이 학교 교과과정이 되는 거죠. 1학년들은 당연히 자기가 뭘 좋아하는지도 모르고 인턴십을 처음 해보기 때문에 어려움을 많이 겪고 있는데, 그래서 저는 학교가 이런 멘토풀을 아카이빙하고 관리하는 역할이 필요하다고 생각해요. 진로 코디네이터, 진로교사가 이런 역할을 좀 해야 한다고 생각을 하고요. 학교에 이런 멘토풀들이 점점 쌓여가고, 학교가 파트너를 맺을 수 있는 다양한 그런 현직 교사, 직원들, 직업인들, 회사들이랑 파트너십을 계속 맺고, 학교는 그 파트너 관계를 관리하고요."

김하늬 위원이 프로젝트 기반의 인턴십 프로젝트와 관련하여 제안한 주체로는 진로 코디네이터가 있었다. 지역사회의 물적자원, 인적자원, 기관 및 인프라를 총체적으로 파악하고 연결, 관리할 수 있는 주체가 필요하다는 것이다. 우리나라의 경우 대개 진로교사에게 이러한 역할이 기대되는데, 김 위원은 우리나라의 진로교사들이 이와 관련한 충분한 역량을 갖추지 못한 것을 다소 안타깝게 생각하고 있었다. 미국의 사례를 통해 김 위원이 구체화한 코디네이터의 역할은 다음과 같다.

"미국은 인턴십 혹은 파트너십 코디네이터라고 부르는 직함을 가진 교사들이 배치가 되어 있었어요. 진로교사가 직접 진로교육을 하기보다는 학교가 다양한 주체들이랑 파트너십을 맺을 수 있도록 돕는 역할을 하는 코디네이터 양성이 필요하다고 생각해요. 그리고 그분들의 역할은 단순히 인턴십을 위한 파트너들을 찾는 게 아니라 교과교사와도 협력하면서 풀을 구성해요. 미국에서 좀 진보적인 학교들은 PBL로 수업을 많이 하는데, 그런 PBL 수업을 할 때, 프로젝트 주제별로 이 주제를

김하늬 위원

가장 잘 가르쳐 줄 수 있는, 그 현장을 보여줄 수 있는, 그 실제 현장 회사들을 연결해주는 역할도 하는 거죠. 그니까 이제 꼭 진로교육 차원에서 연결을 해주는 것이 아니라 교과서 안의 지식이 현장 기반한 배움이 될 수 있도록 적절한 파트너들을 연결해 주는 역할이 진로 교사의 역할이 되어야 하지 않나 생각합니다."

김 위원이 제시한 우리나라 진로교사의 한계는 국내 진로교육의 실태에 대한 김 교수의 안타까움과도 맞닿아 있었다. 회의 전반부에 김 교수가 전했던 우리나라 진로교육 및 진로교사의 실태를 되돌아보면 다음과 같다.

김봉환 교수

"진로교육법에서는 진로전담교사라고 적시를 하고 있는데, 한국 고용정보원에서 진로교육의 여러 종류 중에 가장 효과가 높은 게 무엇이었는지 엄밀히 연구를 했더니 학생들이 한 학기 동안 수업을 들은 '진로와 직업'이라는 과목이 가장 효과가 낮은 것으로 나왔더라고요. 제가 나중에 실제 '진로와 직업' 수업을 들은 학생을 면담해봤더니, 결국은 거기에서 유추해낼 수 있는 게, '진로교육을 아무나 할 수 있는 게 아니었구나'라는 거였죠. 그냥 선생님들이 한 20분 수업하고 나머지 시간은 자습하라고 그랬던 일들이 있었어요. 진로교사 지원자를 뽑아가지고 580시간 정도 연수를 시킨 다음에 진로진학 상담교사라는 타이틀을 붙여서 우리나라 모든 중학교 고등학교에 한 분씩 배치되어 있어요. 그분들이 하나의 선제적인 역할도 하고, 학교 상황에 맞도록 프로그램도 개발하고, 학생들을 열심히 지도하면서 그 학교의 다른 선생님들에게도 긍정적인 영향을 주고, 그렇게 진로교육의 지렛대 역할을 할 수 있기를 기대했는데, 학교 규모가 크든 작든 한 학교에 한 분 밖에 없다 보니 그런

파급 효과를 내기에는 한계가 있는 것이 아닌가 싶고요. 그렇다면 여타의 다른 선생님들에게 진로교육, 진로지도, 진로상담에 대한 노하우를 갖추게 해야 할테죠. 그래서 단발적인 연수를 여러 시·도교육청에서 시도를 했는데, 기대만큼 효과가 높지는 않더라고요."

진로교사의 중요성에도 불구하고, 보다 근본적으로는 학교 현장의 담임교사 및 교과담당교사들이 진로교육의 주체가 되어야 한다는 데 김 교수와 모든 위원들이 생각을 같이 하였다. 진로교육이 외딴 섬 혹은 분리된 교육과정 영역으로서 존재하기보다 모든 교과와 생활지도에 스며들도록 하기 위해, 즉 진로교육에 대한 개별적, 독립적접근을 넘어 보다 통합적인 접근을 시도하기 위해서는 기존의 현장 교사들이 진로교육의 주체로서의 정체성을 인식하고, 이에 필요한 역할을 감당할 수 있어야 한다는 것이다. 김하늬 위원은 이와 같은 진로통합 교육과정 및 수업을 진행하는 데 필요한 자원을 파악하고 관리할 수 있는 능력까지 진로교육과 관련하여 현장교사들에게 필요한 역량으로 보았다. 김 위원은 이러한 생각을 아래의 경험과 연결하여 보다 구체적으로 전달하였다.

김하늬 위원

"제가 사례를 하나만 더 말씀드리면, 저희 단체가 사실 교사연수를 많이 진행을 해요. 혁신학교 교사나 진로교사 연수도 저희가 하는데⋯ 최근에 저희가 했던 연수활동이 뭐냐면 <우리 학교 지도>라는 온라인 연수를 했거든요. 온라인상으로 카카오든 네이버든 지도를 펴고 자기 학교를 검색 한 다음에, 차로 30분, 버스나 대중교통으로 30분 내에 갈 수 있는 그런 반경에 어떤 회사, 어떤 자원이 있는지, 내가 협업해 보고 싶은 자원들을 쫙 리스트를 써보고, 이런 회사랑 우리 학교랑 내 과목이랑 실제 세상에 기반한 그런 프로젝트를 어떻게 할 수 있을지 한번 상상해 보는, 그런 프로젝트를 기획해보는 그런 활동을 했는데요.

저는 되게 놀란 게, 진짜 한 분도 그렇게 우리 학교 주변에 어떤 자원이 있는지를 지도를 펴놓고 본 적이 없으신 거죠, 선생님들이. 작은 활동이지만, 이런 것부터 좀 시작이 돼서… 아까 김봉환 교수님께서 말씀하신 것처럼 진로교사 연수가 정말 필수적으로 필요하다면 이런 식으로 교사나 진로교사가 지역사회 자원을 활용하는 네트워크 브로커의 역할을 할 수 있는 역량을 키워 주는 연수가 디자인되어야 한다는 생각입니다."

진로교육은 어떻게(HOW) 해야 하는가
: 학교 진로교육의 바람직한 방법

학교 진로교육의 방법에 관한 논의는 위에서 언급한 다양한 진로교육 주체의 역할과 깊이 맞물려 있었다. 먼저, 멘토를 통한 진로교육은 특강과 코칭의 두 가지 방법이 제안되었다. 특강은 학교 진로교육에 있어 기존 교육과정의 구조적인 변화 없이 시도해볼 수 있는 방법으로, 지한별 위원은 특강이 멘토와의 만남과 울림을 촉진하는 중요한 통로가 될 수 있다는 점을 제안하였다. 지 위원의 발언에는 외부 강사를 통한 진로특강을 통해 강사 자신의 내러티브를 통해서 학생들이 공감과 희망, 용기를 얻을 수 있는 기회가 제공될 수 있으며, 이것이 학생들의 삶에 '울림'으로서 오랜 기간 지속될 수 있다는 믿음이 내재해 있었다. 이와 더불어 김윤기 위원은 포스트 코로나 시대에 온라인 플랫폼이 활성화되면서 먼 거리에 있는 멘토와 만남과 소통을 지속할 수 있는 가능성이 확대된다는 점을 언급하였다.

"제가 생각하기에 가장 좋은 멘토는 본인과 같은 고민을 하고 같은 길을 먼저 간 사람이라고 생각을 하거든요. 근데 그런 멘토를 구하려고 하면 사실 전국에 한두 명 밖에 없잖아요. 그런데 그런 멘토들을 학교로

김윤기 위원

일일이 모시려고 하면은 현실적으로 말이 안 되는데, 저희가 지금 온라인으로 화상회의 교육 플랫폼이 아주 잘 구축되어 있잖아요. 그렇다면, 비슷한 고민들을 하고 있는 학생들을 대상으로 학교와 전국 단위의 온라인 설문조사를 하고, 관련 멘토를 모셔서 온라인으로 강연을 진행하는 것이 확실히 도움이 될 거 같아요. 제가 얼마 전에 네이버에서 했던 딥러닝을 예를 들면, 고등학생을 대상으로 하는 해커톤이 있어요. 제가 거기서 멘토링을 했는데, 제가 그 고등학생들하고 같은 고민을 했었고, 그게 어떤 상황인지 알기 때문에 훨씬 더 도움이 되었거든요. 이런 식으로 전국에서 관심사가 비슷한 학생들을 모아서 그 관심사와 고민을 공유하는 멘토를 한 명 구해서 온라인에서 강연을 하는 게 확실히 효과가 있는 것 같아요."

한편, 학교 현장의 교사들이 주체가 되는 진로교육과 관련해서는 문제기반학습(PBL), 프로젝트학습 등과 같은 다양한 수업 방식이 제안되었다. 이는 앞서 김하늬 위원과 임승혁 위원의 발언을 통해 확인할 수 있다. 그 밖에도 코로나 이후 온라인 매체의 활용이 활성화됨에 따라 학교 현장에서 이에 대한 활용도 또한 높아질 것으로 보여진다. 시공간적 제약으로 인해 한계가 있었던 다양한 멘토와의 만남, 다양한 개인들의 삶의 내러티브 경험에 접근함으로써 학생들은 이전보다 더 확장된 삶의 경험을 간접적으로나마 경험할 수 있을 것이다.

학교 진로교육의 방향을 구현하기 위해 어떠한 정책과제가 필요한가?

학교 진로교육의 의미와 중요성을 기반으로 전개된 학교 진로교육의 주체와 역량, 목표, 방법 등에 관한 논의에는 이를 현실화하기 위해 어떠한 정책들이 필요한지에 관한 논의를 내포하고 있었다. 무엇보다도 학교 진로교육에서 실력을 갖춘 멘토들로 구성된 풀(pool)을 구축하고 관리하기 위한 행·재정적 지원이 필요하며, 이를 위해 지역사회 기관과 자원의 적극적인 연계와 활용이 필요하다는 점이 강조되었다.

이와 더불어 지한별 위원을 비롯한 몇몇 위원들은 '지속가능한 멘토풀', 즉 멘토풀의 지속적인 관리와 개선이 중요함을 역설하였다. 이를 위해 멘토풀에 등록된 교강사들을 대상으로 진로교육의 최신 동향을 반영한 연수 프로그램을 제공하고, 진로교육에 필요한 인적, 물적, 공간자원에 어떻게 접근하고 활용할 수 있는지에 대한 적극적인 안내가 필요함을 제안하였다.

1급 정교사 연수과정에 진로교육 이수를 의무화하는 방안이 제안되었다. 교직은 삶의 궤적의 변화가 크지 않은 직종이라는 점으로 인해 다른 직군에 비해 다소 경직된 문화를 보이곤 한다. 따라서 학교 문화, 교육과정 운영 등에 있어서 유연성을 추구하는 것도 부단한 노력이 필요한 영역이다. 이러한 노력과 혁신은 사실상 교원양성단계에서부터 시도되어야 하는데, 최근 교직과정 개편의 노력에 있어 진로 관련 교과목의 부재는 매우 안타까운 현실이다. 과거와는 달리 지식의 전달자로서의 교사의 역할은 지식기반사회에서는 더 이상 유효하지 않다. 변화된 사회에서 교사는 행복한 삶을 안내하는 조력자이자 학생들의 다양한 경험과 성찰을 연결지어줄 수 있는 역할을 제공해 줄 수 있는 삶의 안내자가 되어야 할 것이다. 특히, 실제 현장에서의 교사들의 어려움을 조사해보면 상담(학부모, 학생)의 어려움을 호소하는데, 이러한 문제들은 교육과정 전문가로서의 교사, 진로 상담 전문가로서의 교사 양성을 위한 예비교사 양성과정에서의 교육과정 개편이 요구되는 지점이다. 이러한 생각들이 이날 미래교육위원과 김봉환 교수가 나눈 대화의 면면에 스며 있었다.

진로교육에서의 우연성과 미래 학교 진로교육의 방향

학교 진로교육에 대한 기존의 고정관념에서 벗어나 자신의 삶을 탐구하고, 삶에 대한 태도를 변화시켜나가며, 삶의 궤적을 그려나가는 과정으로서 진로교육이 재정의 되어야 한다는 메시지는 이 날 분과회의에서 오간 여러 이야기들을 관통하는 핵심이었다. 김봉환 교수는 인간 삶에 내재하는 '우연성'과 미래사회에 증가하는 '불확실성'을 고려할 때 진로교육에 대한 이러한 관점과 접근이 필요하다는 점에 통감하였다. 그리고 그 유효함을 다시 한 번 진로적응성의 개념과 연결하며 이날의 회의를 정리하였다.

김봉환 교수

"학교 진로교육에서 진로적응성이라는 개념을 새로운 화두로 논의해나가면 좋겠습니다. 늘 깨어 있는 마음으로 자기의 진로를 생각하고, 성찰하고, 정리하고, 궁금증을 갖고, 또 탐색하고, 물어보고… 이런 사람으로 성장하도록 하는 진로교육이 되면 좋겠습니다. 옛날에는 우연이라는 걸 그냥 운이라고만 생각했잖아요. 운 때가 맞아야 한다는 말처럼요. 미국에서도 성공한 사람들을 대상으로 성공 요인이 무엇이었냐고 물으면, '늘 갖추어진 상태로 능력을 구비하고 있었다'라고 하기도 하고, '타이밍이 잘 맞았다'라고 하기도 하고, 아니면 '나를 지지해주는 그런 자원들이 풍부했다'라고 이야기합니다. 여기서 두 번째로 이야기한 타이밍이 하나의 운이에요. 최근에는 직업심리학자들은 이러한 운이라는 것이 우리의 진로 개발 과정에 엄청 영향을 미친다는 것을 기정 사실로 받아들이고, 이거를 학문적 주제로 끌어 들이는 추세에 있습니다. 살아오는 과정에서 '우연한 만남', '우연한 계기', '우연한 사건', 이런 것들이 영향을 더 많이 미쳤다는 거죠. 그런데 우연이라는 건 우리가 통제할 수 없기 때문에 거기에 맡길 수는 없죠. 그런데 자세히 들여다보니, 우연한 사건, 만남, 계기를 자기 경력개발, 진로개발에 유리하게 긍정적으로 활용한 사람들이 있는데 그런 사람들은 늘 '호기심'이 있다는 것, 경직된 사고가 아니라 '유연성'이 있다는 것, 그리고 '낙관성'이 있다는 것을 발견하게 됩니다. 여기에 더해서 결정적인 순간에 결과가 불확실하더라도 도전하는 '위험 감수성', 그리고 '인내력'이 있었다고 해요. 그러니까 미래를 살아갈 우리 청소년들이 이런 생각을 늘 간직하고 살도록 하면 좋겠어요. 지금 코로나 19라는 것 때문에 많은 직종이 타격을 받지만, 일부 직종은 생각지도 않은 코로나 때문에 또 성황리에 새로운 지평을 열어가는 직종도 있잖아요. 우연을 우연으로만 보는 것이 아니라 여러 우연들을 나의 경력개발에 유리한 쪽으로 작동하도록 하는 삶의 자세를 가꾸어 나가도록 하는 것이 학교 진로교육에서 늘 기억해야 할 것이 아닐까 생각합니다."

"다양한 경험을 통해
나만이 할 수 있는 일을 찾아라"

임승혁 ㈜이너프유 대표이사

경험의 다양성이 진로선택의 다양성을 만든다

개인적으로 '인간은 경험을 통해 성장하고, 인생이란 나만의 가치관을 점점 뚜렷하게 만드는 과정'이라고 생각합니다. 인간은 누구나 태어나고 성장하면서 본인의 진로에 대한 고민을 하기 시작하고, 처음으로 그 고민을 맞닥뜨리는 시기가 바로 10대(중, 고등학교)입니다. 일반적으로 진로를 선택하기 위해 가장 중요한 것이 개인의 흥미와 적성을 찾는 일이라고는 하지만, 사실 성인이 되기 전 이 짧은 기간 동안 본인의 흥미와 적성이 무엇인지 알게 되는 것은 매우 힘든 일입니다.

저 또한 중·고등학교 때는 특정 진로에 대한 뚜렷한 목표가 있던 것이 아니라, 막연히 생명과학에 흥미를 느껴 대학교에서 생명과학을 공부하게 되었습니다. 그런데 막상 대학교에서 생명과학을 공부해보고 여러 경험들을 겪어보니 개인적으로는 순수과학보다 과학의 응용이나 기술 적용에 더 큰 흥미가 있다는 것을 알게 되었습니다. 그래서 바이오 벤처 창업가가 되는 것이 인생에서 처음 가진 목표이자 꿈이었고, 그 때부터는 창업가가 되기 위한 여러 준비들을 하기 시작했습니다. 그 중

하나로 전문성을 갖기 위해 의공학 분야의 대학원을 진학하였고, 지난 6년 동안 석·박사 과정을 공부하였습니다. 그러나 대학원 과정 동안 '많은 연구자들이 연구의 본질적인 목적이나 과학기술의 활용에 초점을 맞추기보다는, 비실용적이고 논문만을 위한 연구가 많다'라는 것을 느껴 오히려 회의감을 가지게 되었습니다.

그래서 이때부터는 '전공분야에 상관없이 대학원 생활 동안 배운 기술 개발 역량으로 정말 이 사회에 필요한 기술들을 만들어보고 싶다'라는 생각이 들었습니다. 그래서 전공과 관련 없는 시각장애인용 진동점자 기술을 개발하게 되었고, 관련 분야로 사업을 한 경험이 있습니다. 그리고 현재는 못다 이룬 바이오벤처 창업가의 꿈을 이루기 위해, 아기들이 섭취하는 모유, 분유, 이유식을 기반으로 영양분석 및 건강관리를 해주는 디지털 헬스케어 서비스를 개발하고 있습니다.

이러한 저의 일련의 삶들을 지금 돌이켜보면, 제각각 관련이 없어 보이지만, 오히려 이러한 다양한 경험들이 지금의 저를 만들었고, 앞으로도 다양하고 많은 경험들을 통해 이 사회에서 저만이 할 수 있는 일들을 하고 싶습니다. 그만큼 한 개인의 인생과 진로선택에 있어서 다양한 경험이 중요하고, 경험의 다양성이 곧 그 사람의 진로 선택의 다양성을 만든다고 생각합니다. 예를 들어, 유명한 방송인이자 사업가인 백종원 씨를 보더라도 이전에 사회복지학을 공부하였고 건축자재업을 하였다가 현재는 요식업 분야에서 뛰어난 활동을 하고 있습니다. 이러한 일련의 그의 삶들이 제각각 관련이 없어 보이지만, 오히려 그러한 다양하고 많은 경험들이 지금의 탄탄한 내공을 지닌 백종원 씨를 만들었다고 생각합니다. 게다가 그는 현재 이 사회에서 셰프, 사업가, 경영 컨설턴트, 방송인 중 어느 한 가지로 규정하기 어려운 제3의 역할을 하고 있습니다.

결국 첫 진로 고민을 하는 10대들에게 가장 중요하고 효과적인 진로교육은 직접 다양하고 많은 경험을 할 수 있도록 장려하고 유도하는 일이라고 생각합니다. 이를 위해서 수동적인 진로 교육보다는 일찍이 스스로 경험들을 해보고 느낄 수 있도록 개인별 프로젝트형 진로 교육과 같은 능동적 진로 교육이 필요하다고 생각합니다. 그리고 학생들은 본인의 한계나 진로 범위를 미리 규정하는 것이 아니라, 다양한 경험들을 통해 자신만의 브랜드를 만들고 나만이 할 수 있는 일을 찾아 진로를 결정해야 합니다.

이 세상에 없는 직업을 만들도록 창업을 장려해야

인간의 가치관이 형성되는 시기(주로 초, 중, 고)의 교육의 목적은 단순히 지식을 많이 넣어주는 것이 아니라, 올바른 가치관과 사회성을 심어주고 본인의 미래, 즉, 개인 맞춤형의 진로를 정할 수 있도록 도와주는 것이 제1의 목표라고 생각합니다.

하지만, 우리나라는 여전히 '공부' 잘하는, 많은 '지식'을 가진 똑똑한 인재를 키우는 데에 초점이 맞추어져 있고 아이들이 스스로 자신만의 경험을 통해 다양한 진로를 선택하는 것이 아니라, 여전히 성적 줄세우기식으로 진로를 선택하고 있습니다. 이는 아직도 수학, 과학 영재들이 의대를 선호하고, 사회 전반적으로 공무원 또는 전문직 시험 응시자가 매년 증가하는 것과 연관이 없지 않을 것입니다.

게다가 국내에서의 진로탐구는 사실 일종의 직업탐구에 지나지 않습니다. 마치 경계가 그어져있는 것처럼, 의사, 변호사, 회사원, 과학자와 같이 단어로 정의된 직업들을 선택하도록 합니다. 이는 아이들의 가치관과 세계관을 제한시킬 뿐만 아니라, 진로의 다양성과 확장을 해치는 요인이라고 생각합니다.

반면, 미국, 중국과 같은 강대국들은 물론이고, 이스라엘, 에스토니아, 싱가폴과 같은 소규모 국가들이 창업 선진국으로서 스타트업 강국이 되었고, 새로운 산업과 직업들을 창출해내고 있습니다. 위 나라들의 경우, 우수 인재들의 대부분이 의사, 변호사, 공무원과 같은 특정 직업군이 아닌, 다양한 아이템과 주제로 창업을 하고 있고, 이로 인해 선진국 추격형 연구가 아닌 전세계 선도형 연구를 함으로써 새로운 산업들과 기술들을 무수히 창출하고 있습니다.

현재 우리나라도 추세에 발맞춰 다방면으로 창업장려정책을 적극적으로 펼치고 있음을 잘 알고 있습니다. 하지만, 현재의 창업장려 정책들은 대부분 성인 위주의 실질적인 회사 운영 및 사업화 지원을 위한 정책들입니다. 단순히 나라에서 금전적, 정책적으로 지원을 해줌으로써 인재들을 창업하도록 유인하는 것이 아닌, 가치관이 형성되는 학생 시기부터 창업에 관심을 갖도록 하는 것이 중요하다고 생각합니다.

따라서, 교육부에서 시행하는 일종의 창업장려, 진로 다양성 정책은 단순히 거시적으로 국내에 일자리 창출을 위해, 국가의 경제적 성장을 위해 창업을 활성화시키고 지원하는 것이 아니라, 창업은 말 그대로 새로운 직업을 만드는 일이기 때문에 어린 시기부터 학생들이 본인의 재능, 흥미를 바탕으로 다양한 진로를 선택하고, 스스로 이 세상에 없던 직업을 만들 수 있도록 창업을 장려해야 합니다.

결국 제가 말하고자 하는 본질은 현재 당면한 가장 시급한 대한민국의 교육과제는 '아이들의 진로 다양성 및 탐구 부족 문제'라고 생각하고, 본 과제를 해결하기 위해서는 진로 확장과 다양성을 증가시킬 수 있도록 어린시기부터 창업 또는 창직에 대한 인식을 틔우고, 장려해야 한다고 생각합니다. 어린시기에 스스로 진로를 탐구할 수 있도록 하고, 스스로 직업을 만드는 일인 창업·창직을 장려한다면, 우리도 더 이상 한국형 알파고, 페이스북, 우버가 아닌 전세계 선도형 신산업을 창출하고 직업의 다양성을 확보할 수 있을 것입니다.

진로교육에서의 학교 및 교사 역할

2020년 미래교육위원회 진로교육 분과의 두 번째 회의는 '포스트 코로나 시대와 학교 진로교육의 과제'라는 대 주제 하에 교과(담임)교사, 진로전담교사, 학교 및 지역사회기관 등 진로교육을 위한 다양한 인적, 물적자원을 어떻게 구축하고 활용할 것인지에 초점을 둔 논의가 진행되었다. 진로교육과 관련하여 앞서 진행된 분과회의가 학교 진로교육의 목적과 방향에 대한 논의에 중점을 두었다면, 이번 분과회의는 그러한 목적과 방향을 실현하는 과정에서 쟁점이 되는 사안들은 무엇이며 이를 어떻게 해결해나갈 수 있을지에 관한 논의로 연결되었다. 교육전문가로 위촉된 충남대학교 손은령 교수는 예비교사들을 대상으로 진로교육 과목을 가르치는 동시에, 대학입학본부장과 진로체험인증위원 등을 역임하는 등 진로교육과 관련한 학계와 현장의 풍부한 경험을 지니고 있었기에 이 날의 분과회의에서 한층 깊은 수준의 논의를 이끌어 낼 수 있을 것으로 기대되었다.

진로교육의 의미와 방향에 대한 재고

분과회의 참석 위원들에 대한 간단한 소개를 마치고, 손은령 교수의 인사가 이어졌다.

손은령 교수

"안녕하세요. 손은령입니다. 충남대학교 교육학과 교수이고, 진로상담과 관련한 논문을 쓰면서 교육학에서 관련 과목들을 가르치고 있고요. 현재는 충남대학교 입학본부장입니다. 오늘 여기 참여하신 분들의 전문 영역이 모두 다르고, 그래서 사안을 보는 시각도 많이 다르고 각자 조금씩은 제한되어 있을 수도 있을 것 같습니다. 사실 어디에서부터 정책에 관한 이야기를 해야 할지 조금 막막하기도 하고요. 그래서 우선은 '포스트 코로나 시대에 진로교육이 이런 방향을 가야 하는 아닌가'라는 저의 이야기로 시작해보면 어떨까 싶습니다."

손 교수는 이어서 지금 우리가 당면한 포스트 코로나 시대에 진로교육은 어떠한 의미를 지니며, 어떠한 방향으로 나아가야 하는지에 관한 소회를 밝혔다.

손은령 교수

"우리가 요즘 '위기'라는 말을 많이 사용하는데요, 위기라는 단어는 어원적으로 '변화의 변곡점'이라는 뜻을 지니고 있기도 하고, 또 '기회'라는 뜻도 있습니다. 그리고 우리가 요즘 '재앙'이란 말도 많이 쓰고 있는데요, 재앙은 영어로 disaster이죠. 별이 흩어진다는 뜻이에요. 또 이러한 시점을 응급 상황이라고 한다면, 뭔가 새로운 변화가 요구된다는 의미가 아닐까 싶습니다. 자, 그러면 코로나 이전에는 그런 얘기가 없었느냐, 있었습니다. 4차 산업에 대해서도 경고를 했고, 시대적으로나 개인적으로 교육에 변화가 필요하다는 요구사항들이 많았습니다. 예를 들면, 코로나 이전에도 2020년까지 일자리가 710만 개 사라질 것으로 예측이 되었고, 2030년까지 미국인 3명 중 1명이 실업자가 될 것이라는 이야기도 있었고, 여러 가지 경고 사인이 있었습니다. 개인적인 측면에서도 우리가 사는 기간이 길어지고, 매체도 변화되고, 교수자 측면에서도 여러 가지 면에서 교수법의 다양화를 요구받았습니다. 진로교육도 마찬가지인데요. 오랜 기간 요구되었지만 실현하기가 쉽지 않았다는 것, 그럼에도 불구하고 왜 이 쉽지 않은 것이 우리에게 계속 요구되고 있는 가를 생각해보면, 우리가 요구하는 그것의 진정한 의미가 무엇인지에 대해 근본적으로 고민해야 할 시점이라는 이야기가 될 수도 있습니다.

진로교육의 지향점을 다시 생각해보아야 한다는 거죠. 현재 시점을 '코로나'라는 지점에서 본다면, 그 지향점에 대해 근본적으로 생각해보게 됩니다. 아마 '코로나 블루'라는 말을 들어보셨을 거예요. 코로나 블루가 확산되면서 우리에게, 우리 아이들에게 필요한 것이 무엇일까요. 개인적인 차원에서는 자기주도적인 학습에 대한 필요성, 실패를 견딜 필요성 등이 있겠지만, 마음을 다스리고 관리해야 될 필요성, '혼자 그리고 함께'하는 방법을 알 필요성 등이 있고, 이에 대한 준비를 해야 되는 것이 지금입니다. 조금 더 넓은 맥락에서는 변화와 적응이 필요하고, 자조능력이 필요합니다. 무질서한 세계의 질서를 찾으려고 하게 되면, 어렵습니다. 뭔가 질서를 자꾸 찾으려고 하고 예측하려고 할수록 자가당착에 빠지고, 어떤 게 유망직업인지에 대해 자꾸만 확인하려 할수록, 모두가 그 유망직업 쪽으로 몰려서 '유망직업의 역설'이라는 얘기처럼 나중에는 그것이 '절망직업'이 될 수도 있습니다. 그래서 진로교육의 새로운 목표와 방향을 모색을 할 때 생각의 변화가 필요합니다. 아까 말씀드린 것처럼 불안정이 일상인 오늘날에는 성공보다는 성장과 성취, 그리고 의미화가 중요한 시점이라고 볼 수 있습니다. 진로교육에서 그동안 '더 높이, 더 많이' 이런 것들을 중요시했다고 하면, 이제는 '천천히 가라', '작은 것을 음미하면서 길게 가자', '위가 아니라 옆을 돌아보고, 내가 가진 것을 나누자', '나도 살피고, 나도 돌보고, 타인도 살피고, 돌보고, 보듬어야 된다'는 것으로, 진로교육 또는 교육의 방향이 바뀌어야 됩니다."

손 교수는 진로교육의 의미와 방향에 관한 이와 같은 근본적인 성찰의 맥락에서 현행 진로교육법에 명시된 진로교육의 목적 또한 재고해보아야 할 필요가 있음을 제안하였다.

손은령 교수

"현재 진로교육법에서는 이런 이야기를 하고 있습니다. '학생에게 진로교육 기회를 제공하고, 소질과 적성을 최대한 실현해서 경제 사회 발전에 기여함을 목적으로 한다.' 저는 진로교육을 통해 학생들이 '나를 만나고, 세상을 만나고, 삶을 만들어야 된다'고 생각을 합니다. 그러기 위해서는 자기 자신을 만나 자기 자신에 대해서 건강한 자기개념을 가져야 하고, 불안정한 세상에서 실패했다고 해도 극복할 수 있어야 하고, 자신에게 오는 우연을 감사히 여기고, 기회로 전환하고, 그것을 새로운 방향으로 만들어가는 자기주도적인 사람이 되는 것으로 진로교육이 정의될 필요가 있다는 거죠. 기존의 직업에 우리를 맞추는 것이 아니라, 우리가 이렇게 단단한 마음으로 나아가야 한다는 거예요."

학교 진로교육의 현황: 논의를 위한 다리 놓기

진로교육의 의미와 방향에 대한 손 교수의 개괄적인 설명 후, 임승혁 위원은 현재 학교 진로교육의 현황에 관하여 질문하였고, 이에 손 교수는 허심탄회한 답변으로 이어갔다.

손은령 교수

"사범대학이나 교직과정을 통해서 우리가 교사자격증을 취득을 하죠. 교사자격증을 취득하기 위해서는 두 가지 측면에서의 교육이 실시되는데, 하나는 교직과목을 이수해야 하고요, 또 하나는 전문교과에 대한 이수가 필요해요. 예를 들면, 수학교육과의 경우에는 수학과 관련된 교과지식뿐 아니라 수학 교사로서의 기본적인 소양을 함양하기 위한 교과목이 있어야 하는데, 그것이 교직과목의 형태로 존재해요. 교직과목에는 일곱 개의 공통교과가 있고, 또 교직소양, 교직실무, 교육실습 과목들이 있습니다. 그런데 일곱 개의 교직과목 안에는 현재 <생활지도 및 상담>이 필수과목으로 들어가 있지 않습니다. 그리고 그 내용에 있어서도 진로교육이라는 교과목은 아예 설강조차 되어있지 않아요. 그리고 약간 그와 유사한 과목으로 <학교폭력의 예방과 대책>, <학교폭력 이론과 기법>과 같은 과목들이 필수과목으로 있지만 이것은 몇 년 전 학폭으로 인한 피해자가 늘어나면서 교육부에서 긴급하게 필수교과목으로 설강하라는 어떤 지시 또는 권고로 의해서 만들어진 것이기 때문에 그 안에서 진로교육을 다루기에는 현실적으로 어렵고요. 그런데 실제 현장을 보면, 이렇게 어렵게 예비교사 교육을 받고 또 임용고시를 통과해서 신임 교사가 되신 분들한테 설문을 돌려서, "선생님들이 현재 교육 현장에서 가장 어려운 게 뭐냐"라고 질문을 하면, 가장 많이 이야기되는 것이 "상담이 너무 어렵다"입니다. 상담은 여러 가지가 있죠. 학

생 대상 상담도 있을 것이고, 학부모 상담도 있을 것이고, 또 요즘은 진
로교육에 대한 요구가 많기 때문에 "진로교육, 체험 활동, 이런 거 너무
어렵다. 난 배운 적이 없는데, 이걸 갑자기 오자마자 하라고 하니 이 부
분에 대해서 내가 너무 무기력하게 느낀다." 이런 내용들이 요구사항으
로 대두되고 있습니다."

진로교육과 관련하여 현장의 교사들이 느끼는 어려움과 진로교육 역
량에 대한 현장 교사들의 요구가 함께 드러나는 답변이었다. 이러한 현
실적인 어려움에 이어 김하늬 위원은 정책적 쟁점에 관한 질문으로 파
고들었다. 이에 손 교수는 진로교육 정책을 둘러싼 쟁점들이 교원이라
는 인적 요인과 국가교육과정과 같은 제도적 요인을 중심으로 형성되고
있음을 구체적으로 전하였다.

김하늬 위원

"저희도 교사 연수를 진행하고 있는데요. 그러니까 저
희(유쓰망고)는 교사들을 대상으로 '실제 세상이 어떻게
돌아가고 있는지'를 알려주는 연수를 정말 많이 진행을
하는데요. 사실 답하게 느껴지는 부분도 많습니다. 방금
교수님께서 말씀하신 것처럼 '모든 교사가 진로교사라는
마음으로 통합적인 관점을 가져야 된다', '진로수업이 필수과정으로 되
어야 한다'는 것에 대해서는 충분히 공감을 하는데, 실제 무엇이 바뀌어
야 변화가 가능한 건지, 어떻게 제안을 해야 이게 실제 정책에 반영이
되는지, 또 다른 문제가 얽혀 있는지, 무엇이 bottleneck인지가 너무 궁
금해요. 저희 위원들 각자가 정책 전문가는 아니잖아요."

손은령 교수

"그렇죠. 정책 제언이 정책으로 된다는 보장은 없지만 지속적으로 요구는 해야 된다고 생각을 해요. 그리고 방금 김하늬 위원이 이야기하신 교사의 경험치도 굉장히 중요한 부분이에요. 현장에 있는 대부분 교사들은 첫 직장이 마지막 직장인 경우가 많아요. 직업 이동을 해 본 경험이 없는 거죠. 교사들이 굉장히 좋은 분들인데 시각으로는 좁을 수가 있어요. 그건 그분들의 문제가 아니에요. 삶 자체가 그럴 수밖에 없기 때문이죠. 그러면 다양한 교육과정을 통해서 이것을 체험하고 경험할 수 있어야 되는데, 교육과정이 유연하지 못합니다. 세상은 엄청나게 빠른 속도로 변화해 가는데 교사들이 그걸 따라갈 수 있지 못하는 거예요. 그것 또한 교사들 책임이 아니에요. 왜냐하면 행정적인 일들도 많고, 교육과정상 요구사항도 많고요. 실제적으로 지금은 요구사항 중 하나가 고교학점제죠. 학점제라는 또 굉장히 큰 변화를 또 맞이해야 되는데 과연 학교가 준비가 되었을까… 그렇게 쉽지 않은 얘기예요. 일종의 고교학점제는 뷔페식이라고 저는 생각을 하는데, 갑자기 누가 온다고 요리를 뷔페로 차려 놓으라면 갑자기 만들 수 있겠어요? 그게 쉽지 않다는 거죠. 그럼 학교현장에 교사 외 사람들이 들어가는 것은 쉬운가? 그것도 아니거든요. 작년같은 경우에는 고교학점제와 관련하여 교직과정 개편에 대한 논의들이 있었습니다. 교직과정의 개편에 진로교육이 들어갈 뻔도 했지만 엄청난 저항에 부딪혔습니다. 여러 교과의 권력 다툼도 있고, 학점제에 맞게 지금의 사범교육 체제를 전환하는 것이 가능한지에 관한 문제도 있고, 현재는 약간 공중에 떠 있는 형태인 것 같아요. 그런데 반드시 강조하고 싶은 것은 진로교육이라는 것이 꼭 직업교육이 아닙니다. 어떻게 보면 우리가 다양한 방식으로 나와 세상을 볼 수 있게 하고, 우리가 보지 않은 세상을 한 번 보려해 보고, 그것에 대해서 꿈을 꾸게 자극하는 교육이 진로교육이라고도 볼 수 있어요."

임승혁 위원과 김하늬 위원, 그리고 손은령 교수 사이에 오간 질문과 답변은 자연스럽게 이날 분과회의의 주제로 연결되었다. 손 교수가 공유했던 구체적인 논의 주제는 다음과 같다.

발제개요

학교 진로교육에서의 학교 및 교사 역할을 둘러싼 쟁점과 정책 방향

- **발제 개요**
  - 코로나 팬데믹 이전에도 진로교육의 변화가 필요하다는 논의는 풍성하게 이루어졌음.
  - 그러나 현재의 위기 상황을 경험하면서 포스트 코로나 시대의 진로교육을 선도해나갈 교사(진로전담교사) 교육의 부재 문제를 심각하게 고민해야 함.

- **논의사항**
  - 학교 진로교육의 활성화를 위한 교사양성과정 개선
  - 진로 전담교사 활용 방안의 개선
  - 진로교육에 관한 학교현장의 인식 개선
  - 학교 진로교육을 위한 지원체계 마련

미래교육위원들은 자신의 학창시절 경험과 현재 각 분야에서의 경험을 토대로 손 교수가 전한 각 사안에 자신의 생각을 피력하였다. 앞선 분과회의에서 학교 진로교육에 관한 기본적인 개념과 배경 지식을 공유한 만큼 이번 분과회의에서는 정책적 쟁점에 밀착된 논의가 전개되었다.

고교학점제 시대의 진로교육, 방점은 무엇인가?

미래교육위원들이 예비교사 양성과정에서 진로교육이 필수 교과목으로 강설되어야 한다는 데 의견을 모았으며, 이와 더불어 진로교육에 보다 총체적인 관점에서 접근해야 함을 강조하였다. 기존의 진로직업교육의 방법, 전략 등을 넘어서서 '삶의 태도와 철학에 대한 성찰'에 중점을 둔 진로교육이 필요하다는 것이다.

특히 '학생 주도형 맞춤형 교육과정'이라는 고교학점제의 본래 취지가 학교 현장에서 실현되기 위해서는 진로교육과 진로교사의 역할이 필수적임을 역설하였다. 보다 구체적으로는 고교학점제라는 새로운 체제에서 학생들이 입시에 유리한 과목만을 선택하기보다는 자신의 흥미와 관심사, 재능, 진로 등을 종합적으로 고려하여 과목을 선택할 수 있도록 용기를 북돋아 주고 안내해주는 역할, 학교 밖으로 삶의 반경을 넓혀주는 역할 등이 필요하다는 것이다.

그 밖에도 김하늬 위원은 고교학점제 체제에서는 개별 학생에 대한 정보를 수업(교과목)과 연결해줄 수 있는 전문적인 진로교사가 요구된다는 점을 설명하였다.

김하늬 위원

"사실 저는 개인적으로 고교학점제에 기대를 많이 하고 있는데요, 손 교수님께서 말씀하신 것처럼, 과목 선택에 대한 적절한 가이드가 주어지고 학생들이 관심사를 기반으로 과목을 선택하면, 과목에 대한 집중도도 높아질 것으로 생각하고 있어요. 그런데 제가 듣기론 사실상 학생들이 다양한 관심사가 있다고 해도 그 과목을 선택하기보다는 이미 대학에서 원하는 국영수사과 등 주요 과목들이나 입시에 유리한 것만 선택하지 않겠냐는 그런 우려가 많은 것 같더라고요. 그래서 진로교육에 있어서도 삶의 태도와 철학을 전해줄 수 있는 멘토들의 역할도 중요하지만 뭔가 개별 학생을 파악하고 있는 그런 전문교사가 있다면 좋을 것 같아요. 학생에 대한 개별 프로파일이라고 해야 될까요, 그 학생에 대한 세세한 정보를 알아서 그 학생의 공부와 수업과 접점을 찾아줄 수 있는 누군가가 필요한 거죠. 그런 점에서 이 두 개(진로에 대한 교육, 진로를 위한 교육)가 같이 가야 되지 않을까 하는 생각을 하게 되었습니다."

나아가 담임교사와 교과교사, 진로교사, 학부모 간의 협업체계가 학생 중심의 맞춤형 교육과정을 실현하기 위한 인적 인프라의 토대가 되어야 함을 강조하였다.

김하늬 위원

"제가 미국에서 봤던 학교 사례들 중에서는 학기가 끝나고 교사와 학생, 학부모가 삼자대면을 해서 상담을 하더라고요. 한 학기 동안 내 학교생활이 어땠는지, 내 성장이 어땠는지를 학생이 발표하고, 이 학생의 성장에 어떻게 도움을 줄 수 있을 것인지 교사와 학부모가 서로 Q&A를 하는 시간을 갖더라고요. 그런 식으로 발현이 될 수도 있고, 학부모 상담 주간을 활용해서도 서로 간의 협업이 가능하지 않을까라는 생각을 해보게 되었습니다."

이처럼 교내 모든 학생들을 대상으로 한 IEP(개별화 프로그램)를 현실화하는 방안 이외에도 ① 개별 학생 혹은 학생 집단을 중심으로 공통의 관심사를 지닌 교사들이 모여 교사학습공동체를 운영하는 방안, ② 국가교육과정상에 '진로–교과 통합 교육과정'을 편성, 운영하도록 제시하는 방안 등이 제안되었다. 마지막으로 안서형 위원은 진로교사와 진로교육이 고교학점제를 둘러싸고 지적되는 한계들(예를 들면, 학점제형 교육과정이 준비되지 않은 학생들에게 선택의 부담을 주거나 역효과를 가지고 올 수 있다는 점)을 극복해 나가는 데 중요한 역할을 담당할 수 있을 것이라는 기대를 전했다.

"제 학창 시절에도 고교학점제라는 제도가 있었으면 전 너무나 잘 활용할 수 있겠다는 생각이 들었어요. 그런데 고교학점제가 누구에게는 좋은 기회가 될 수 있겠지만, 또 많은 학생들은 조금 전에 비유하신 것처럼 뷔페가 아니라 코스를 더 선호할 수 있겠다는 생각이 들어서 마냥 좋게만 보기는 어렵겠다는 생각도 해보았고

안서형 위원

요. 이런 점에서 본다면 고교학점제 체제에 있어 진로교육과 진로교사의 역할이 더 중요해질 것이라는 생각이 듭니다."

진로교육을 위한 멘토풀(pool)의 구축과 운영

앞선 분과회의에서는 진로교육의 학교 밖 주체인 외부인사와 지역사회 유관기관이 보다 적극적, 체계적으로 참여하기 위해 학교 혹은 지역사회를 중심으로 멘토풀(pool)을 구축하고 운영할 필요가 있다는 점이 제안되었다. 이번 분과회의에서는 이와 같은 멘토풀(pool)을 구축하는 경우 풀(pool)에 등록된 교강사들에 대한 연수를 의무화할 필요가 있으며, 이러한 연수과정에서 진로교육 및 수업 사례 방법 및 전략에 관한 내용이 함께 다루어질 필요가 있다는 점이 제안되었다. 더불어, 멘토풀(pool) 운영을 위한 플랫폼을 구축하여 진로교육 대상 학교의 전반적인 맥락과 학생 특성, 진로교육 현황 등에 대한 정보를 멘토들이 공유할 수 있도록 함으로써 진로교육의 계열성(sequence)을 확보할 필요가 있

음을 전하였다. 멘토풀(pool)의 필요성과 구체적인 운영 방안에 관한 아이디어는 지한별 위원의 발언을 통해 보다 구체적으로 들여다 볼 수 있다. 화이트해커이자 중고등학생들의 멘토로서 다수의 진로특강에 참여해 온 경험에 바탕을 둔 실질적인 제안이었다.

지한별 위원

"저 같은 경우에는 대학교 추진사업으로 고등학교 영재교육원을 운영한다든가 정보 보안에 관한 진로특강에서 강사를 몇 번 해본 적이 있어요. 그 때 주로는 기술을 가르치는 역할을 했었고, 진로를 함께 가르치기도 했었죠. 그리고 일반학교의 동아리 선생님들이 개인적으로 연락을 주셔서 특강 형식으로 참여한 경우도 있었고, 지인 추천으로 특강을 하게 되는 경우도 있었는데요. 사실 이게 저도 여러 군데에서 해보긴 했지만, 한두 번 하기에는 조금 아쉬운 게 많이 있더라고요. 그런데 학교마다 상황이 다르다보니깐, 어떤 학교는 1년 내내 한 학교도 있었고, 어떤 학교는 한두 번에 끝난 학교도 있어요. 뭔가 통합적으로 또는 체계적으로 운영되는 그런 것이 있었으면 좋겠다는 생각이 들었어요. 전국 단위는 아니더라도, 시별로 진로교육 멘토링에 대한 규정 등을 만들어서 저희 같은 외부 전문가들이 등록을 하면, 한두 시간이라도 특강 대상 학교에 대해서 미리 배우고 알아보는 시간이 필요할 것 같거든요. 왜냐하면 강의를 하면서 느낀 것이 '이 친구들이 지금 어떤 과목을 어떤 식으로 배우고 있는 건지', '진로교육은 있었는지, 있었다면 어디까지 다룬 건지', '동아리는 어떻게 운영되고 있는 건지', 이런 것들을 하나도 모르는 상태에서 진공상태로 가다 보니까, 조금 처음에는 뭘 해야 될지 잘 모르겠더라고요. 지난번에도 멘토풀(pool)이라는 것도 말씀해 주셨는데, 만약에 정말 멘토풀이 만들어진다면 그 멘토풀에 있는 전문가들에게는 최소 1년에 한두 시간이라도 대상 학교들의 실상과 현황 같은 것들을 알려 주신다면, 서로 좀 더 가치 있는 교육을 하는 데 도움이 되지 않을까 생각이 듭니다."

지역사회 연계 진로교육의 가능성과 한계

앞선 분과회의에서 김하늬 위원은 학생들의 학교 밖 현장 체험을 학교 내 교육과정과 긴밀히 연결한 사례로서 매트스쿨의 사례를 소개하였다. 이번 분과회의에서는 이처럼 학교와 기업, 혹은 학교와 지역사회 유관기관을 연계한 진로교육이 우리나라의 맥락에서 어떠한 가능성과 한계를 지니고 있는지에 대한 대화가 전개되었다. 김하늬 위원과 손은령 교수의 대화를 통해 들여다보면 다음과 같다.

김하늬 위원

"매트스쿨은 1980년대 미국에서 공교육 실험으로 시작된 학교인데요. 일주일에 이틀은 인턴십 활동으로 학교 밖으로 나가서 직업 현장에서 배웁니다. 중요한 것은 현장체험으로 끝나는 것이 아니라 실제 그 현장에서 내 관심사가 생기면, 그걸 가지고 개인 프로젝트를 기획해요. 그리고 다시 학교로 돌아와서 이 프로젝트를 내가 잘하려면 어떤 지식이 필요한지, 그러니까 교과지식이 그 다음에 붙는 형식이에요. 이 학교 모델이 성공을 거둔 후에는 '빅픽처 러닝'이라는 비영리단체 학교 네트워크가 생겨서, 미국 전역에 약 75개 학교가 지금 이 모델을 사용하고 있고, 계속 확산해가고 있습니다. 저희 단체(유쓰망고)와도 연결이 있고요. 저희는 이 모델이 너무 부러워서 우리나라에서도 이걸 도입해 보고 싶은데 여러 어려움들이 많아요. 우리나라에서도 대안학교들이 나름 인턴십 프로그램을 하기는 하죠. 그런데 일반계 고등학교에서는 거의 전무하죠. 일반계 고등학교 학생들은 사실상 대부분 사무직이나 회사를 어쨌든 취직을 하는데, 그 안에서도 직무적으로 굉장히 다양하잖아요. 그런 점에서 볼 때, 고추장 만들기처럼 '일회성 체험', '체험을 위한 체험'이 아니라, 정말 회사에서 어떤 일을 하는지 그러한 일의 경험을 인문계 일반 학교와 매칭해줄 필요가 있다고 봐요. 사실 저희가 올해 시도를 하고 있고요. 그런데 한계점은 그게 학교 수업으로 인정이 안 된다는 거죠. 어쨌든 그게 하나의 방과 후나 선택형, 방학에 참여하는 것이라 수업으로 인정이 안 된다는 게, 다른 말로는 학교에 생기부에 적을 수 있는 내용으로 이점이 떨어진다는 게 가장 큰 한계점이라는 생각이 듭니다. 고교학점제가 되면 이렇게 지역 기반의 회사에서 실제 일을 한 경험을 프로젝트로, 그리고 내 관심사로 확대해서 내가 하는 일의 맥락을 만들어내는 시스템이 구축되면 좋을 것 같아요. 그렇게 해서 내 개인 프로젝트를 기획하고 해본 경험이 교육과정으로 인정이 되는 제도가 생기면 좋겠다고 생각합니다. 그리고 또 한 가지 흥미로운 것은 회사도 이 인턴으로부터 얻는 게 있는 거예요. 예를 들면 회사가 10대랑 같이 기획을 해보는 프로젝트를 진행을 하는 거죠. 그런 과정에서 학생이 단순히 일만 배우는 게 아니라 주체적으로 내 의견을 내보고, 회사에서 그 프로젝트를 같이 협업하는 경험을 할 수 있는 프로그램. 저희가 지금 만들고 있는데요, 실제 스타트업이나 그런 다양한 조직들에서 멘토로 신청을 하셨거든요. 지역 사회에 있는 이런 양질의 기업들과 같이 협업할 수 있는, 10대들이 참여할 수 있는, 그런 프로젝트들을 더 많이 저희는 모아서 매칭해주는 역할을 하고 싶은데… 하여튼 저희가 예산도 부족하고, 무엇보다 참여할 학교들을 모집하는 게 어려웠어요. 수업으로 인정이 안 되니까요. 그래서 그런 어려움들을 좀 어떻게 돌파할 수 있을까라는 고민을 하고 있습니다."

손은령 교수

"어려움이 분명히 있습니다. 최근에 저도 교육청에서 공문 하나를 받았어요. '고교 – 대학연계 원 클래스 운영 계약 공모계획', 이것을 우리 학교(충남대)에서도 해보면 어떨까 잠시 생각을 해보았는데, 이게 생기부의 창의적체험활동 진로영역의 세부 특기 사항란에만 입력이 가능하다는 거예요. 학생들한테는 메리트가 떨어지는 거죠. 학생들이 그 한 줄을 쓰려고 그 많은 일들을 한다? 안 하는 거죠. 대학도 그 한 줄 쓰게 하려고 이 많은 일들을 해야 하느냐, 그게 지금 한 3주째 제 방에 이 공문이 붙어있는 이유일 거예요. 이렇게 바쁜 와중에 이걸 과연 해야 할지 말아야 할지 고민이 되는 거죠. 김하늬 선생님이 이야기한 매트스쿨은 '열린 교육과정'처럼 학교 밖 교육과정이 학교 안으로 들어오고, 학교 안의 것이 밖을 또 움직이고, 서로 흐름이 유연하게 되는 시스템이 되었을 때 서로 상생이 되는데, 우리나라가 흐름이 생각보다 원활하지 않아요. 그래도 한편으로는 코로나로 인해서 학벌이라든지 서열이라든지 이런 것이 없어질 수 있는 계기도 되지 않을까 생각합니다. 왜냐하면 좋은 대학을 가나 안 좋은 대학을 가나 사이버로 듣는 건 똑같은 상황이 되는 거죠. 그런 식으로 교육과정이 좀 더 오픈되어 있고, 그것이 좀 더 가능해지는 계기가 될 수도 있겠다는 기대가 있습니다. 그런 희망을 얘기하면서 저는 말을 맺어야 될 것 같아요."

학교 진로교육을 둘러싼 정책 현안 및 쟁점을 중심으로 전개된 이번 분과회의는 진로교육의 의미와 필요성을 논의했던 지난 분과회의와 비교했을 때보다 초첨화된, 그리고 조금은 긴장된 분위기 속에서 진행되었다. 가령, 지난 회의에서는 진로교육이 교직 필수이수과목으로 강설되어야 한다는 당위성을 주장하는 데 중점을 두었다면, 이번 분과회의에서는 어떻게, 무엇에 방점을 두고 강설이 되어야 하는지, 강설을 둘러싼 긴장과 갈등은 무엇인지에 대한 사안들이 함께 다루어졌다. 또한, 지난 분과회의에서 진로교육을 위한 멘토풀(pool) 구축이 필요하다는 점이 제안되었다면, 이번 분과회의에서는 멘토풀(pool)을 어떻게 구축하고, 관리해야 하는지, 이를 둘러싼 제도 및 행정상의 장벽은 무엇인지에 관한 현실적인 이야기들이 오갔다. 그 밖에도 고교학점제를 시행을 하게 된다면 여기에서의 진로교육은 어떠한 역할을 담당해야 하는지에 대한 구체적인 논의들이 전개되었다. 마지막으로, 진로교육의 반경이 성공에서 성장으로, 성과에서 성찰로, 직업에서 삶으로 확장되어야 한다는 공감과 함께 학교 진로교육 정책에 관한 분과회의의 막을 내렸다.

"마음이 끌리는 대로, 일단 나아가라."
고산 에이팀벤처스 대표

우주인의 꿈을 품다

2006년 대한민국 최초의 우주인 선발 과정, 그 중심에는 '우주인 후보 고산'이 있었다. 새로운 것에 시도하는 것을 두려워하지 않고 오히려 더욱 즐겼던 그는 산악부 활동을 하며 고산에 등반하기도, 전국 복싱 대회에서 동메달을 수상하기도 했다. 그는 이에 대해 "우주인이 되려고 준비했던 것은 아니었는데 신기하게도 우주인 선발 때 다 도움이 되었다"라고 말했다.

그는 '과학 우주인'이 되기 위한 과정에서 기초 체력부터 IQ 테스트 까지 다양한 시험을 치렀다. 그리고 수많은 노력 끝에 그는 최종 1인으로 선정되었다. '내가 배운 과학기술로 세상에 좋은 일을 하고 싶다'는 순수한 마음이 통했던 것일까. 그렇게 그는 인간에게 허락되지 않았던 미지의 영역, 우주로 나아갈 기회를 얻게 되었다.

고산에게 우주는 지구 밖에만 있는 것이 아니다

러시아에서의 1년, 그는 우주로 가기 위한 준비에 여념이 없었다. 그러나 안타깝게도 발사를 앞두고 자료에 대한 규정 위반 문제가 불거졌고, 결국 우주인 최종 선발에는 이르지 못했다. 자신의 의지와 무관하게 벌어졌던 사건에도 불구하고 그는 오히려 "이러한 경험을 통해 한국인으로서의 정체성을 확립하게 되었다"라고 말했다.

자신이 얻은 값진 경험을 한국 사회에 환원하겠다는 결심으로, 그는 귀국 후 어린아이들에게 우주에 대한 꿈을 키워주기 위한 강연을 시작했다. 이후 과학기술 정책 분야에 관심을 두게 된 그는 대학원에 입학하고자 했고, 대학원 입학 이전 그의 삶에 지대한 영향을 끼친 한 프로그램에 참여하게 되었다.

"여기서 당신들이 10주 동안 해야 할 일은 10년 안에 10억 명 이상의 사람들에게 좋은 영향을 미칠 수 있는 제품 혹은 서비스를 개발하는 것입니다." 싱귤래리티 대학교에서 진행되었던 10주간의 창업자 교육은 그에게 새로운 관점을 제시해주었다. 한정된 자원 속에서 무언가 쟁취하기 위해 서로 경쟁했던 한국에서의 경험과 대조적으로, 무한히 열려 있는 미래에 내가 스스로 개척하여 새롭게 만들어 낼 수 있는 것들에 대해 경험하게 된 것이다.

Chapter 02 미래사회와 미래인재를 위한 교육정책

사람들의 상상력을 자유롭게 하고 싶다

2011년, 미국에서의 경험을 토대로 그는 '타이드인스티튜트'라는 비영리 단체를 설립했다. '타이드인스티튜트'는 창업자를 위한 다양한 교육 프로그램들을 제공하고, 메이커 스페이스 및 글로벌 네트워크의 구축을 이어나가며 현재까지도 꾸준한 성장세를 보이고 있다. '혁신적인 교육으로 스스로 선도하는 미래를 만든다'라는 단체의 미션에서 그의 신념을 엿볼 수 있기도 하다.

"내가 사회에 무엇을 환원할 수 있는가?"에 대한 가슴 속 물음에 대하여 그는 "세상을 바꾸는 젊은 창업가들을 돕겠다"라고 답했다. 미래를 예측하는 가장 좋은 방법은 바로 그 미래를 만드는 것이라는 그의 신념이 그로 하여금 미래를 만드는 여정을 돕는 마스터가 되게 한 것이다.

나의 비전을 세상에 투영시키다

이후 타이드인스티튜트를 통해 여러 창업자를 만나며, 그는 새로운 관점으로 창업을 바라보게 된다. 이전에는 창업을 돈을 위한 수단으로만 여겼던 것에 반해, 창업이 '자신의 시각과 비전을 세상에 투영시키는 도구'라는 것을 깨닫게 된 것이다. 그렇게 그는 창업을 통해 직접 세상을 바꿔나가고자 했다.

제조 기반을 바탕으로 한 글로벌 플랫폼 구축의 시작으로, 그는 '3D 프린터' 개발에 뛰어들었다. 산업계의 혁신이 가속화되면서 개인의 취향에 따른 맞춤형 제품을 직접 만들 수 있게 되었다는 아이디어에서 출발한 창업이었다. '에이팀벤쳐스'를 중심으로 그는 3D 프린터의 제작, 판매, 관련 웹 서비스 개발 등을 주도하며 오늘도 세상을 바꿔나가고 있다.

나의 꿈은 여전히 물음표다

"꼭 지금 당장 자기 가슴 속에 엄청나게 대단한 꿈이 없다고 하더라도 삶에서 새로운 방향성을 잡아나갈 때 '왠지 모르지만 끌리는 것'을 향해 한 발 내디뎌 보는 게 중요하다고 생각합니다. 조금이라도 가치 있다고 생각하는 그곳으로 한 번 나아가기 시작하면, 한 발짝 한 발짝 계속 새로운 풍경들을 마주하게 되고 그래서 그다음 스텝을 만들게 하는 그런 원동력이 될 수도 있는 것 같습니다. 그래서 꿈을 엄청나게 가져야 한다는 부담감이 있지 않아도 괜찮은 것 같습니다. 한 걸음씩 나가다 보면 그게 곧 내가 삶을 만들어가는 것이고 굉장히 크게 의미가 만들어질 수도 있는 거라고 생각합니다."

5년 뒤 자신의 미래를 알 수 없다는 깨달음. 다이나믹한 삶을 통해 그가 얻게 된 값진 통찰이다. 그는 삶에서 새로운 방향성을 잡아나갈 때 모든 것을 논리적으로 분석해서 진행할 수는 없다고 말하며, '더 끌리는 쪽으로 한 발 내딛어보는 것'의 중요성을 강조한다.

앉아서 생각만 하는 것이 아니다. 그저 달려가는 것이다. 내 안에서의 어떤 말, 혹은 밖에 있는 무언가가 내게 건네는 말들. 그리고 '난 이걸 지키고 싶어'라고 하는 것이 되는 순간 그 가치가 바로 우리를 앞으로 더 나가게 하는 큰 원동력이 된다고 그는 말하고 있다.

미지의 영역을 두려워하지 말고, 동경하라. 그 미지의 영역이 남아있음에 기뻐하라. 우리의 꿈은 아직 정해져 있지 않다. "주어진 문제에만 매달릴 것인가, 스스로 문제를 만드는 사람이 될 것인가?"

미래교육을 위한 정책 방향 및 과제

그림 2-11 미래교육의 비전에 따른 교육정책의 방향 및 과제1

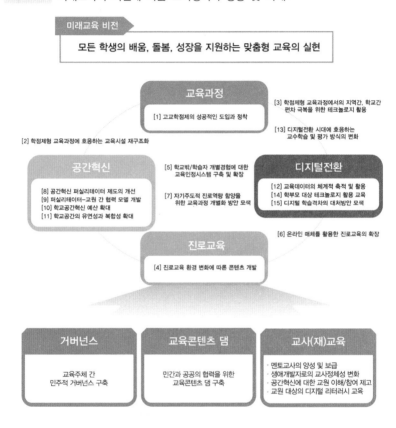

---

1 미래교육위원회 정책연구진은 2020년 총 8회에 걸쳐 진행된 정책분과회의 내용을
질적 연구의 방법과 절차에 따라 체계적으로 분석한 후, 그 결과를 토대로 미래교육
을 위한 교육정책의 방향과 향후 과제를 도출하였다. 자료 분석 과정을 보다 구체적
으로 설명하면 다음과 같다. 먼저, 4개 분과(교육과정, 공간혁신, 디지털 전환, 진로

미래사회의 불확실성과 초연결성, 기술공존, 탈표준화 등에 능동적으로 대처하며 미래사회를 주도적으로 이끌어갈 인재를 양성하기 위해 '모든 학생의 배움과 성장을 지원하는 맞춤형 교육'이 필요하다. 이와 같은 미래교육의 비전을 실현하기 위해 필요한 정책방향을 '교육과정', '공간혁신', '디지털 전환', '진로교육' 등 네 개 분야의 17대 정책과제로 제시하면 [그림 2-11]과 같다.

미래교육 비전
: 모든 학생의 배움, 돌봄, 성장을 지원하는 맞춤형 교육의 실현

미래교육을 정의할 때 4차 산업혁명이나 AI의 발전 등과 같은 미래사회 변동요인과 함께 시민성, 인성, 인간중심사회 등 시대와 관계없이 중요한 사안들이 균형적으로 인식되어야 할 필요가 있다. 실제 미래교육위원들과 교육전문가(대학교수 및 전문연구원)들이 함께 머리를 맞대고 논의한 8차례의 기나긴 교육정책 분과회의에서는 '인간', '배움', '돌봄', '성장' 등과 같은 단어들이 키워드로 도출되었다. 정보와 기술의 혁신에 관한 열띤 논의가 이어진 이후에도 위원들이 바라는 미래교육은 마치 도돌이표처럼 '학습에 대한 집중(배움)', '타인에 대한 배려와 나눔(돌

교육)를 초기 범주로 설정하고, 각 분과의 회의내용을 분석하여 다양한 수준의 의미군을 형성하였다. 다음으로, 분과 간 연계와 통합을 통해 분과별로 도출된 의미군을 범주화하고, 범주 간의 연결을 시도하였다. 이를 통해 각 분과에서 제안된 정책방향 및 과제들이 미래교육이라는 보다 넓은 맥락에서 연결할 수 있었다. 그 밖에도 미래교육위원들의 개인수기 및 동영상(나우미래)을 추가 자료원으로 활용하였다. 개인수기에 드러난 위원들의 삶과 경험은 이들이 동영상을 통해 전달한 다양한 의견들과 함께, 분과회의에서 제안된 내용을 보다 심층적, 맥락적으로 이해할 수 있도록 도왔다.

봄)', '결과 중심의 경쟁보다는 과정 중심의 질적 변화(성장)'와 같은 '변하지 않는 가치들'로 되돌아왔다. 결국 미래교육의 초점은 이러한 오랜 가치들의 '변화'보다 '실현'에 있다는 것이다. 이러한 가치들은 미래사회의 기술을 유용한 도구(수단)로 활용하여 '모든 학생을 위한 맞춤형 교육'을 구현함으로써 '실현된 가치'로 전환될 것이며, 그러한 전환이 교육혁신이자 미래교육으로 정의될 수 있다.

교육과정: 다양성을 발굴하고 길러주는 학교교육과정

미래사회의 중요한 이슈 중 하나는 현재 통용되는 성공의 기준이나 관점이 미래사회의 성공을 보장하지 않는다는 것이다. 성공에 이르는 길 또한 기존의 천편일률적인 방식에서 벗어나 다채로워질 것이며, 결과적으로 성공이라는 개념 자체가 해체되고 성장 개념에 대한 집중도가 높아질 것이다. 이와 같은 사회적, 철학적 흐름은 미래의 학생들이 현재 존재하지 않는 직업을 갖게 될 확률도 매우 높다는 점을 암시한다. 따라서 공부뿐 아니라 다른 분야에서도 역량을 발휘할 수 있도록 학생들의 다양한 재능을 발굴하고 길러줄 수 있는 교육이 필요하다.

공간혁신: 교육주체가 함께 참여하는 유연하고 다양한 학교 공간혁신

학교공간의 물리적인 재구조화를 넘어 공간혁신 과정 자체가 학교교육과정의 일부로서 도입, 정착될 필요가 있다. 이를 위해서는 교육부 및 시도교육청 주도의 학교공간혁신 프로젝트에서 건축가와 시공사가 중심이 되는 현재 상황을 개선하기 위한 정책 마련이 시급하다. 지역 및 학교 특성, 교육 주체들의 요구를 중심으로 학교공간을 개선해나가기 위해 단위학교, 교사 및 학생에게 학교공간혁신에 대한 자율성을 확대할 필요가 있는 것이다. 학교나 교실 단위로 실험적인 공간혁신을 시도할 수 있도록 지원하기 위해서는 공간혁신을 둘러싼 정책적 유연성을 확대해나가기 위한 정책과제들이 도출될 필요가 있을 것이다. 그 밖에도, 수업혁신을 위한 획기적인 공간 변화의 관점에서 학교공간혁신에 접근할 필요가 있다. 더욱 혁신적이고 실험적인 학교공간혁신을 창안하기 위해서는 소규모 학교 혹은 특정 기준 이하의 예산 범위에서 추진되는 학교공간혁신 프로젝트의 경우 단위학교와 교사 및 학생에게 더 큰 자율성을 부여하는 방안도 고려해볼 수 있다. 학교 밖 공유오피스를 대여하거나, '나라장터'를 거치지 않고 필요한 물품을 구매하거나, 컨테이너와 같은 다용도 구조물을 운동장에 설립하는 등 단위학교와 학생의 요구를 반영한 다양한 공간혁신 방안을 고민하고 그 가능성을 탐색할 필요가 있다.

디지털전환
: 미래인재의 다양함을 포용하는 하드웨어와 소프트웨어의 전방위적 활용

디지털전환 시대의 교육에서 무엇보다 우선적으로 염두에 두어야 할 점은 인재상의 변화이다. 천편일률적인 성공의 룰이 적용되었던 과거와는 달리 미래에는 더욱 다양한 루트를 통해 다양한 분야에서 성공을 거두는 인재들이 나타날 것으로 전망된다. 이러한 변화는 이미 시작되었다. 스타트업 대표, 유명 유튜버, 웹툰 작가 등 여러 영역에서 뛰어난 역량을 보이는 성공 사례들이 이를 반증한다. 다양한 인재상에 감응하는(responsive) 방식으로 학생들의 재능을 발굴하고 키워줄 수 있는 과정과 기회가 공교육에서 제공될 필요가 있다. 이러한 과정에서 '교육콘텐츠 댐'이나 인공지능 기반의 맞춤형 데이터 등과 같은 테크놀로지가 유용하게 활용될 수 있다. 그럼에도 불구하고 현재 공교육에서의 테크놀로지 활용 양태를 살펴보면 주로 하드웨어 측면에 집중되어 있는 경향이 있다. 현재 교육계 밖의 여러 분야에서 이미 구축된 인프라를 기반으로 다양한 테크놀로지를 활발하게 활용되고 있는 것과 대조적이다. 교육에서의 디지털전환 문제는 교육계 주도의 새로운 디지털 테크놀로지의 개발이 아니라는 점을 상기할 필요가 있다. 일상생활에서 이미 활용 중인 테크놀로지와 인프라를 교육 현장에 연계시키는 것이 중요하다는 것이다. 특히 에듀테크 분야는 산업계에서 기술력에 기반하여 먼저 만들어진 것이므로 어떠한 기술을 어떻게 교육시스템에 연결시킬 수 있을 것인지에 대한 논의가 정책 수준에서 더욱 집중적으로 진행되어야 한다.

진로교육
: 자기주도성을 기반으로 삶의 궤적을 함께 그려가는 학교진로교육

미래사회는 과거와는 달리 미래를 위한 설계, 직업이나 진학을 위한 계획 수립이 무의미해진 불확실성의 시대, 예측불가능의 시대라고 할 수 있다. 이에 따라 진학이나 직업을 목표로 하는 직업탐색 중심의 성공지향적 진로교육의 의미가 퇴색해가는 실정이다. 이러한 맥락에서 볼 때 현재와 미래사회에 필요한 진로교육은 평생교육 관점에서 재정의될 필요가 있다. 즉, 배움의 가치와 즐거움을 인식하고, 현재를 향유하며 살아가는 자기주도적 인간을 길러내는 교육으로서의 전환이 필요한 것이다. 삶에 대한 안목과 가치관, 삶의 태도와 방식, 삶의 힘을 기르는 교육이 진로교육의 핵심이 되어야 할 것이다.

미래교육을 위한 15대 정책 과제

[1] 고교학점제의 성공적인 도입과 정착을 위한 과제들

첫째, 공통교육과정을 마치는 시점을 고교 1학년 1학기 혹은 2학기로 일원화하는 경우, 실행상의 여러 어려움이 파생될 수 있다. 따라서 선택교육과정 시작시기를 고교 1학년 1학기로 할 것인지, 2학기로 할 것인지, 혹은 학생마다 시작 시기를 달리하도록 할 것인지에 관한 의사결정이 학교 수준에서 진행되도록 권장할 필요가 있다. 둘째, 학점제는 학습의 결과에 대한 학생 책무성이 크게 작용하는 제도이기 때문에 자기주도적 학습 역량이 낮은 학생들에게는 불리한 제도가 될 수 있다. 초등학교, 중학교 시기부터 학생 개개인의 자기주도역량을 함양하기 교육적접근이 필요하다. 또한, 미이수/재이수 교과목의 원활한 운영을 위해서는 지역사회의 지원과 학교 간 연계가 활성화될 필요가 있다. 셋째, 단위학교 교육과정의 질과 다양성을 높이는 것을 우선 추진하되, 이를 보완하는 대안으로 공동 교육과정, 온라인 교육과정 등을 활용할 수 있는 방안이 추진되어야 한다. 넷째, 학급제가 약화됨에 따라 나타날 수 있는 교우관계나 생활지도 상의 문제는 학습공동체 의미의 재정의와 수업방식을 통해 충분히 극복될 수 있을 것으로 보인다. 고교학점제를 통해 '학급'의 의미가 '공통의 관심사를 기반으로 구성되어 함께 소통하고 협동하는 학습공동체'라는 의미로 전환되고, 이에 대한 학생과 교사의 인식이 확산될 필요가 있다. 이와 더불어, 협동학습, 협력적 프로젝트 등과 같은 수업 방식은 고교학점제에 적합한 수업 방식으로서 커다란 의의를 지닐 뿐 아니라, 교우관계와 생활지도에 있어서도 긍정적인 영향을 줄 것으로 기대된다.

[2] 학점제형 교육과정에 호응하는 학교시설 재구조화

학교공간을 고교학점제 운영에 적합한 방식으로 재구조화하는 것(예: 사물함, 학습 및 휴게 공간, 교실 간 이동을 고려한 동선 등)은 학점제 시행에 앞서 모든 학교에 기본적으로 갖추어져야 하는 기본적인 사항이다. 학점제에 호응하는 학교공간 조성을 위한 정책 및 행·재정적 지원이 필요하다.

[3] 학점제형 교육과정에서의 지역간, 학교간 편차 극복을 위한 테크놀로지 활용

고교학점제의 실행에 있어서 지역간, 학교간 편차를 극복하기 위한 노력이 병행되어야 한다. 낙후된 학교의 시설과 환경을 개선하고, 온라인 교육과정에 적합한 시설을 갖추어 주어야 할 것이다. 특히 규모가 작은 학교들을 위하여 다양한 온라인 교육과정을 개발하고, 학교간 교육과정 협력을 적극 추진할 필요가 있다.

[4] 진로교육 환경 변화에 따른 새로운 콘텐츠 개발

진로교육의 변화된 지향점에 따라 진로교육의 환경 및 컨텐츠가 변화될 필요가 있다. 학생들이 다양성과 유연성을 기반으로 세상을 이해하고, 시행착오를 지지하고 격려하는 환경 속에서 성찰적 활동에 참여할 수 있도록 진로교육 환경의 변화와 컨텐츠 개발이 요청된다.

[5] 학교 밖 교육 혹은 학습자 개별경험에 대한 교육인정시스템 구축 및 확장

변화된 사회문화적 구조들은 학교와 삶의 괴리를 좁혀나가기를 끊임없이 요구하고 있다. 학교와 삶의 괴리가 클수록 학생들의 배움의 가치와 기쁨은 줄어들 수밖에 없고, 학교의 효용성이 떨어질 수밖에 없다. 이러한 점에서 미래학교는 지역사회 공동체로서 학습자들의 삶과 밀착된 의미 있는 교육의 장이 될 필요가 있다. 그러나 경험의 다양성만으로는 학생들의 성장을 담보할 수 없을 것이다. 학교 밖 경험과 교과 활동의 순환적 프로그램 설계를 통해 학생들의 인턴십 프로그램을 성공적으로 만들어 낸 해외 여러 사례(예: 미국의 매트스쿨)를 참고하여 우리 교육에서도 보다 실질적인 교육인증시스템의 확장을 추구할 필요가 있다.

[6] 온라인 매체를 활용한 진로교육의 확장

코로나 이후 온라인 매체의 활용이 활성화됨에 따라 학교 현장에서도 이를 활용할 수 있는 가능성이 확대되었다. 이는 진로교육에 있어서도 시공간적 제약으로 한계가 있었던 다양한 멘토와의 만남, 다양한 개인들의 삶의 내러티브 경험에 접근 등이 온라인 매체의 활용을 통해 확장될 수 있음을 의미한다. 지금까지 컨텐츠 제공 수준에 머물렀던 진로교육 방식이 온라인 매체 등을 활용하여 '만남'과 '네트워킹'을 확장하는 진로교육으로 고도화될 필요가 있다.

[7] 고교학점제 시대, 자기주도적 진로역량 함양을 위한 교육과정 개별화 방안 모색

최근 고교학점제로의 변화는 학습자로 하여금 자신의 진로에 대해 성찰하고 이에 적절한 교육과정을 선택하고 학습해야 하는 학습 주도성을 요구하고 있다. 변화하는 사회에서 학습자의 주도성은 여러 가지 맥락에서 가장 중요한 역량이 되었다고 할 수 있다. 뿐만 아니라, 대학의 중요성이 과거보다 약화되어 가고 있음에 따라 학생들은 고교 졸업 이후 비진학의 선택을 하는 경우도 많아졌다는 점에서 고교단계에서의 학습자 자율성과 주도성은 보다 강조될 필요가 있다. 이러한 원리를 실현하기 위해서는 학생 개개인을 중심으로 한 카운슬링과 범교과, 범기관 연계 등이 필요할 것이다.

[8] 공간혁신 퍼실리테이터 제도의 개선

현재 학교 공간혁신 퍼실리테이터에게 기대하는 역할과 역량에 비해 인센티브 및 업무진행 과정이 매력적이지 않다. 퍼실리테이터의 전문성을 적극적으로 활용하기 위해서 인건비 증액을 고려해야 하며, 동시에 전 단계에 퍼실리테이터의 일관된 개입을 요구할 필요가 있다. 이와 함께 퍼실리테이터가 감리 역할의 수행 가능성을 탐색할 필요가 있다. 이는 사업 초기부터 마무리 단계까지 퍼실리테이터가 단계적으로 대응할 수 있는 정책적 환경을 마련할 수 있다. 그 밖에도 지역 간에 존재하는 퍼실리테이터의 선발 기준과 공모 방식의 차이에 대한 분석이 요구되며, 지역간 편차를 줄이기 위한 정책적 고민이 필요하다.

[9] 공간혁신을 위한 퍼실리테이터-교원 간 협력 모델 개발

퍼실리테이터와 교사 간 상호협력을 증진시키기 위해 주체 간 의사소통 및 의사결정 방식에 대한 '중간 모델'을 다양하게 제시할 필요가 있다. 공간혁신 개발 및 실행에 대한 다양한 실제 사례를 공유함으로써 퍼실리테이터와 교원들이 서로 간의 협력 과정에서 발생할 수 있는 갈등에 대해 사전에 인지하고 예방할 수 있도록 지원하는 것이 필요하다. 공립학교 교원의 전보제도로 인해 발생할 수 있는 문제를 예방하기 위해 학교공간혁신 프로젝트를 담당하는 여러 명의 교원을 하나의 지원단으로 구성하는 방안을 고려해볼 수 있다.

[10] 학교공간혁신 예산 확대

다른 공공건축물과 비교했을 때, 학교의 단위 면적당 공사비가 현저히 낮기 때문에 교육 전문가와의 협업 제한, 질 낮은 마감, 실험적 공간혁신의 가능성 제한 등 여러 문제가 발생한다. 따라서 학교공간혁신을 위한 예산을 증액할 필요가 있다. 그밖에도 기존의 유휴 공간과 시설을 최대로 활용하며, 리모델링 및 신축 필요성에 대해 정확히 분석하고, 효율적으로 예산을 편성하는 등 양보다 질을 추구해야 할 필요가 있다.

[11] 학교공간의 유연성 및 복합성 확대

학교공간의 유연성과 복합성을 확대하면, 공간의 효율성을 높일 수 있다. 특히, 학교 건축은 오랜 기간 활용되는 건물이므로 학교 신축을 결정한다면 학생 수와 수업 방식에 따라 조절 가능한 다양한 형태의 크기와 교육 공간을 마련할 필요가 있다. 그 밖에도 공용공간의 가치에 주목할 필요가 있다. 공용공간은 학생의 주도성과 자율성을 강조하는 교육, 창의성을 촉진시키는 교육을 실천하기 위해 필요한 공간이다. 앞으로 도입될 고교학점제를 고려하면 공용공간의 필요성이 커질 수밖에 없다. 보다 근본적으로는 학생이 자신의 입장에서 학교 공간을 조절하고 변화시킬 수 있도록 학생에게 권리를 주는 것으로 공간혁신에 접근할 필요가 있다.

[12] 교육데이터의 체계적 축적 및 활용

교육 분야에서의 최신 테크놀로지 활용과 관련된 큰 장점 중 하나는 학생의 학습활동에 대해 다양한 데이터를 모을 수 있고 이를 바탕으로 교수자에게도 유용한 정보를 제공해 줄 수 있다는 것이다. 이는 기존에 한 명의 교수자가 다수의 학생에 대하여 단편적인 정보만을 수집할 수밖에 없었던 한계를 뛰어넘는 것이다. 교육데이터의 체계적인 축적과 적극적인 활용이 더욱 중요해질 것이며, 이를 위해서는 관련된 청사진이 먼저 제시되어야 할 필요가 있다.

[13] 디지털전환 시대에 호응하는 교수학습 및 평가 방식의 변화

향후 디지털 시대에서는 문제해결능력, 커뮤니케이션 능력, 창의적 사고 능력, 비판적 사고 능력 등과 같은 역량뿐 아니라 디지털 테크놀로지의 활용 및 발전 능력이 더욱 중시될 것이다. 따라서 기존과 같은 교수학습 활동, 시험성적에 의한 줄세우기식 평가에서 벗어나 디지털 전환의 시대에 부합하는 창의적, 학습자 참여 중심의 교수학습 방법과 이에 따른 평가방식의 변화가 정책적으로 이루어져야 할 것이다.

[14] 디지털전환 시대에 필요한 학부모 대상의 테크놀로지 활용 교육

학부모는 교육 현장에서 간과할 수 없는 또 하나의 주체이다. 그러나 기존의 테크놀로지 활용 교육 논의는 학교, 교사, 학생에 주로 초점을 맞추어 진행된 경향이 있다. 테크놀로지 활용에 따른 교수학습 방법, 환경, 평가 측면에서의 변화, 학습자 참여 중심 교육으로의 변화 등 디지털 전환시대 교육에 수반되는 여러 변화 및 영향에 대해 학부모들과 소통하고 고민할 수 있는 기회를 마련할 필요가 있다.

[15] 디지털 학습격차의 대처방안 모색

디지털 학습격차의 첫 번째 대처 방안은 출발선의 평등일 것이다. 가정 내 기기 보급, 인터넷 접근성 확보 등을 통한 인프라 측면에서의 접근성에 대한 평등이 우선적으로 이루어져야 할 필요가 있다. 더불어 학생들의 디지털리터러시, ICT 활용 능력, 자기주도적 학습능력 등을 향상시켜 줄 수 있도록 교육과정 및 내용, 방법 측면에서의 변화와 관련된 정책 및 행·재정적 지원이 수반되어야 할 것이다.

미래교육 정책과제 실행을 위한 지원체제 구축

교육주체 간 민주적 거버넌스 구축

미래 교육과정은 모든 아이들의 탁월성을 위한 학교교육을 요구하고 있다. 오늘날의 학생들은 미래를 대비하는 주체일 뿐만 아니라 미래사회를 주도하고 운영할 주체라는 점에서 볼 때 일부 학생이 아닌 모두의 탁월성을 길러주는 교육과정 프레임워크를 구축하는 것이 절실하다. 교육과정 거버넌스 이양 및 조정을 통해 지역 및 학교 수준 교육과정의 다양성을 확보함으로써 모든 학생을 위한 교육과정의 프레임워크를 구축할 수 있을 것이다.

민간과 공공의 협력을 위한 교육콘텐츠 댐의 구축

최근 사회에서 회자되는 '데이터 댐'의 개념을 교육 분야에도 들여올 필요가 있다. '교육콘텐츠 댐'을 구축하고 활용하기 위해서는 민간과 공공의 협력이 필수적이다. 콘텐츠의 생산과 활용, 관리를 위한 일은 민간에서 더욱 효율적으로 진행 가능하다는 점도 고려해볼 필요가 있다. 또한 학습자가 중심이 되는 수요자 중심의 마인드를 통해 민간이 개발한 콘텐츠, 툴 등을 수요자인 학생들이 선택할 수 있게 함으로써 해당 분야에서의 경쟁과 이를 통한 발전이 자연스럽게 이루어질 수 있을 것으로 기대된다. 민간과 공공 모두 각자 더 역량있는 분야를 맡아 진행함으로써 전체적인 시너지를 발휘할 수 있는 환경이 마련될 필요가 있다.

미래교육을 위한 교사(재)교육 개선

멘토교사의 양성 및 보급

학점제형 교육과정에서는 교과선택, 진로, 교우관계 및 학교생활 전반을 지원하기 위한 멘토교사의 역할이 중요하다. 이에 멘토교사의 양성 및 보급, 전문성 신장, 교사협업 등을 지원하기 위한 정책 기반이 마련되어야 할 것이다. 더불어, 이와 같은 사안은 진로교육 관련 정책과 맞물려 추진될 필요가 있다.

교사양성제도의 개혁을 통한 적극적 생애개발자로의 교사 정체성 변화

미래사회에서는 학교문화, 교육과정 운영 등에 있어서 유연성 추구를 위한 부단한 노력이 필요하다. 이러한 노력과 혁신은 사실상 교원양성 단계에서부터 시도되어야 할 것이다. 즉, 예비교사교육 과정에서부터 지식전달자로서의 교사 역할을 재고하고, 행복한 삶을 안내하는 조력자이자 학생들의 다양한 경험과 성찰을 연결지어줄 수 있는 안내자로서의 교사 역할이 강조되어야 할 필요가 있는 것이다. 실제 학교 현장에서 교사들이 겪는 어려움을 조사해보면 상담(학부모, 학생)의 어려움을 호소하는 경우가 많다. 이러한 문제를 해결하기 위한 차원에서도 교육과정 전문가인 동시에 진로상담 전문가로서의 교사 역량을 강화하는 방향으로 예비교사 양성과정의 교육과정이 개편될 필요가 있다.

공간혁신에 대한 교원의 이해 제고 및 적극적인 참여 촉진

교원들은 학교공간혁신사업이 추가적인 업무가 아닌, 교육 환경 및 교육의 질 제고를 위한 일임을 인식할 수 있어야 할 것이다. 교육부는 공간혁신사업에 참여한 단위학교의 교원들을 대상으로 사업의 목적과 내용에 대해 명확히 알리기 위한 집중적인 연수 기회를 제공할 필요가 있다. 학교공간혁신이 담당 교사만의 몫이 아니라 전체 학교구성원들의 일이라는 인식을 제고하고 보다 많은 학교구성원들의 참여를 촉진하기 위해서는 단위학교의 리더로서 학교장의 역할 또한 구체화될 필요가 있을 것이다.

교원 대상의 디지털 리터러시 교육

테크놀로지 활용, ICT 활용 연수로 대표되는 기존의 교원연수 프로그램은 시간 채우기식 원격연수로 인해 비효율적으로 운영되는 경우가 많았고, 이로 인해 실제 교육 현장에서의 적용 및 실천이 어렵다는 점이 현실적인 한계로 지적되어왔다. 기본적으로 교원에게 부과되는 수업 및 행정 업무가 존재하는 한, 교원연수의 효과성을 보장하기는 어려운 것이 현실이다. 따라서 테크놀로지 활용 교육을 위한 집중 트레이닝 프로그램 운영 등과 같이 현행 교원연수에서 벗어난 획기적 변화를 시도하는 것을 고려해볼 필요가 있다.

미래학교 시나리오

미래학교 시나리오

남궁인

태환은 자연스럽게 쏟아지는 아침 햇살에 눈을 떴다. 벽시계는 아침 여덟 시를 가리키고 있었다. 태환은 정신이 말끔했다. 왼쪽 손목의 투명한 밴드에 녹색 불이 들어와 있었다. 오늘 태환의 상태가 양호하다는 표시였다. 십 년 전 코로나19 팬데믹을 거쳐 보편화된 건강 정보 시스템이었다. 밴드의 정식 명칭은 '스마트 밴드'였지만 간편하게 다들 '투명 팔찌'라고 불렀다. 처음 학생들이 '투팔'이라고 줄여서 부른 것을 시작으로 지금은 모든 사람들이 '투팔'이라고 불렀다.

투팔은 손목에 차는 밴드 형태였다. 착용하면 밀착해서 손목에 딱 붙었다. 투명한 색감으로 착용시에도 티가 많이 나지 않았고 이물감도 거의 없었다. 몇 년 전부터 스마트폰을 대체해 사람들의 손목에 채워진 투팔은 근래 혁신적인 발전을 거듭했다. 전화, 문자, 인터넷, 화상통화 등 스마트폰의 모든 기능을 더 편리하게 계승한 뒤 최근 사용자와의 상호작용이 강화되고 있었다. 그중에 하나가 건강 관리 분야였다. 맥박, 체온, 혈압 등의 기초적인 상태는 물론 바이오 리듬과 감정 상태까지 자연스럽게 측정해서 피드백을 줄 수 있었다.

사람들은 지난 팬데믹을 성공적으로 극복했지만 언제든 다시 팬데믹이 찾아올 수 있다는 사실을 인지했다. 한 개인의 건강 상태는 집단 감염을 방지하기 위한 중요한 지표였다. 투팔은 감염 위험이 있으면 자동으로 중앙 건강관리 시스템에 정보를 전달했다. 사람들은 투팔에 빨간 불이 들어오면 몸 상태가 나아지거나 별도로 의사의 진단이 있을 때까지 타인과의 접촉을 줄였다. 회사원은 재택근무를 했고 학생이라면 학교에 등교하지 않고 온라인 수업을 들었다.

투팔은 건강 상태를 단순히 체크하는 일을 넘어 혈압과 혈당을 조절하거나 운동량이나 감정을 관리하는 등 사용자와 상호작용했다. 사용자가 우울한 일을 겪었을 때 행복감이 드는 뇌파가 나오도록 뇌를 자극하는 기능이 대표적이었다. 다만 감정을 조절하는 일은 사용자가 도움을 받고 싶다고 생각할 때만 작동했다. 근래는 수면 컨트롤 기능까지 생겼다. 학령기 청소년은 생리적으로 아침잠이 많았다. 하지만 미리 기상 시간을 입력하기만 하면 투팔은 기상 1시간 전부터 서서히 아주 약한 전기 신호 리듬을 전두엽에 보냈다. 덕분에 말끔한 기분으로 눈을 뜰 수 있었다. 억지로 아침에 눈을 뜨는 학생은 거의 없어졌다. 수면 시간이 부족해서 피로가 쌓이면 휴식이 필요하다고 알려주는 것도 투팔의 일이었다.

눈을 뜬 태환은 아침부터 기분이 좋았다. 새벽까지 영국 락밴드 '알렙'과 가상 합주를 하다가 잠든 참이었다. 자신의 베이스 소리가 '알렙'의 대표곡 '기이한 마지막 항해'와 어우러지는 느낌이 마치 자신이 멤버일원이 된 것 같았다. 아직도 손끝에는 합주의 여운이 남아 있었다. 태환은 침대에서 나와 세면을 위해 거실을 가로질러 화장실로 향했다. 아버지는 주방에서 아침을 만들고 있었다.

"안녕히 주무셨어요?"

"잘 잤니?"

"네. 개운하게 잤어요."

"오늘은 학교 가는 날이던가?"

"아빠. 화요일은 공통과목이 있어서 학교 가야하잖아요."

"맨날 잊는구나. 엄마는 오늘 회사에 중요한 회의가 있어 일찍 출근했다. 아침은 북엇국이다."

태환의 아버지도 아침부터 기분이 좋아 보였다. 아버지는 어머니가 일찍 출근하면 아침을 차려 태환과 같이 식사를 하고 근처의 회사로 출근했다. 태환은 세면을 마치고 등교를 위해 옷을 갈아입었다. 오늘은 공통과목을 위해 가장 많은 친구들이 모이는 요일이었다. 게다가 중요한 축구 시합도 있었다. 기대감으로 마음이 들떴다. 태환은 확인을 위해 투팔을 찬 왼쪽 손목에 힘을 주었다. 태환의 시야에서 왼쪽 허공에 홀로그램이 떠서 국어, 한국사, 체육이 들어 있는 시간표를 알려주었다.

"고고. 오늘은 축구 상대팀은 어디지?"
"'클루브 정호섭 데 풋볼'이야."
"만만치 않겠지?"
"현재 3연승 중인 팀이야. 그래도 오늘 몸 상태가 괜찮으니까 잘 할 수 있어."
"경기는 점심 식사 후 1시 맞지? 알겠어. 고고."

고고는 태환이 투팔을 부르는 애칭이었다. 투팔이 일상의 모든 잡무를 시시콜콜 간편하게 처리하기 시작할 때부터 사람들은 투팔을 인격이 담긴 존재로 여겼다. 사람들은 개성 있는 애칭을 지어 자신의 투팔을 불렀다. 태환의 투팔 이름은 밴드 '알렙'의 데뷔곡 '고고'였다. 투팔은 홀로그램으로 수업을 실시간으로 연결하다가 지금은 상호 네트워크로 전 세계에 있는 수업까지 연결하고 있었다. 덕분에 학생들은 직접 학교에 가지 않아도 되었지만 몇 가지의 필수 과목은 출석이 장려되었다.

교육부에서 주최하는 고등학생 축구 리그는 정규 수업 시간에 이루어졌다. 체육 시간은 간단한 이론과 다양한 운동 종목으로 구성되었다. 동아리 활동을 축구로 선택한 학생들은 별도로 클럽을 꾸릴 수 있었다. 공인된 심판이 제공되었고 프로 리그처럼 득점과 도움이 온라인으로 집

　　　　　　　　　　Chapter 03 미래학교 시나리오

계되었다. 교육부와 지역교육청은 학교와 사설 운동장을 월별로 관리해서 리그 진행을 도왔다. '클루브 정호섭 데 풋볼' 팀은 옆 학교 학생들이 주축이 되어 만든 팀이었다. 우루과이 축구팀 '클루브 나시오날 데 풋볼'을 따서 지은 이름이라고 했고, 주장 정호섭의 실력은 태환의 학교까지도 잘 알려져 있었다. 태환은 '광명 시티 유나이티드'의 일원이었다. 역시 잉글랜드의 축구팀 '맨체스터 시티'와 '맨체스터 유나이티드'의 이름을 따서 지었다. 태환의 포지션은 왼쪽 윙이었고 저번 주 경기에서 도움을 기록해서 승리했다. 상승세의 '광명 시티 유나이티드'는 상당한 강적을 만났다. 기대되는 하루였다.

태환은 아버지와 함께 식탁에 앉았다. 들기름을 베이스로 볶아낸 아버지의 북엇국은 언제나 맛있었다. 태환은 아버지에게 다녀오겠다고 인사를 하고 가볍게 집 밖으로 나섰다. 두 손은 자유로웠고 가방은 없었다. 비가 올 때 우산을 드는 것 외에는 등교할 때 어떤 준비물도 필요가 없었다. 모든 교육 자료는 투팔에 입력되어 있었다. 투팔의 배터리가 떨어질 걱정 또한 없었다. 투팔은 무선 충전이 가능한 실내에 앉아 있는 것만으로 자동으로 충전되었다. 배터리가 부족하면 생체 충전으로 기능할 수도 있었다. 처음 도입되었을 때는 생체 충전이 다이어트에 도움이된다는 소문이 돌았다. 하지만 투팔의 제조사는 인체의 열에너지를 약간만 사용하기에 다이어트에는 도움이 되지 않는 사실을 강조했다. 종일 생체 충전을 했지만 오히려 살이 쪘다며 한탄하는 유튜브 컨텐츠가 몇 개 올라오자 시험삼아 투팔을 몇 개씩 차보는 사람들은 사라졌다.

태환은 집에서 5분 거리의 학교로 걸으면서 투팔로 잠깐 인터넷에 접속했다. 왼쪽에 떠 있는 홀로그램을 보고 머릿속으로 읽을 기사를 골랐다. 뇌파를 인지한 투팔이 알아서 '5년 전 오늘'이라는 기사를 띄워주었다. 투팔에 대한 논쟁의 내용이었다. 처음 스마트폰에서 투팔로 넘어가는 시기에는 많은 논란이 있었다. 투팔의 착용감이 너무 좋고 몸과 계속 붙어있기 때문에 사람들은 몇 가지 의문을 제시했다. 대표적인 것이 강력한 위치 추적 기능이 인권 침해 소지가 있지 않겠냐는 것이었다. 하지만 개발자들은 이전에도 사람들은 위치 추적이 가능한 스마트폰을 스물 네 시간 켜서 들고 다녔다고 설명했다. 게다가 자신의 정보를 차단해야겠다는 생각을 삼 초 이상 지속하면 투팔은 자동으로 꺼졌다. 논란은 곧 자연스럽게 사그라들었다.

또한 몇몇은 투팔이 너무 많은 것을 보행중이나 작업중에 보여줄 수 있어서 사고 위험을 높인다고 했다. 실제 투팔은 실시간으로 착용자의 머릿속을 읽고 기사나 영상을 시야 왼쪽 상단에 띄워주었다. 이동 중 일부 기능을 제한해야 한다는 의견은 합리적이었다. 개발자들은 이전에도 많은 사람들이 스마트폰을 보기 위해 고개를 숙인 채 보행했다고 설명했고 읽기나 영상 등의 기능은 보행 중 자동으로 제한되었다. 결과적으로 사고는 이전에 비해 오히려 줄어들었다. 논란은 투팔을 실제 사용해본 사람들이 종결했다. 너무나 편리했기 때문이었다. 태환은 초등학교 시절 투팔에 대한 논쟁이 있었다는 사실이 신기했다. 고고는 그의 생활에서 떼려야 뗄 수 없는 친구였다.

태환은 교문 앞에서 중학 시절부터 친구인 수진을 만났다. 태환은 수진에게 안부를 물었다.

"안녕 수진. 요즘 수업은 어때?"
"오. 태환이. 수업은 알아듣기 조금씩 버거워지고 있는데 괜찮아. 내용도 충실하고 재미있어."
"프랑스 친구들은 잘 대해주니?"
"응. 프랑스어가 조금 부족해도 토론 시간에 적극적으로 질문하고 오히려 더 배려해줘. 하지만 요즘 문학 시간에 독해하는 앙드레 지드 작품은 너무 어려워."

수진은 현재 파리 루이르그랑 고등학교에서 수업을 듣고 있었다. 어릴 때부터 고전문학에 관심이 많던 수진은 장 폴 샤르트르와 빅토르 위고의 불문학 작품을 특히 좋아했다. 중학교 때 프랑스어를 배우고 강의 교류로 프랑스 중학 과정을 일부 수료한 수진은 온라인으로 몇 차례의 시험을 통과하고 루이르그랑 고등학교 입학 자격을 얻었다. 장 폴 샤르트르와 빅토르 위고의 모교였다는 점이 루이르그랑 고등학교 입학을 준비했던 이유였다. 물론 프랑스에 직접 갈 필요는 없었다. 수업은 집이나 학교에서 원격 홀로그램으로 참여했다. 수진은 불문학을 더 깊이 이해하고 싶어서 AI 통역의 도움 없이 원어로 수업을 직접 들었다. 수진이 대면수업으로 참여하는 과목은 국어와 한국사, 체육이었다. 수진이 가장 기대하는 시간이었다. 한국어와 한국사는 한국에 거주하는 한국인으로서 가장 필수적인 과목이기도 했지만, 모국어를 사용하는 친구들을 직접 대면하는 일은 삶의 활력소였다. 프랑스를 비롯한 세계 각국의 여러 과목을 수강할수록 한국어로 진행되는 수업이나 한국사 과목의 가치와 중요성을 절감하게 되었다. 또한 다 같이 땀을 흘리는 체육 시간은 몸을 직접 사용하는 의미와 소속감을 일깨웠다. 무엇보다도 건강은 인간의 가장 중요한 덕목 중 하나였다. 글로벌 네트워크 수업이 본격화한 뒤에도 각국은 매주 한 번 이상 자국의 언어와 역사, 체육 수업을 진행했다. 과도기를 지나자 교육계는 만국 공통으로 그 날을 화요일로 지정했다.

둘은 학교 정문으로 들어갔다. 정문에는 생체 인식 시스템이 설치되어 있었다. 시스템은 투팔을 인지하고 본인과 일치하는지 체크했다. 본인 확인은 카메라가 순간적으로 인체를 여덟 방면에서 촬영한 뒤 하나로 조립해서 일치율을 계산하는 방식이었다. 홍채, 지문, 얼굴 인식을 거쳐 최종적으로 도달한 시스템이었다. 몸의 모든 부분이 포함된 육체 그 자체만큼 본인 파악에 확실한 것이 없었다. 결정적으로 시스템 앞에서 아무 행동도 취하지 않아도 되었다. 시스템은 걸어가는 태환과 수진을 자연스럽게 확인해서 출석을 기록했다. 그들이 학교 정문을 넘어가는 모습은 실시간으로 각자 부모의 투명 팔찌로 전송되었다. 태환의 아버지는 출근 준비를 하며 손목에 힘을 줘 태환이 등교하는 장면을 홀로그램으로 보았다. 교문을 넘어서자 고고가 태환에게 말을 걸었다.

"오늘 수업도 잘 해보자. 국어는 아침 아홉 시에 아우랑제브-3-B에서 들으면 되고, 한국사는 키루스-7-G에서 들으면 돼. 지금 '클루브 정호섭'과의 경기를 생각하고 있지? 점심은 컨디션 조절용 식단으로 맞춰놓을까?"

"응 부탁해 고고."

태환과 수진은 2층의 아우랑제브 교실로 들어섰다. 수진의 투팔인 '사강'은 '고고'와 감응해서 둘을 옆 자리에 배정했다. 수진은 3-A에 태환은 3-B에 앉았다. 자리에는 공용 태블릿 PC가 놓여 있었다. 투팔만으로 수업 진행은 충분히 가능했지만, 태블릿 PC는 큰 화면으로 각종 자료와 시스템에 편리하게 접속해서 필기할 수 있으며 수업 내용을 공유할 수 있어 유용하게 사용되었다. 수업 진도와 필기는 수업을 마칠 때마다 각자의 클라우드에 자동으로 백업되었다. 학생들에게는 매번 다른 기기가 배정되었지만 투팔과 데이터 클라우드로 감응해서 항상 자기 것처럼 쓸 수 있었다. 또한 교실 안은 무선 충전 공간이었기에 학생들의 투팔과 태블릿 PC는 자동으로 충전되었다.

둘의 국어 수준은 비슷했지만 수진은 프랑스에서 주로 수업을 들었기에 국어 수업이 조금 어색했다. 수업이 시작하자 홀로그램으로 만들어진 선생님이 교실 앞에 등장했다. 국어 선생님의 외향은 30대 후반의 여성이었다. 학생들은 홀로그램임에도 그녀를 '국어 선생님'이라고 불렀다. 국어 선생님은 전국 국어 교사의 외향과 말투를 적절히 조합해서 AI와 홀로그램으로 탄생했다. 질문에 대한 반응이나 말투가 고유하면서도 정중했지만 묘하게 이전 세대가 경험했던 국어 교사의 인간적 특징이 그대로 느껴졌다. 그래서인지 더욱 실제 사람과 구분가지 않았다.

AI 선생님이 대규모로 도입된다는 소식에 반감을 가지는 사람도 있었다. 하지만 현장에서 AI 선생님은 학생들의 어떤 질문에도 친절하게 논리적으로 답했고 같은 수업을 수백 번 반복해도 지치지 않았으며 적절한 문맥으로 명확하고 적절한 단어를 선택해서 인간적인 말투로 수업을 진행했다. 학생들은 오히려 AI 선생님에 익숙해져 그들을 나름대로 인격체로 대했다. 딥러닝 기술을 통해 수업 퀄리티를 향상시킨 결과, 실시간으로 가장 진보한 국어 수업을 전국의 학생들이 동시에 들을 수 있는 수준에 이르렀다. AI 선생님은 교육의 질뿐만 아니라 교육비 절감에 혁신적인 결과를 가져왔다. AI 선생님 이전 교사들의 가장 큰 난제는 비슷한 수업을 반복하다가 체력적인 부침을 겪거나 매너리즘에 빠져 혁신의 원동력을 잃어버리는 일이었다. 하지만 AI는 그 문제를 완전히 해결했다. 교사들은 남는 업무 시간에 수업 연구와 교육 프로그램 개발, 개별 학생들의 과제에 대한 첨삭에 투자할 수 있었으며, 방과 후에는 마을공동체 구성원들과의 만남과 교류, 협업에 참여하였다. 또한 교사들은 교육제도의 개선방안을 함께 고민하고, 이야기하고, 요구하는 데 더 많은 시간을 투자할 수 있었다. 게다가 AI 선생님과 학생이 나눈 빅데이터는 실시간으로 분석되었다. 선생님은 그 내용을 확인함으로써 개별 학생에게 피드백을 주고 AI를 개선할 수 있었다. 교육에 필요한 인력은 줄어들었지만 질은 더 향상되었고 교육비는 기존의 절반 수준으로 줄어들었다. 공교육 등록금과 학업에 필요한 준비물까지 완전 무료가 된 결정적인 계기였다.

국어 선생님은 수업을 시작했다. 강의실 뒤편에는 홀로그램 참석자들이 착석해 있었다. 열감이 있어 원격 수업을 듣는 학생과 미얀마, 인도네시아, 캐나다 등지에서 접속한 학생들이었다. 국어 과목에는 토론 수업이 포함되었다. 토론은 눈빛과 뉘앙스를 교환하면서 의견을 나누는 게 중요하므로 대면 출석이 강력하게 권고되었다. 게다가 토론은 사회생활에 필요한 인간성 배양을 위한 가장 중요한 수업으로 여겨졌다. 국어 시간에는 다양한 영역이 융합된 토론이 이루어졌다. 하지만 해외에 체류하고 있거나 다른 나라의 학생일 경우 홀로그램으로 참여할 수 있었다. 홀로그램은 참석하고 있는 사람을 그대로 반영했기에 홀로그램을 존중받는 인격으로 대우하는 것까지 교육에 포함되었다. 홀로그램 참여자는 집이나 기타 장소에서 투팔을 켜서 수업에 참여하면 되었다. 홀로그램은 사람의 질감을 지녔고 본체와 거의 실시간으로 대응했기 때문에 진짜 인격이 있는 사람이라는 느낌을 주었다. 태환은 어려서부터 홀로그램으로 사람들을 많이 만나왔기 때문에 토론에 참가하는 홀로그램을 인격이 있는 진짜 사람으로 인식했다.

태환과 수진이 듣고 있는 과목은 국어3이었다. 학년제는 구시대의 유물이 되었다. 중, 고등학생은 학기제로 수업을 들었다. 학교 밖 수업에 대한 학점이 인정되는 교육과정 인증제 기관에서 수업을 듣고 이를 수료하면 정규 학점으로 인정되었다. 둘은 현재 3학기째였다. 고교 과정 3년 중 국어 과목은 국어1부터 국어6까지 필수로 수료해야 했다. 국어 과목을 한 번에 몰아서 수료할 수 있었지만, 대부분의 학생들은 1부터 6까지 순서대로 수료하는 방법을 선호했다. 하지만 같은 수업에 있어도 학생들의 문법, 독해, 작문의 수준은 천차만별이었다. 그들의 학업 성취도는 빅데이터로 분석되었다. 공통과목이기에 국어 선생님은 큰 흐름으로 수업을 진행했지만, 각자의 투팔과 감응한 화면에서 추가로 제공되는 정보나 읽을거리, 수업을 마치고 진행되는 평가나 제시되는 질문은 모두가 달랐다. 학생별로 수업의 완전한 개별화가 이루어진 셈이었다.

Chapter 03 미래학교 시나리오

국어 선생님은 독해 시간에 코로나19 팬데믹과 관련된 지문을 생성해서 설명했다. 태환은 국어 성취도가 높은 편이었다. 태환의 화면에는 지문과 더불어 코로나19 바이러스의 구체적인 생태, 감염자와 사망자 수, 당시의 신문 기사 등이 제공되었고, 수진의 화면에는 지문을 조금 더 쉽게 이해할 수 있는 세부 설명이 제공되었다. 문법과 독해 시간을 마치자 토론과 쓰기 시간이 되었다. 선생님은 토론조를 추첨했다. 결과에 맞게 학생들의 의자는 알아서 원형으로 돌아갔다. 태환과 수진은 같은 조에 배정되었다. 교실에 있던 다른 친구 두 명과 인도네시아에서 참가한 홀로그램까지 다섯 명이 같은 조였다.

그들에게 제시된 주제는 '10년 전의 팬데믹이 현재에 미친 영향을 분석한다'였다. 태환은 빈부 격차가 심화되었다는 의견이었고, 수진은 바이러스의 전파를 막기 위해 각국이 자결주의 노선을 택하게 되었다는 의견이었다. 학생들은 자신만의 관점에서 얼마든지 자유롭게 발언할 수 있었다. 발언은 회의록 형식으로 클라우드에 저장되었다. 열띤 토론이 이어진 뒤 한 명씩 마무리 발언을 내놓고 수업은 마무리되었다. 회의록을 바탕으로 간단한 글짓기를 해서 제출하면 AI 선생님이 채점하고 인간 선생님이 보완한 피드백을 받을 수 있었다. 학업 성취도도 이 결과물을 통해 빅데이터로 분석되었다.

같은 교실에 있어도 수업이 개별화되었기에 '지루한 수업'이라는 개념은 사라졌다. 현재 진행되는 수업 내용이 쉽다고 생각하면 투팔이 뇌파를 감지해 심화 개념이나 추가로 생각할 거리가 제공되었고, 수업 내용이 어렵다고 생각되면 현재 수업을 이해할 수 있는 세부 내용이나 더 철저한 개념이 제시되었다. 하지만 학생들 사이의 대면 교류도 중요했다. 그 역할을 토론 수업이 했다. 더불어 토론 수업에서는 말하기에 능숙한 학생이 그렇지 않은 학생의 발언을 이끌어내는 것이 토론에서 중요시되는 역량이자 덕목으로 가르쳐졌다. 이러한 역량과 덕목을 함양하

기 위한 다양한 수업 모형과 자료도 개발되고 보급되었다. 이러한 수업 구조와 환경에서 토론을 마치면 모두가 일정 수준의 성취감을 느낄 수 있었다. 이를 정리하는 일은 자연스럽게 쓰기 수업으로 이어졌다. 심화 개념을 논리적으로 잘 작성한 학생의 글은 특별히 선별되어 클라우드에 게재되었고, 그중에서도 공감을 많이 얻은 글은 지역 신문 사설란에 실리기도 했다. 수준별로 다양한 읽기와 쓰기 훈련, 분명한 성취감이 늘 함께하는 수업이었다.

태환의 다음 수업은 한국사였고 수진은 체육이었다. 둘은 다음 주에 보자며 인사를 나눴다. 태환은 한국사 수업을 위해 키루스 교실로 향했다. 태환은 복도에서 수업을 준비하는 윤형을 만났다. 윤형은 북경 80 고등학교에서 도예반 수업을 듣고 있었다. 윤형에게 한국사는 중요한 과목이었다. 동아시아의 역사와 도예는 밀접한 관련이 있었기 때문이었다. 북경 80 고등학교의 도예 커리큘럼에는 한중일의 정치사와 예술사가 기본으로 포함되어 있었지만, 한국에서 배우는 한국사는 중요했다. 예술과 역사는 항상 다양한 시선에서 해석되어야 했다.

윤형 역시 북경 80 고등학교에 홀로그램으로 출석했다. 집에서 국제 네트워크에 연동된 투팔과 VR, 특수 장갑까지 활용하면 도예 과정에 이질감 없이 참여할 수 있었다. 북경 80 고등학교의 회화나 조소 등 다른 예술 수업 또한 마찬가지였다. 윤형은 한 주에 세 번 북경 80 고등학교에서 수업을 들었다. 중국어가 익숙하지 않았지만 통역 AI는 실시간으로 북경 표준어를 사용하는 선생님의 수업을 한국어로 전달할 수 있었다. 두뇌에 직접 의미를 전달하는 방법과 실시간으로 한국어로 번역해서 들려주는 방법 두 가지가 있었다. 윤형은 언어를 배우는 일도 예술의 일부분이라고 생각했기에 중국어를 직접 듣고 의미를 같이 전달받아 언어에 익숙해지는 방식을 선호했다. 근래 윤형이 가장 기대하는 시간은 매달 한중일 도예 학생들이 가상의 공간에 모여 예술을 공유하고 토론하는 시간이었다. 윤형은 지리적으로 멀지 않은 한국, 중국, 일본의 도예가 분명히 서로 구별되는 특징을 지니며 발전해왔다는 사실이 언제나 신기했다.

"어. 태환이. 내가 저번 주에 구운 도자기 보여줄까?"
"저번에는 장미 모양 화병을 구웠었지?"
"응 이번에는 청자에 작약을 새겼어. 보여줄게."

윤형은 투팔로 청자의 홀로그램을 꺼내 태환에게 보여주었다. 음각으로 작약 무늬가 새겨진 실험적 작품이었다. 홀로그램 도예는 한계가 있어 윤형은 교육원으로 지정된 도예실에서 추가로 수업을 듣거나 자유롭게 실습할 수 있었다. 도예실은 평생교육원으로 운영되었다. 그곳은 교직을 이수한 도예가의 작업실이기도 했고 사람들이 교육받기 위해 찾아오는 교실이기도 했다. 중고등학생뿐만 아니라 성인도 도예를 공부하기 위해 찾았다. 교육에는 시기가 따로 없었다. 전 국민은 시기를 불문하고 다양한 학제에 속할 수 있었다. 도예실은 인근 지역에서 지정된 서른 개 '바깥 학교' 중 하나였다. 교육 수료가 인정되는 것은 물론이고 다양한 연령과 국적의 사람들이 모여서 또 다른 예술의 분야가 열리기도 했다. 그 도예실에서 만든 청자를 윤형은 홀로그램으로 저장해둔 것이었다.

"와 예쁘네."
"응. 요즘 나는 청자에 빠져있어. 고려 시대 사람들은 어떻게 이런 청자를 만들었을까."
"음각 무늬 새기는 데 힘들지 않았어?"
"잘 알아보는구나. 저번 주 내내 도안을 놓고 열심히 새겼어."

둘은 키루스 교실에 들어왔다. 태환은 고고에게 윤형과 옆 자리에 배치될 수 있는지 물었다. 고고는 잠깐 자리 조정을 신청하겠다고 한 다음, 다른 학생의 양보를 받아 자리를 5−B로 변경했다고 했다. 윤형은 그 옆자리에 앉았다. 뒷자리에 있던 한솔이 그들에게 인사를 건넸다. 한솔은 고교 IT 전문 과정을 수료중이었다. 초등학교 시절부터 게임과 코딩에 관심이 많아서 IT 분야 특성화 교육을 듣고 있었다. 중학교에서 IT 특성을 수료하고 고등학교에 입학하자마자 스타트업에 파견을 신청해서 두 학기를 보냈다. 올해는 조금 더 이론을 보강하고 기초 과목을 수료하기 위해 학교로 돌아왔다. 파견 기간 동안 기획했던 자신만의 프로젝트를 실행에 옮기기 위해 필요한 과목들에 대해서도 수강 신청을 했는데, 이 과정에서 담임선생님과 진로선생님의 커다란 도움을 받았다. IT 분야의 개발자들은 미래 인재를 키우는 데 누구보다 앞장 서 있었다. 학생들에게 실무와 병행된 이론은 괄목할 만한 성장을 가져왔다. 고등학생이 성인 수준의 결과물을 내는 경우가 흔했고, 한솔은 IT 분야에서 촉망받는 학생이었다.

"오. 한솔이. 머스크도 잘 있니?"
"나보다는 머스크의 안부를 묻는 거야?"

한솔의 투팔인 머스크가 홀로그램으로 나와서 인사했다. 미국 기업 테슬라의 CEO 앨론 머스크의 형상과 닮아 있었다.

"안녕 태환. 저번 주에 한솔이 게임 만든다고 코딩하느라 고생을 좀 했어."
"게임? 진짜 궁금하다."
"응 '젤다의 전설'을 바탕으로 한 게임인데 모험을 구현하는 작동 엔

진에서 애를 먹었지. 한 번 해볼래?"

한솔이 대화에 끼어들었다.
"아직 미완성이란 말이야."
"지금은 그래도 플레이어블 단계까지 왔잖아. 피드백을 받으면 개선할 부분도 보일 거고. 그러면 고고한테 보내놓을게."
"응 고마워. 점심시간에 잠깐 해볼게."

순간 키루스 교실의 구석 조명 하나가 점멸했다. 윤형은 한솔에게 말했다.

"저 쪽의 조명 하나가 꺼질 것 같아. 조정이 필요할 것 같네."
"어. 정말이네? 알았어."

한솔은 교내 전력 시스템 담당자였다. 전력 시스템 담당자는 수업마다 두 명씩 지정되었다. 그들의 투팔로 중앙 시스템을 연결해 자율적으로 교내 환경 조절이 가능했다. 한솔은 6-B 자리에 있던 태블릿을 자신의 투팔과 연동해 교내 전력 공급 시스템과 세부 조절 기능을 열었다. 그린 에코 프로젝트를 바탕으로 지어진 학교의 도면이 화면에 펼쳐졌다. 학교는 친환경 페인트와 내장재 사용을 바탕으로 지어진 것은 물론이고, 그린 에코 시스템을 바탕으로 학생의 태블릿에서 환기 및 자연 채광, 간접 조명 등을 조절할 수 있었다. 학교는 모두 투명 창문으로 지어졌고 태양광 에너지를 집약할 수 있는 발전기가 내장되어 있었으며 옥상에는 태양 발전 판넬이 설치되어 있었다. 이산화탄소를 발생시키지 않고 생산된 에코 전력은 학교 내부의 중앙 전력 저장소로 모였다. 학교에 공급되는 전력뿐만 아니라 태블릿 PC와 모든 학생들의 투팔을 무선 충전하는 에너지도 태양광에서 나왔다. 옥상에 설치된 빗물 수집기 또한 그린 에코 프로젝트로 지어진 것이었다. 근처에서 내리는 빗물을 모아서 집수와 정화 과정을 거쳐 학교에서 사용되는 모든 물을 충분히 충당할 수 있었다. 학교 지하에는 약 10만 리터의 빗물을 저장할 수 있는 저수조가 설치되어 있었다.

한솔은 현재 가용 전력과 발전 상태를 분석했다. 전력 수급은 충분했다. 최근에 비가 조금 내렸지만, 어제부터 볕이 좋았던 탓에 그간의 부족분을 충분히 만회했다. 한솔은 도면에서 키루스 교실을 클릭해서 조명 상태를 확인했다. 구석 조명에 한 개에 주황 불이 들어와 있었다. 조명의 물리적 수명이 다했다는 뜻이었다. 한솔은 주황 불이 들어온 조명을 클릭해 교체 신청을 보냈다. 곧 담당자가 와서 교체할 것이었다. 한솔은 한국사 시간에는 홀로그램 3D인 '역사 공간'이 등장해야 했으므로 나머지 조명을 조금 어둡게 조절했다.

"조명 교체를 신청했어. 윤형. 알려줘서 고마워."

한국사 선생님은 중년 남성의 외향이었다. 그들은 폭넓은 세계관을 보여주는 역사 선생님을 좋아했다. 선생님은 교과서를 바탕으로 역사를 풀어나갔지만 늘 타국의 역사관과 다른 학문을 연계해서 설명했다. 그들이 듣는 과목 이름은 '한국사: 고조선과 삼국 시대, 고려의 탄생까지'였다. 학생들은 한반도의 역사부터 현대까지의 수업을 수료해야지만 고교 졸업이 가능했다. 한국사 선생님은 삼국시대 고구려와 백제의 영토 전쟁에 대해서 설명하기 시작했다. 한국사 수업에서 도입된 "역사 공간'은 커다란 호평을 받으며 실제 역사 교육에 적용되었다. 고조선-삼국-고려-조선의 시대상이 모두 홀로그램으로 구현되었다. 학생들은 역사 공간에 직접 들어가서 당시의 정치 체계와 복식, 농경, 식사 형태 등

을 자연스럽게 받아들였다. 원형 강의실 한가운데에는 시대상이 반영된 고구려 병사와 백제 병사가 나란히 섰다. 학생들은 그들을 둘러쌌다. 실제 질감이 느껴지는 홀로그램을 만져보는 학생도 많았다. 역사 선생님은 권력을 쥔 지도자와 추정되는 영토의 영역과 문자, 식습관 등을 설명했다. 이어서 두 나라가 서기 369년부터 607년까지 기나긴 전쟁을 벌였다는 사실을 제시했다.

"고대 전쟁이 이렇게 오래 이어졌던 것에는 여러 가지 맥락이 있습니다. 농경 사회가 완벽히 자리잡지 못했고, 아직 전쟁을 제어할 정치력이 부족하기도 했습니다. 덕분에 전쟁은 때를 가리지 않고 흔하게 일어났습니다. 그러면 진짜 전쟁의 현장으로 들어가 볼까요?"

가상 전쟁이 홀로그램 화면으로 펼쳐졌다. 실물과 다름없는 홀로그램 영상에 16채널 스피커 사운드가 울려퍼지자 뒤편에 앉아있던 베트남 학생들이 환호성을 질렀다. 철로 만들어진 무기를 든 두 나라의 병사들은 박진감나게 전쟁을 벌였다. 백제가 위례를 수복하기 위한 전쟁이었다. 학생들에게는 지도자의 결정과 전쟁의 주 목적과 전투 상황이 홀로그램 정보로 제공되었다. 역사는 흥미 위주로 자연스럽게 이해해야 한다는 철학이 바탕이 된 수업이었다. 음악에 관심이 많은 태환에게는 당시 군가로 사용되었을 것으로 추정되는 음악이 추가 정보로 제공되었고, 윤형에게는 군량을 조달하던 식기와 백제 도예의 정보에 관해서 추가로 제공되었으며, 한솔에게는 고대 시대의 전쟁 전략에 대해 부가 설명이 제공되었다. 학생들은 역사의 다양한 층위에서 흥미있는 분야를 조금 더 심화해서 이해할 수 있었다.

역사 선생님은 '백제인의 하루'라는 에세이를 과제로 내고 수업을 마쳤다. 자유로운 형식으로 백제인의 생활을 작문하면 되었다. 오전 수업을 모두 마친 셋은 수업에 대해 가벼운 소화를 나누며 점심 식사를 위해 식당으로 향했다. 식당은 건물 4층 볕이 좋고 층고가 높은 공간이었다. 식당에 들어가자 카메라는 그들을 여덟 방면에서 촬영해서 인식했다. 한 시간 전까지만 점심 식사를 주문하면 로봇이 그들에게 주문된 식사를 가지고 왔다. 오전 중에 각자의 투팔이 점심 메뉴를 물어보았기에, 대부분의 학생들은 점심을 미리 주문했다. 그렇지 않을 경우 학생들은 식당으로 들어와 점심 메뉴를 묻는 투팔의 말에 대답하면 되었다.

음식 배달 로봇은 삼단 선반에 세 명의 음식을 들고 왔다. 셋은 각자의 메뉴를 꺼내 자기 앞에 두었다. 태환은 축구 시합을 앞두고 가장 효율적으로 영양을 보충할 수 있는 식단을 주문했다. 태환의 점심은 닭조림을 올린 밥에 불포화 지방산이 많은 생선 구이와 당과 수분 함량이 많은 오렌지, 포도 등의 과일이었다. 윤형은 플렉시테리안이었다. 환경 보호와 비건 활동에 관심이 많은 윤형은 학교에서 제공하는 비건 식단을 일주일에 두 번씩 체험중이었다. 윤형에게는 비건 파스타와 마늘빵, 다양한 야채와 오렌지 주스가 앞에 놓였다. 한솔은 식사에 크게 많이 신경쓰지 않는 편이었다. 한솔은 늘 '영양교사 특선'을 주문했다. 그 날의 가장 주력 메뉴를 내는 식단이었다. 가장 많은 학생에게 인기가 많은 식단이기도 했다. 한솔은 제육 볶음과 코다리 조림, 바지락 미역국, 두 가지의 나물로 구성된 식단을 받았다. 셋은 가끔씩 각자의 투팔을 불러내서 대화를 나누면서 다정하게 식사를 했다.

태환은 한솔에게 근황을 물었다.

"요즘 IT 특성 수업은 뭐가 가장 흥미로워?"

"사물 인터넷(IoT)을 집중적으로 공부하고 있어. 아직 아무도 인터넷에 연결할 수 있을 거라고 생각하지 못한 사물을 네트워크로 연결해보고 싶어. 아 맞다. 기분에 따라 달라지는 도자기도 만들어볼까?"

"도자기는 시간을 견디며 보존되어야 예쁘단 말이야. 세월에 따라 더 아름다워지기도 하고. 그날그날 변하는 도자기는 조금 징그러워."

윤형은 도예에 사물 인터넷이 적용되는 것이 조금 싫은 눈치였다.

"시험삼아 만들어 본다는 거지. 필요에 따라 모양과 기능, 디자인이 바뀌는 도자기는 충분히 실용성이 있을 것 같아. 가령 아이와 식사할 때는 사용하기 편리하게 변하는 도자기라든지."

"음. 그런 건 유용하겠는데."

"태환이 음악은 요즘 잘 되고 있어?"

"응 방과 후 학교에서 불한당 밴드의 '픽션'이라는 노래를 연주하고 있어. 불한당 밴드의 리더 조성봉 선생님이 직접 와서 가르쳐주셔."

"와. 대단한데."

"합주가 정말 재미있거든. 너희들도 한 번 배워보면 좋을 것 같아. 나중에 도예나 코딩이 지겨우면 참관 와."

"좋아."

"맞다. 고고. 한솔이 만든 게임 한 번 띄워줘."

고고는 왼쪽 허공에 게임을 열었다. 셋의 눈앞에 공유된 화면이 나타났다. 주인공 스탕달은 말을 타고 백제의 수도 사비성에서 모험을 시작했다. 간단히 조작하자 스탕달은 배회하는 몬스터를 곤봉으로 물리치면서 성곽을 탐험했다. 사비성 주민들이 스탕달에게 각자의 식량과 물품을 나눠주었다. 근초고왕이 스탕달에게 까마귀로 서신을 보내 할 이야기가 있다고 했다. 태환은 한솔에게 물었다.

"혹시 이거 스탕달이 고구려랑 전쟁을 준비하고 있는 거니? 요즘 수

Chapter 03 미래학교 시나리오

업 시간에서 배우는 내용이잖아."

"재해석을 많이 했어. 전략을 잘 짜서 승리해야 해. 컨트롤도 중요하고."

윤형과 태환은 감탄했다. 조금만 더 손보면 대단한 게임이 될 것 같았다. 한솔은 게임이 완성되면 일단 학생들의 클라우드에서 공유해볼 생각이라고 했다. 클라우드에서 학생들의 호평을 받아 전세계로 출시되는 일이 종종 있었다. 아이템을 상품화하는 과정에서는 국내외 클라우드 펀딩을 활용하는 것이 유용한 전략이 되었다. 한솔은 은근히 정식 발매를 기대하는 눈치였다. 점심 식사 후 체육 수업은 각자 교실이 달랐다. 한솔은 체육 이론 수업을 들었고 윤형은 핸드볼 리그 시합이 있었다. 태환은 드디어 기대하던 축구 경기를 위해서 옥상에 있는 축구장으로 향했다.

옥상에는 잔디밭이 너르게 펼쳐져 있었다. 그라운드에 도착한 태환은 심호흡을 했다. 몸 상태가 좋았다. '광명 시티 유나이티드'의 감독이자 공격형 미드필더 혁민이 휠체어에 앉아 기다리고 있었다. 둘은 반갑게 인사를 했다.

"감독님. 오늘 전술은 무엇인가요."

"'크루브 정호섭'은 공격적인 팀이라서 수비를 단단히 해야 해. 너는 늘 하던 대로 왼쪽 윙으로 뛰면 돼. 체력이 되는 대로 오버래핑을 부탁해. 태환이만 믿을게."

"열심히 하겠습니다. 감독님. 그런데 오늘 볕이 좋은데, 천장을 열어도 될 것 같지 않아?"

"안 그래도 지금 열려고 했어."

혁민은 역시 3학기를 듣는 친구였고, 축구팀의 감독뿐만 아니라 옥상 축구장의 환경 시스템 담당도 맡고 있었다. 혁민은 투팔 '과르디올라'를 불러 천장을 열었다. 축구장의 천장은 태양광 집약판으로 되어 있었지만, 날씨에 따라 양 옆으로 활짝 열 수 있었다. 비가 오면 축구장은 자연스럽게 돔구장이 되었고, 볕이 좋으면 햇살이 내리쬐는 잔디밭이 되었다. 천장이 열리자 그라운드에 햇살이 쏟아졌다. 둘은 라커룸으로 들어갔다. 당일 입을 수 있는 각자의 유니폼이 사물함에 들어 있었다. 미리 신청하면 그날의 메시지가 적힌 유니폼을 받을 수도 있었다. 태환은 특별히 그가 좋아하는 밴드 '알렙'의 이름을 달고 뛰기로 했다. 유니폼을 입자 전신에 힘이 들어가는 것 같았다. 태환은 그라운드로 향했고 혁민은 경기장이 보이는 AR실로 향했다.

혁민은 어릴 적 교통사고로 두 다리가 불편했지만 무리 없이 축구 경기에 참가할 수 있었다. 특수 AR실에서 몇 가지의 장치를 몸에 부착하면 축구 경기에 실시간으로 참여가 가능했다. 혁민의 홀로그램 아바타 '메시'가 대신 경기장에서 뛰었다. 사이버 물리 시스템(CPS) 덕분에 '메시'는 혁민의 뇌파로 걷거나 뛸 수 있었으며 몸과 손동작을 그대로 실현했다. 실제 '메시'가 물리적인 충격을 받으면 혁민에게 약화되어 전달되기도 했다. '메시'는 다른 선수들과 몸싸움도 가능했고 인간이 할 수 있는 모든 플레이가 가능했다. 혁민은 학교 생활에서 축구를 가장 좋아했으며 장차 축구 감독이 꿈이었다. 경기장에서 혁민은 선수들의 투팔을 통해 전술을 전달하며 경기를 조율하기도 했다.

중앙선에서 두 팀은 한 줄로 서서 악수를 했다. 로봇 심판 '크루이프'는 엄정한 경기가 될 것을 서약했다. 경기는 치열했다. '크루브 정호섭 데 풋볼'의 선수들은 역시 강했다. 하지만 혁민이 준비해온 포백 전술은 잘 맞아 떨어졌다. 태환은 오버래핑해서 적극적으로 문전에 크로스를 보내다가 결국 중거리슛으로 득점에 성공했다. 혁민과 태환을 비롯한 선수들은 기쁨의 세리머니를 펼쳤다. 후반에 상대팀 공격수 정호섭에게 한 골을 실점했지만, 혁민의 발끝에서 시작된 공격 전개가 후반 막판 귀중한 골로 이어졌다. '크루이프'는 경기 종료를 선언했다. '광명 시티 유나이티드'가 1승을 거두었다. 명승부였다. 리그에서 '광명 시티 유나이티드'는 상위권 도약의 발판을 얻었다. 팀 선수들은 중앙에 모여 혁민을 둘러싸고 환호성을 질렀다. 태환은 함께 승리를 만끽하는 이 순간이 가장 즐거웠다.

태환은 샤워를 마치고 옷을 갈아입었다. 오늘의 수업은 이로서 끝이었다. 고고는 자동으로 종례 시스템을 연결했다. 수업은 AI선생님에 의해 자율적으로 진행되지만 학기마다 학업을 관리하는 담당 선생님이 따로 배정되었다. 선생님은 하루 동안 수행한 수업에 피드백을 주기도 했고 공지사항을 안내하기도 했으며 종종 학생들과 대면해서 학업에 대해 상담하기도 했다. 가끔은 같은 수업을 듣는 학우들과의 관계를 파악해서 공동체적 가치를 일깨우기도 했다. 선생님의 역할은 대부분 더 나아갈 지점을 짚으며 코칭과 격려를 전하는 데 있었다. 학생들은 자율적인 관계 속에서도 소속감을 느꼈다. 태환의 담임선생님은 토론에서의 흥미로운 발상과 축구 시합의 맹활약을 칭찬해주었다. 태환은 선생님께 감사함을 표하고 인사를 드렸다.

태환은 그 다음 '바깥 학교'로 가기 전에 과제를 마치기로 했다. 태환은 고고에게 과제를 위한 빈 교실이 있냐고 물었다. 고고는 알렉산드로스 교실이 비어있다고 답했다. 시합을 마친 개운한 몸으로 태환은 알렉산드로스 교실 빈자리에 앉았다. 빈 교실은 다목적으로 학생들에게 개방되었다. 몇 명은 하고 싶은 프로그래밍을 하거나 과제를 하고 있고, 다른 학생 몇 명은 뒤편에 마련된 빈백에서 멍을 때리고 있었다. 학생들은 방과 후에도 학교에서 자유롭게 시간을 보낼 수 있었다. 교실은 방대한 자료실이나 도서관으로 이용되기도 했고, 단순한 놀이 공간으로 이용되기도 했다. 수동적인 수업은 이전에 비해 절반으로 줄어들고 자율적인 학습으로 대체되었다. 교육의 많은 부분이 효율적으로 개선된 끝에 이루어진 결과였다. 대신 다양한 교육의 기회가 많아졌고 각자 관심 있는 분야를 깊게 파고들어 공부할 수 있었다. 빈 교실은 다양한 학습을 위해 사용되었다. 태환은 수업을 복습하고 10년 전 코로나 시대에 대한 논술과 백제인의 일상을 1인칭 일기 형식으로 썼다. 태환은 당일 과제를 완성하는 것이 습관이었다. 이제 방과후 학교에 갈 시간이었다.

태환은 근처의 합주실로 향했다. '창조자' 합주실은 '바깥 학교'로 등록이 되어 있었고, 불한당 밴드의 기타리스트 조성봉 선생님이 관리자로 사람들을 지도했다. 합주실은 층고가 높은 지하실에 세 팀이 동시에 합주할 수 있는 방음 시설이 갖춰진 공간이었다. 평생 교육원으로도 등록이 되어 있어서 음악을 하고 싶은 성인과 외국의 연주자들이 홀로그램으로 수업에 참가할 수 있었다. 그들은 자유롭게 작곡, 편곡을 하거나 합주를 할 수 있었다. 하지만 방과후 학교 프로그램은 정규 수업이 아니기에 어떤 평가나 과제도 없었다. 자율로 모였지만 합주회나 발표물은 평생 교육 이력에 기록되었다. 정기적인 발표회도 열었고 완성된 곡은 클라우드에서 다른 학생들이나 일반인이 들을 수도 있었다. '바깥 학교' 합주실에서 데뷔하는 팀도 많았다. 이렇게 '바깥 학교'는 체계적이고 의미있는 학습으로 교육의 구심체 역할이 되었다. 조성봉 선생님은 태환에게 반갑게 인사했다.

"저번 곡은 완성되었니?"

"베이스 리프를 만들기가 조금 어려워서요. 어젯밤에는 영감을 받으려고 '알렙'과 가상 합주를 두 시간이나 돌려본 거 있죠."

"'알렙'의 베이스는 정말 끝내주지. 태환이랑 음악적인 성향도 잘 맞는 것 같아. 오늘도 좋은 음악 부탁해."

태환은 기다리고 있던 밴드원들과 반갑게 인사했다. 축구 시합 다음으로 기대하던 시간이었다. 다른 두 팀은 이미 무아지경으로 합주중이었다. 그중 '칼잡이' 밴드의 보컬 '크리스'는 그들 사이에서 유명했다. '크리스'는 미국에서 프로젝트 형식으로 참가하는 고등학생이었는데 K-pop을 브리티시 락에 접목시키고 싶어 했다. 역시 연습 합주만 들어도 만만치 않은 팀이었다. 왠지 몇 년 뒤에는 유튜브 알고리즘에서 그들의 완성된 음악을 들려줄 것 같았다. 크리스 홀로그램의 열창이 방음벽 사이로 흘러나왔다.

태환의 밴드는 직접 모두 모여 합주를 하는 편을 선호했다. 원격 합주와 사운드는 거의 차이가 없었지만, 그들은 서로가 눈빛을 맞추며 연주하는 생음악을 추구했다. 그들의 밴드 '어쿠스틱 토마토'는 자작곡을 순서대로 연습했다. 오늘은 분위기가 잘 맞는 날이었다. 그들의 합주 기록은 각자의 투팔에 녹음되었다. 그들은 기타리스트가 만들어온 신곡도 시험삼아 몇 번 연습했다. 밴드원들은 히트곡의 느낌이라며 마음에 들어했다. 합주를 마치고 집에 오는 길 고고는 태환에게 베이스 박자가 전반적으로 밀리는 느낌이 있었다고 말했다. 고고는 박자가 약간 어긋난 부분을 편집해서 들려주며 몇 가지 베이스 리프 변경을 제안했다. 태환의 작곡 성향을 딥러닝으로 학습했기에 할 수 있는 제안이었다. 태환은 고고와 음악적인 대화를 즐겁게 나누면서 집으로 돌아왔다.

회사에서 돌아온 어머니가 저녁 식사를 만들고 있었다. 태환은 간단한 세면을 하고 식탁에 앉았다. 아버지와 어머니는 식탁에서 태환에게 안부를 물었다. 학생이 직접 보호를 신청한 부분을 제외하면 학교 생활은 정기적으로 부모님에게 공유되었다. 그들은 태환의 미래를 응원하는 조력자였고 누구보다 관심을 기울이고 있었지만 모든 과정은 태환의 자율로 이루어졌다. 그들은 교육 과정을 응원하고 방향을 잡아주는 역할만을 수행했다.

"요즘 만드는 음악은 잘 되어가니?"

"정말 재미있어요. 이번 곡이 완성되면 들려드릴게요. 오늘 축구 시합에도 골을 넣어서 이긴 거 있죠."

"잘했구나. 그런데 저번 학기 때 공부하던 우주 과학은?"

"지금은 축구랑 음악이 좋아요. 어머니. 어쿠스틱 음악의 시대가 올 거예요. 사람들은 이제 기계음악을 지겨워해요. 대중은 진짜 인간의 손길이 느껴지는 음악으로 돌아올 거예요. 일단 베이시스트로 활동해보고 싶어요. 4학기에는 외부에서 밴드 멤버로 활동하고 5학기부터 다시 공부하고 싶어요. 우주 과학은 캘리포니아에서 수학과 연계해서 계속 듣고 있어요. 같은 수학 수업이지만 우주 과학과 연계되니까 너무 흥미로워요."

"한국사도 재미있다며."

"한국사 수업은 너무 박진감 넘쳐요. 고대 시대 전쟁을 하던 인류가 불과 천 오백년 만에 우주로 진출하게 되는 과정이 너무 재미있어요. 재미있는 게 너무 많아서 큰일이네요. 오늘은 합주하다가 일찍 잘게요. 내일은 집에서 수업을 들을 거예요. 저녁 너무 맛있었어요. 안녕히 주무세요."

"잘 자렴."

태환은 방에 들어와 홀로그램 시스템을 작동시켜 '알렙'과의 합주를 몇 번 다시 연습했다. 내일은 아침부터 온라인으로 수업을 듣기에 충분히 합주할 여유가 있었다. 태환은 수학 수업을 미국의 캘리포니아 주립 고등학교에서 들었다. 어렵지는 않지만 깊이 있는 학문적 범주로 학생들에게 인기가 많았다. 태환은 우주 과학과 연계된 수학에 중점을 두었다. 이어서 하버드 대학의 일반인 대상 오픈 강좌인 경제학 강좌가 있었다. 언어의 장벽이 없었고 전 세계인을 대상으로 한 자율 수강이라

세계적으로 인기가 많았다. 이 강좌는 학교 정규 교육과정에 포함되지는 않았지만, 강의의 요점을 요약하고 간단한 소감을 제출하면 학생 종합 기록부에 기록이 되었다. 전 세계에서 듣는 수업은 빅데이터로 보강되어 훨씬 더 완성도가 있었고, 교육적인 측면에서도 장려되었다. 실시간 통역으로 인해 언어의 장벽이 무너진 계기가 컸다. 태환은 고고에게 내일 아침 여덟시 기상을 부탁했다. 오늘도 보람찬 하루였다. 하고 싶은 것도 배우고 싶은 것도 항상 너무 많았다.

이상은 허구의 소설이다. 이 소설은 많은 자료들을 바탕으로 재구성하였다. 주로 참고한 자료는 2020년 교육부 미래교육위원회 분과회의 및 전체회의의 기록들, 미래교육위원들이 제작에 참여한 동영상, 정책연구진이 정리한 자료들, 그 밖에 미래교육에 대한 Youtube나 논문 등등이다. 몇 가지의 상상력을 더해 이 글은 완성되었다. '고고'는 '젤다의 전설'의 아이템 고고버섯의 이름을 따왔다. 교실 이름은 각 나라 전설적인 지도자의 이름이다. 수진의 투팔 '사강'은 프랑스의 소설가 '프랑수아즈 사강'에서 따왔다. '알렙', '불한당', '픽션' '칼잡이'는 보르헤스의 책 제목들에서 따왔다. '과르디올라'는 스페인 출신 축구 감독 '펩 과르디올라'의 이름에서, 심판 '크루이프'는 네덜란드 출신 축구 선수 '요한 크루이프'의 이름에서, '크리스'는 영국의 브리티시 락 밴드 '콜드 플레이'의 보컬 이름을 따왔다. 마지막으로 흔쾌히 등장인물의 이름을 빌려준 이대목동병원 응급의학과 레지던트들에게 감사하다.

Appendix 1

미래교육위원회 소개와 활동

미래교육위원회 추진 배경과 목적

4차 산업혁명 등에 따른 우리의 미래 사회는 전통적인 인재와는 차별되는, 창의성·협업능력 등의 핵심 역량을 갖춘 다양한 인재를 요구하고 있다. 미래 인재를 육성하기 위해서는 교육의 역할이 가장 중요하며, 과거의 교육 방식과는 다른 '미래 교육'의 방향에 대한 고민이 절실하다.

이에 교육부에서는 유은혜 사회부총리 겸 교육부장관의 자문기구로서 '미래교육위원회' 1기를 2019년 2월 27일에 발족하였다. 미래교육위원회는 사회 각 분야에서 활동 중인 전문가들의 삶을 통해 새롭고 다양한 미래 인재상에 대한 인식을 확산하는 데 일차적인 목적을 두었으며, 미래교육에 대한 의제를 발굴하고 정책 아이디어를 제안하는 데 신선한 동력을 전해줄 것으로 기대되었다. 요컨대, 미래교육위원회는 (1) 사회 각 분야에서 창의적인 성과를 내고 있거나 도전 중인 현장 전문가들의 삶을 통해 **다양한 인재상을 제시하고**, (2) 학생, 학부모, 교사와 함께 미래 교육의 방향을 논의하면서 **미래 교육에 관한 공감대와 인식을 확산**하며, (3) 교육정책을 둘러싼 현안과 쟁점에 대해 현장의 의견을 제시하고 자문을 제공함으로써 **교육정책의 현장성과 실효성을 고도화**하는 중요한 통로가 될 것으로 기대되었다.

미래교육위원회 2기 소개 (2020)

미래교육위원회는 산업계(벤처창업, 사회기여), 학계(과학기술, 인문사회), 교육계(초중등교육, 고등교육, 성인교육) 등 우리사회 각 분야에서 도전 정신을 가지고 창의적인 성과를 만들어 낸 사람들로 구성된다. 2020년에 출범한 미래교육위위회 2기는 교육 현장에서 수업 혁신을 추진 중인 교사, 학교 혁신 프로젝트에 참여한 학생, 벤처 창업가, 로봇 공학자, 화이트 해커 등을 비롯하여 다양한 직업군의 전문가 28인으로 구성되었다. 이들은 미래의 유망 분야 또는 학생들이 평소에 접하기 어려운 분야의 생생한 모습을 보여주고 향후 전망에 대해 생각해볼 수 있는 장을 열어주었다. 임기는 2020년 2월 27일부터 2021년 2월 26일 1년으로, 임기 종료 후 필요시 재위촉이 가능하도록 하였다. 미래교육위원회 2기 명단을 살펴보면 다음과 같다.

2020년 미래교육위원(2기) 명단

순	사진	이름	주요 내용
1		공희준	• 칠명바이오 대표, 완주고등학교 학생 • 일본 곤충사업을 뛰어 넘는 게 목표인 미래 곤충연구가, 곤충사업가 • 곤충사료 개발로 중기부장관상 수상 ('도전 K-스타트업 2018')
2		김서준	• 해시드(Hashed) 대표 • 블록체인 투자자로서 전문성을 인정받아 현재 소프트뱅크벤처스의 벤처파트너를 함께 역임 • 에듀테크 스타트업 '노리(KnowRe)' 및 다수의 창업 경험을 가진 엔지니어형 연쇄창업
3		김승직	• 한채당 한옥 대목장 • 목수가 되기로 결심하고 방방곡곡의 고수들에게 기술을 배워 최연소 대목장(당시 24세)이 됨 • 2016 대한민국 한류대상, 한옥 부문 대상 수상

순	사진	이름	주요 내용
4		김유민	<ul><li>녹색도시연구소 연구소장, ㈜그린코드 도시건축사 부사장</li><li>기후변화대응 스마트시티, 탄소중립도시 및 제로에너지스마트빌딩</li><li>지식경제부장관상('12)</li><li>서울특별시 시정평가자문단</li></ul>
5		김윤기	<ul><li>동탄고등학교 학생</li><li>인공지능을 활용하여 시각장애인을 돕는 솔루션 개발</li><li>학업과 병행하면서 인공지능을 개발</li></ul>
6		김하늬	<ul><li>유쓰망고 대표, 前 아쇼카* 한국 유스벤처 런치 리더 * 세상을 바꿀 수 있는 체인지 메이커를 발굴, 지원하고 있는 글로벌 네트워크</li><li>청소년들에게 기업가정신을 전파, 체인지메이커 교육 생태계 구축</li></ul>
7		김헌	<ul><li>서울대 인문학연구원 교수</li><li>프랑스 스트라스부르대학에서 아리스토텔레스의 〈시학〉과 〈수사학〉 연구로 박사학위</li><li>저서 〈인문학의 뿌리를 읽다〉 〈그리스 문학의 신화적 상상력〉</li></ul>
8		노숙희	<ul><li>삼일상업고등학교(경기도 수원) 교사</li><li>특성화고 졸업 후 선취업후학습을 통해 교직 입문</li><li>직업계고 교육과정, 고교학점제 컨설팅 등을 통해 학생들의 진로선택, 과목선택권 확대에 기여</li></ul>

순	사진	이름	주요 내용
9		박영민	• 록야 대표(공동창업) • 농산물 유통 프로세스의 문제점을 개선하기 위해 창업 • 씨감자부터 식용감자에 이르는 감자생산 전반에 대한 기술적 노하우를 보유하고 있는 농업벤처 회사
10		박준영	• 수원노숙소녀살인사건, 무기수 김신혜사건, 익산 택시기사 살인사건, 삼례나라슈퍼 강도사건 등 사회적 약자들의 재심을 이끌어 낸 변호사 • 군제대 후 사법시험 합격(대학 1년 중퇴), 공익 변호사로 활동
11		박혜린	• 이노마드 대표 • 전기가 없는 지역에 문명의 혜택을 가져다주기 위해 휴대용 수력발전기 이스트림을 개발 • 포브스, '아시아태평양 지역 30세 이하 젊은 리더' 선정('17)
12		신민철	• 대구진월초등학교 교사, 칸아카데미 선도교사 • 교육부/KERIS 솔라스쿨 현지 교원 연수 강사 • 산골학교의 아이들이 즐겁게 공부할 수 있을지 고민하면서 디지털교과서 활용, 칸아카데미의 무료 소프트웨어 활용 등 다양한 교육방식 접목 "에듀테크가 교육격차를 해소하는 일에 앞장서고 싶다"
13		안서형	• 비트바이트 대표(모바일 키보드 솔루션 개발기업), 국민대학교 재학 • 고교시절 언어습관 개선 앱 '바른말 키패드' 개발 • 대한민국 인재상(교육부장관상, '17) • 소셜벤처 아이디어 경연대회 대상(대학생부, 고용부장관상, '17)

순	사진	이름	주요 내용
14		엄윤미	• 씨_프로그램 대표 • 다음 세대, 놀이, 배움이라는 키워드 안에서 변화를 만들고 확산하는 프로젝트, 파트너 발굴, 투자, 협력을 하는 벤처 기부(Venture Philanthropy) 펀드 • 재무적 투자뿐만 아니라, 전략 수립, 지식 공유 등 비재무적 지원을 함께 함
15		오상훈	• (주)럭스로보 대표 • 6번의 창업실패 끝에 유럽에서 주목 받는 로봇 교육 모듈 제작 스타트업 창업 "창업을 하려고 하지 말고 자신이 하고 싶은 일이 무엇인지를 찾아서 시작하라"
16		임승혁	• (주)이너프유 대표이사 • 시각장애인용 진동점자 입·출력 시스템 기술 개발 (관련 국내 특허 2건 등록, PCT국제특허 1건 출원) • 모바일 점자교육 및 터치스크린 기반 진동점자 제품 개발 "다수를 위한 범용기술이 아닌, 우리 모두를 위한 기술" "장애로 인한 기술 및 정보 불평등을 해소"
17		장소영	• 경상남도 마산고등학교 교사 • 2019~ 고교학점제 제도개선 연구회 연구위원 • 2020 미래교육테마파크 프로그램 콘텐츠 개발 위원 • 고교학점제 연구학교를 운영하며 교육현장에 적용 중으로 고교 교육력 제고에 기여
18		지한별	• 과기부 주관 '차세대 보안리더 양성 프로그램' 멘토 • 라온화이트햇 연구소 내 유일 여성 화이트 해커 • 과기부 주관 '차세대 보안리더 양성 프로그램' 베스트 10 선정('16), 국내 금융, 보안업계가 주최한 경진대회에서 20개 이상의 수상 경력 보유 • "해커에서 필요한 역량은 분석능력, 그보다도 가장 중요한 것은 윤리의식"

부록 1 미래교육위원회 소개와 활동

순	사진	이름	주요 내용
19		최재붕	• 성균관대 기계공학부 교수 • 웨어러블 스마트기기 추진단장 • "신문명에서 성공하려면 상식을 깨야 합니다" • 저서 〈엔짱(미래의 글로벌 리더를 위하여)〉, 〈AUTODESK INVENTOR〉
20		한재권	• 한양대 로봇공학과 교수, 前 로보티스 수석연구원 • 로봇대회: RoboCup2011우승, DARPA Robotics Challenge 결선진출, 스키로봇 챌린지 원격조종부분 2위 • 저서 〈소년소녀, 과학하라!, 로봇정신〉
21		홍성재	• ㈜ 워크숍 대표이사 • 한성대학교 창업 R&D센터 교수 • 서울특별시 공공디자이너(위촉직) • (전) 사단법인 한국업사이클디자인 협회장
22		고산	• 에이팀벤처스 대표 • 4차산업혁명위원회 산업경제혁신 위원회 위원 • (전) 타이드인스티튜트 대표 • (전) 한국항공우주연구원 연구원
23		박영민	• 영광 불갑초등학교 교사 • 전남 에듀테크 컨설팅 위원 • 광주 전남 거꾸로교실 연구회 회장

순	사진	이름	주요 내용
24		이승택	• ㈜ 놀공 대표 • 게임 디자이너 • 교육부 '학교공간혁신사업' 업무협약 • 프로젝트 '월페커즈: DMZ에서 베를린 장벽까지 • 저서 〈노력금지〉(2013)
25		유주연	• 보람고등학교 학생 • 2020 공간혁신 프로젝트 워크숍 운영
26		이형민	• 연세대학교 재학 • 초등학교 때부터 거미에 관심 • 세계최초 신종 거미논문 발표, 최연소 학생으로 일반 거미학회 구두발표 • '천연기념물 412호 물거미 연구' 저서
27		이희훈	• 서울예술대학교 재학 • 그래픽디자인브랜드 '비정상' 운영, CJ 그룹& CJ 뮤지컬 등 다양한 영상 외주활동 • Young Creative Korea 2018 최연소 아티스트 선정 및 전시회 참가
28		전채원	• 미림여자정보과학고등학교(마이스터고) 졸업 후 O2O 스타트업 나우버스킹 취업 • 마이스터고 진학, 대학 진학 및 대기업 취업 포기, 부모님을 설득하여 자신의 진로를 개척

미래교육위원회 2기 활동

미래교육위원회 2기의 역할과 활동은 크게 세 가지 차원에서 전개되었다.

첫 번째는 **미래인재상을 제시**하는 역할이다. 위원들은 자신의 삶과 경험, 성장과정 등 각자의 내러티브를 담은 수기를 작성하고 공유함으로써 미래인재에 대한 일종의 비넷을 제공하였다.

두 번째 역할은 **미래교육에 대한 공감대 및 인식의 확산**이다. 위원들은 미래사회 전망, 다양한 인재상과 미래 교육 방향에 관한 시민들의 공감대와 인식을 확산하기 위해 온라인 동영상 <나우미래: 나와 우리의 미래, Now 미래> 시리즈 제작에 참여하였으며, 제작된 동영상은 유튜브 채널 <교육부tv>에 탑재되었다. 2019년에 제작된 <나우미래>가 위원별 전문 분야의 특징, 선택 동기, 성공·실패의 경험, 해당 분야에 필요한 역량 등을 소개하는데 중점을 두었다면, 2020년에 제작된 <나우미래>에서는 미래교육에 관한 위원들의 생각과 기대, 전망 등을 허심탄회하게 풀어나가는 데 중점을 두었다. 이후 교육부에서는 2020년 <나우미래> 동영상에 대한 댓글 이벤트를 추진하였으며, 이를 통해 학생, 학부모, 교사 등 다양한 교육주체들이 동영상을 시청한 후 미래교육에 대한 자신의 생각을 댓글로 전하였다.

세 번째는 **미래교육을 위한 정책 방향 및 과제를 도출**하는 역할이다. 위원들은 각자의 전문분야를 고려하여 미래교육정책과제 논의를 위한 8차례의 분과회의에 참여하였다. 각 분과회의에서는 대학 및 정부출연기관의 교육전문가위원의 발제를 중심으로 정책의 현안과 쟁점에 대한 초점화된(focused) 토론이 진행되었다. 특히, 정책과제의 실질적인 논의를 위해 교육부 각 부서 담당자가 분과회의에 참석하여 위원들과 함께 토론할 수 있도록 함으로써 현장의 참신한 아이디어가 실효성 있는 정책

과제로 연결되도록 하였다.

그 밖에도 유은혜 사회부총리 겸 교육부장관이 함께한 2020년 말 전체회의를 통해 2030년 미래학교에 대한 기대와 구상을 공유하였다.

Appendix 2

미래교육에 대한 공감대 형성
: "미래교육위원, 시민과 만나다."

미래교육과 같이 다양한 분야의 융합과 쟁점을 수반하는 사안을 다룰 때에는 학부모, 학생, 교육전문가는 물론 사회 각계각층의 의견을 공유하고 수렴하는 과정이 중요하다. 특히 교육은 현대 국가의 핵심적인 공공 서비스 중 하나이기에 시민들이 제안하는 의견을 반영하는 정책 숙의와 집행 과정은 교육정책의 확장성과 효과성 제고에 중요한 역할을 담당한다. 일선 연구자나 전문가의 능력과 더불어, 교육현장에서 자연스럽게 형성되는 다양성과 독립성을 기반으로 한 '통합적 지성'이 구안한 아이디어가 문제 해결에 필요하고, 또 효과적일 수 있다. 교육 혁신에 대한 요구가 그 어느 때보다 높은 지금, 개인과 집단의 경험과 통찰, 공유된 지식을 효과적으로 활용한다면 보다 적절하고 탄력적인 미래교육 구상이 가능해질 것이다.

기술의 발전은 미래교육의 타당성을 현실로 구현할 힘을 더하고 있다. 집단지성으로 대변되는 시민들의 사회관계망과 정보처리활동은 IT 혁신을 대비할 수 있는 결정적인 축이 되었으며 미래 생존과 경쟁력 증진을 좌우할 수 있는 주체로 부상하였다. 기하급수적으로 가속화된 정보 생성과 유통으로 기술혁신에 대한 시민들의 이해와 공유는 상당히 진화하였고, 시민들은 과거보다 더 똑똑해졌다. 소수 전문가 집단의 과학적 예측이나 분석도 실제 구매자이자 행위자인 시민의 의견과 행동 데이터에 기초하기 때문에 소비자이자, 생산자, 그리고 창조자로서 시민의 중요성과 역할이 더욱 확대된다. 한편, 시민이 직접적인 생산자이자 창조자가 된다는 그만큼 변화나 미래에 대한 예측의 정확도를 높일 수 있다는 것을 의미하기도 한다. 이러한 맥락에서 미래학자 돈 탭스콧은 미래는 집단지성이라는 키로 '만들어갈 수' 있다고 하였다.

대중을 중심으로 전개되는 행위자 수준의 노력을 제도적 노력과 유기적으로 연계하는 과정에서 소셜미디어와 네트워킹 채널은 상당히 중요한 역할을 한다. 기존의 매스미디어를 이용한 의제 설정 및 집행 과

부록 2 미래교육에 대한 공감대 형성

정이 대량의 정보를 일방적으로 전달하는 데 치중해온 반면, 소셜미디어에서는 시민들이 자발적으로 키워드를 연상하여 문제를 제기하거나 주변의 참여를 촉진하는 사실 등 행위 연결망이 발생할 가능성이 상대적으로 높다. 특히 학교교육 및 공교육 시스템을 둘러싼 공공의제는 정보의 특수성으로 인해 소통의 증대가 자칫 비판과 갈등의 증가를 가져올 수 있다는 위험과 부담이 있다. 이러한 상황에서 소셜미디어는 정보 제공 및 논쟁의 부담을 최소화하고 민감한 정보를 정제하면서 실생활에 도움을 줄 수 있는 양방향 소통을 극대화할 수 있다는 강점을 지니고 있다.

오늘날과 같은 대전환의 시대를 살아가는 시민들은 어느 때보다 미래학교에 높은 관심을 보이고 있다. 이에 2020년 교육부에서는 미래교육의 비전과 향후 정책과제에 대한 다양한 교육주체의 목소리를 담아내는 공간으로서 <교육부 TV> 유튜브 채널을 활용하였다. 본 장에서는 미래교육에 대한 학생, 학부모, 교사들의 관심을 촉진하고, 소통을 활성화하고자 교육부와 미래교육위원들이 함께 제작하고 공유한 <나우미래> 영상 5편을 소개하고자 한다. 더불어, 영상에 대한 반응(댓글)을 면밀히 분석함으로써 미래교육에 관한 학생, 학부모, 교사들의 다양한 생각을 조명해보고자 한다. 미래교육위원의 이야기 중심으로 마련한 소통의 장에서 시민들이 생각하는 한국교육의 다음 막은 어떤 모습일지 5개의 주제를 중심으로 살펴보자.

미래교육에 대한 미래교육위원의 생각(나우미래2)

<교육부 TV> 채널은 이전부터 미래교육 관련 포럼과 사례를 담은 유용한 정보를 지속적으로 업로드 하였다. 그 중 <나우미래> 시리즈

는 미래교육위원들의 삶과 경험, 생각들을 공유하는 영상물로 제작, 공유되었다.[1]

미래교육위원이 제안하고 시민들이 답하다

왜 빅데이터 분석인가

교육 문제에 대한 시민의 인식과 반응에 나타나는 방향성과 핵심 아이디어를 분석하는 작업은 매우 중요한 작업이다. 그러나 대상을 특정하고 데이터를 수집하는 기존의 설문조사 방법은 경제적, 시간적 제약에서 자유로울 수 없다. 여러 제약을 해결하기 위해서 최근에는 빅데이터 분석 기법을 활용하여 인터넷상에 있는 정보를 수집하고 통계 분석을 통해 결과를 도출하려는 흐름이 일고 있다. '텍스트 마이닝' 기법은 소셜미디어에서의 상호작용과 같이 방대한 양의 자료에서 의미 있는 경향성과 패턴, 이슈를 도출하는 데 많이 사용되고 있다.

이번 분석에서 사용된 댓글의 수와 텍스트의 양은 사실 텍스트 마이닝 기법을 사용한 분석방법에 충분한 정도라 볼 수는 없었으나, 학문적 엄격성과 정밀성에 무게를 두기보다는 ① 유튜브라는 소셜미디어에서 ② 시민이 자발적으로 생산한 텍스트 데이터를 ③ 사회적 쟁점이 되는 미래교육 이슈 논의에서 사용하여, 시민들의 포괄적이고 현실적인 의견을 파악하는 데 의의를 두고 진행되었다. 따라서 연관성(Similarity)이나 유사도, 중심성(Centrality)을 엄격하게 계산하기보다는 키워드들의 발생과 연결 구조를 그려보고 이 과정에서 어떤 의미와 담론이 형성되고 있

---

1 5편의 영상은 각각 10분가량의 대담 형식으로 제작되었으며, 1인 크리에이터 '태용'과의 콜라보로 진행되었다. 태용은 유튜브 컨텐츠 크리에이터로 스타트업과 관련된 컨텐츠를 제작하고 있다.

변화를 전환으로
외부의 변화에 대응? 변화를 이용해 세상을 전환!
마음돌보기
스스로를 돌보기, 다른 사람도 돌보기
기초소양과 역량
그럼에도 배워야 하는 것, 갖추어야 하는 것

코칭
티칭에서 코칭으로
인터렉티브
대면과 비대면 논쟁보다 중요한 것은 '상호작용'
평가 패러다임
교육 변화의 외침은 평가 체제 변화로 완성된다

나
모든 것은 나로부터 시작된다
목표 파괴
'우수한' '좋은' '바람직한' 정말일까?
불확실성
불확실성의 파도에 올라타기

공간으로서의 학교
학교공간만이 선사할 수 있는 경험은?
지역사회와 학교
우리 마을에서 학교는 어떤 역할을 할 수 있을까?
리모델링사업
페인트 색깔 바꾼다고 교육이 바뀌는가?
다양성과 개별화
'다양한 학교 공간'에서 '맞춤 교육과정' 운영하기

용기와 전진
우주인이라는 타이틀을 벗고
한정에서 무한으로
한정된 자원을 쟁취하기 위해 경쟁하는 시대는 끝났다
동기 전환
외부의 상황도 나의 추진력으로 바꾸자

는지 포착하는 데 집중하였다. 이때 개별 댓글을 질적으로 분석하는 작업도 동시에 진행함으로써, 댓글 텍스트를 활자 그대로 이해하는 것을 넘어 현장 정책과의 관련성을 토대로 생성되는 맥락적 의미들을 함께 이해하고 해석하였다.2

키워드로 본 미래교육

다음 표는 텍스트 마이닝에서 추출된 키워드 중 상위 30개의 키워드를 보여준다. 2020년의 특수한 상황으로 '코로나'라는 단어가 압도적인 빈도를 보이고 있으며, 변화, 새로운, 연결, 기대 등 '미래'에 관한 단어들이 많이 등장하였다. '감성', '다양성', '꿈' 등과 같이 정서, 심리, 인성 관련 가치를 담고 있는 단어들과 '온라인', '디지털', '플랫폼' 등 변화하는 에듀테크 생태계와 관련한 키워드도 빈번하게 언급되었다. 추출된 키워드의 중요도(TF-IDF)를 계산한 결과, 시민들이 외부의 변화뿐 아니라 '학교교육과 교육과정'에 대해서도 함께 고민하고 있음이 잘 나타났다. '자신', '생각', '시간', '사회' 등은 전체 데이터 수준에서는 낮은 빈도로 나타났지만, 각 댓글 안에서는 중요한 키워드였다.

시민들이 작성한 댓글에 제시된 주요 키워드들을 좀 더 면밀히 살펴보면 (1) 시민들의 의견이 조금 더 밀도 있게 반영된 키워드와 (2) 반대로 미래교육위원들은 강조했지만 시민들의 관심은 두드러지지 않았던 키워드로 구분되는 것을 볼 수 있었다. 전자는 동등한 교육기회에 관한 키워드인 '공평'이었고, 후자는 '도전'과 '기업가정신'이다.

---

2 〈교육부TV〉 채널에 업로드 한 위의 5개 영상에 많은 시민들이 댓글을 남겼고, 연구진은 구글 애널래틱스(Google Analytics)를 활용해 시민들의 반응과 의견을 수집하였다. 수집한 댓글에 대해서는 R을 기반으로 한 텍스트 마이닝 분석을 진행한 후, Gephi를 이용한 네트워크 시각화 과정을 거쳤다.

미래교육에 관한 댓글 텍스트 마이닝 키워드 추출 결과

단어 빈도수 상위 30개					TF-IDF 상위 30개				
1	코로나	53	16	즐거움	21	1	공간	2.6799	16	시간	1.231913
2	변화	49	17	꿈꾸는	20	2	학생	2.4648	17	환경	1.229813
3	새로운	43	18	디지털	20	3	수업	1.9560	18	학습	1.177350
4	연결된	42	19	성취	18	4	변화	1.5606	19	연결된	1.163583
5	기대	41	20	성장	17	5	코로나	1.48727	20	세계	1.162717
6	온라인	40	21	가르침	15	6	자신	1.43855	21	발전	1.15957
7	감성	37	22	미래교육위원	15	7	경험	1.43441	22	직업	1.15773
8	다양한	32	23	오프라인	15	8	생각	1.42312	23	이야기	1.11233
9	이야기	30	24	개개인	13	9	교사	1.36759	24	혁신	1.10941
10	글로벌	25	25	플랫폼	13	10	경쟁력	1.34632	25	감성	1.10923
11	역량	25	26	맞춤형	12	11	변화	1.31599	26	배움	1.09860
12	힘든	25	27	빠른	12	12	힘든	1.308862	27	온라인	1.09633
13	문제점	23	28	콘텐츠	12	13	필요	1.245886	28	노력	1.08899
14	경쟁력	22	29	나눔	11	14	사회	1.244600	29	역량	1.08243
15	배움	22	30	삶	11	15	새로운	1.241951	30	글로벌	1.07047

　　오프라인 수업과 온라인 수업 체제가 하루 사이로 바뀌는 교육 현장에서 가장 큰 문제로 떠오른 이슈는 바로 '학습격차'와 '수업결손'이다. 몇몇 댓글에서는 온라인 플랫폼 활용으로 양질의 학습콘텐츠에 대한 접근성이 높아졌다는 평가도 있었지만, 과연 이것이 동등한 교육기회로 연결되었는지에 대해서는 실망과 회의가 두드러졌다. 코로나 19로 인해 '돌봄(보육)'과 '책임(기초학력보장)'과 같은 학교의 역할과 기능이 제한되면서, 많은 학부모와 교사들, 그리고 시민들이 돌봄과 기초학력 보장에 있어 학교의 역할과 중요성을 절감하게 되었다. 이러한 절감과 공감은 미래사회에 필요한 학교의 상을 그려나가는 데 있어서 학교의 사회적 역할에 대한 고민이 커다란 토대가 되어야 함을 시사하였다.

　　한편 미래교육위원들의 영상들에서는 '도전'과 '기업가정신', '창업' 등의 키워드가 자주 등장하였는데 시민들의 반응에는 이러한 단어들이 두

드러지게 나타나지 않았다. 이러한 경향은 2022 개정 교육과정 개발을 위해 실시한 대국민 설문결과에서도 나타났다. 국민들은 지능정보화와 첨단기술로 대변되는 미래사회에서도 지식, 기능을 강조하는 교육보다는 전인적 교육을, 수월성보다는 형평성을 강조하는 교육 정책을 요구하였다. 도전, 기업가정신, 창업 등이 미래교육의 필요조건은 될 수 있지만 충분조건이 될 수는 없다. 기술 경쟁과 성장 압력을 높게 받는 사회일수록 불평등한 사회를 개선할 수 있는 '사람됨'이 더욱 요구되는 것이다. 시민들은 과학기술 교육이나 창의성 교육과 같이 특정 역량이나 교과의 성취 보다는 삶과 교육활동을 융합할 수 있고 시민성과 인성을 갖출 수 있는 교육이 더 필요하다고 생각하고 있었다.

나우미래 수다 댓글 텍스트 마이닝 분석 결과 의미연결 네트워크

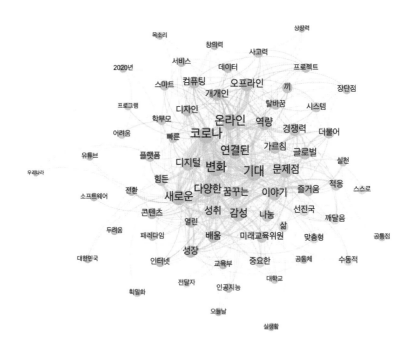

미래교육에 관한 시민들의 댓글에서 추출한 핵심 키워드를 중심으로 의미연결망을 그려본 결과 앞의 그림과 같은 네트워크가 생성되었다. 네트워크의 중심부에는 고빈출 키워드인 '코로나', '변화', '온라인', '기대', '새로운', '문제점', '다양한' 등의 단어가 위치하며, 이러한 키워드들은 각 군집에서 허브 역할을 한다. 도출된 네트워크 속 특정 키워드가 내포하고 있는 가치나 목적 등을 파악하기 위해서는 형용사들을 눈여겨 보아야 한다. 미래교육 관련 이슈에 대한 여론의 인식은 '새로운', '중요한', '힘든', '빠른', '어려운' 등으로 수렴되었다. 이러한 형용사들은 네트워크 중심부에 대거 자리하고 있다. 여기서 우리는 미래교육 관련 이슈 및 정책과 관련하여 쏟아지는 정보(input)에 대해 시민들이 형성하고 있는 반응이 정보 자체보다 더 중요한 위치를 차지함을 알 수 있다. 이는 미래교육 정책 계획과 미래학교 설계 방향 수립의 과정만큼 교육 수요자와 정책실행자 등 교육공동체 구성원들이 그 의미를 어떻게 해석할지에도 많은 관심을 가져야 할 필요가 있음을 시사한다.

미래교육위원, 그리고 시민들의 목소리로부터…

미래교육위원들과 시민들이 이야기하는 미래교육은 달라보이면서도 그 내면을 깊이 들여다보면 사뭇 비슷한 생각들을 담고 있었다. 앞서 제시한 텍스트 마이닝 결과에 깊이를 더하기 위해 개별 댓글들을 질적으로 분석하고 관련 선행연구들과 연결하며 의미를 해석해 보았다.

행동을 위한 예측과 미래 리터러시

2016년 다보스 포럼에서 4차 산업혁명이라는 단어가 등장한지도 5년이 되어간다. 유행처럼 번진 이 단어를 우리 국민 모두 한 번쯤은 들어봤을 듯하고, 다소 식상한 단어가 되어가고 있었던 것 같기도 하다. 그래서인지 미래교육 영상 댓글 분석 결과가 던진 첫 번째 메시지는 '이미 충분히 알고 있다'였다. '변화'와 '탈바꿈', '전환' 등의 단어들은 출현 빈도수와 중요도 계수에서 상당히 높은 값을 보이고 있는데, 이는 미래교육이라는 새로운 패러다임의 필요성, 학교교육의 변화에 대한 필요성을 국민들이 충분히 공감하고 인지하고 있음을 보여준다. 변화에 대한 경고로 그치는, 표어처럼 떠도는, 변화 자체에 초점을 두는 외침보다는 한층 구체적이고 실제적인 교육적 접근이 필요하다. 한 댓글에서는 미래교육을 주제로 한 보고서와 세미나들이 거의 비슷하다며, "PISA 점수가 우리 교육이 성공과 한계를 보여주고 인공지능과 딥러닝 혹은 인구변화와 다문화와 같은 변화 요인들이 열거된 후, OECD 2030 프레임을 인용하며 한국교육의 완전한 체질개선을 주문한다"하는 알맹이 없는 외침이라 꼬집었다.

경고나 선언 수준의 예측은 미래사회에 대한 건설적인 탐구를 저해하고 오히려 피로도를 높일 수 있다. 하드웨어 테크놀로지 분야에서는 혁신만큼이나 혁신에 대한 태도와 피로도 관리를 강조하는데,3 교육현장도 예외가 아니다. 혁신을 실천하면서 목도하는 문제에 대해 점검이나 반성 없이 추상적인 미래 예측에만 집중한다면 교육공동체의 심리적 부담만 높아질 것이다. 미래학 연구에서는 예측력을 높이는 이유가 위험을 줄이기 위함이기에 변화를 마치 재난과 같이 선언하여 두려움을

---

3 국제미래학회(2014). 전략적 미래예측 방법론, 미래를 보는 힘 34가지 미래예측방법론 완벽해설서. 서울: 두남.

유발하거나 지나치게 초불확실성만 강조해서는 안 된다는 점을 지적해 왔다. 미래교육은 다가올 변화가 아니라 이미 시작된 것으로 인지되어야 하며, 충격과 위협, 두려움의 요인이 아니다.

변화를 예측하고 대응하는 것은 사고실험이 아니라 행동가능성(actionability)을 탐색하는 것이다. 이번 댓글 분석을 통해 시민들은 현재 변화를 외치는 슬로건 다음 단계의 구체적이고 현실적인 해결책에 대한 고민이 필요하다고 보고 있음을 알 수 있었다. 이미 변화를 겪고 있기 때문에 현재에 대한 반성과 분석처럼 당장의, 즉각적인 액션이 필요하다. 그러기 위해서는 우선 현재 나타나는 여러 문제와 그 원인에 대해 이해하고, 그것이 일시적 유행으로 그칠 것인지 트렌드나 메가 트렌드로 발전할 것인지 판단할 수 있는 눈이 있어야 한다. 특정 이슈에 쏟아지는 관심이나 유행처럼 도는 교육변화는 교육현장에 혼란만 야기할 뿐이다.

변화에 대응하는 전략들이 지속적으로 진화될 수 있는 생태계를 만들고, 동시에 변화를 야기하는 요인들을 찾아 미래를 주도할 수 있는 교육공동체의 역량을 키워야 한다. 실제로 여러 기업과 기관에서는 이러한 미래 '예측' 역량과 '대응' 역량 향상이 미래에 대한 '적응' 역량보다 중요하다고 보고, 이러한 예측과 대응 소양 자체에 대한 교육을 실시하고 있다. 미래 정책 이슈에 대한 여러 대안적 시나리오를 착안해 낼 수 있는 인식의 틀을 가르치기도 한다.4 따라서 미래사회에 기대되는 '변화된 학교교육'이 지향하는 목표가 무엇인지 교육 구성원이 스스로 수립할 수 있도록 미래예측 방법론을 소개하거나 예측 시나리오를 직접 만들어보고 탐구할 수 있는 기회를 제공할 필요가 있을 것이다.

---

4 KAIST문술미래전략대학원(2020). 미래예측 및 대응역량 향상과정 표준교재 개발 보고서. 인사혁신처.

배움을 위한 교육, 인간성을 위한 교육
: 모든 고민과 생각은 교육적이어야 한다

교육문제는 구조적이고 사회적이지만, 동시에 인간 본성과 정의에 관한 기대와 얽혀 있다. 그렇기에 교육문제에 관해 시민들은 어느 정도의 공유된 이해를 형성하고 있고, 특히 교육적 가치에 대한 의견이 상당히 많이 담겨있었다. 네트워크 분석에서 '배움'과 '가르침'이라는 개념이 상당히 중요한 키워드로 맵의 가운데에 위치하고 있었지만, 이 키워드들은 기존 학교교육에서 이루어졌던 정보나 지식을 이해하거나 전달하는 과정을 묘사하는 데 사용되지 않았다. 시민들의 댓글은 교사들의 가르침을 '실천'이나 '즐거움', '나눔'과 같은 키워드와 연결하고 있었다. 이는 최근 교육부에서 실시한 설문조사 결과와도 비슷한데, 시민들은 지식을 습득하고 활용하는 것보다 공동체, 사회문제에 책임감을 갖고 문제해결에 참여할 수 있는 역량이나 정서-관계 역량을 더 중요하게 여겼고, 교사의 역할 또한 지식의 전달이나 이해를 촉진하는 것에 있지 않았다. 변화하는 사회는 학교교육의 활동이 다양해지고 첨단화되는 자극제가 되고 있지만, 시민들은 여전히 학교가 학생들에게 '교육적' 의미에 집중하기를 기대한다고 응답하였다.[5]

하지만 이것은 여러 미래교육위원들이 강조하였듯 평가 패러다임의 전환과 배움에 대한 새로운 정의가 선행되지 않으면 불가능할 것이다. 특히 평가 혁신이 없는 미래교육은 현재 교육문제를 땜질하는 수준으로 그칠 수 있다. 그동안 한국교육에서는 학습자의 성취와 학력(學歷)이 진정한 의미의 학력(學力)을 반영하지 못함을 지속적으로 반성해왔다. 지금까지 우리나라 학교 교육에서 집중해왔던 명제적 지식, 표준화된 평

---

5 4차산업혁명시대에도 국민들은 지식보다 시민교육 원한다, 뉴시스, 2019년 12월 6일

가, 역량에 대한 단편적인 접근 등 형식화된 체제는 미래교육으로 탄력을 받은 배움에 대한 확장된 논의를 제한하거나 오도할 수 있다.

시민들이 제시하는 두 번째 가치는 인간다움과 인간성에 관한 것이다. 댓글들에서 온라인과 오프라인 플랫폼이나 스마트기기 등 테크놀로지 관련 키워드들이 '학생들의 끼', '더불어 사는 삶', '상상력과 창의력'과 같은 키워드와 함께 언급되고 있었다. 이는 에듀테크의 가속화에 대한 내부적 저항이라기보다는 에듀테크가 어떻게 교육의 본질을 담아낼 것인가 고민하고 있다는 것을 보여준다. 예를 들어, 많은 댓글에서는 에듀테크가 불가항력적인 변화이고 불확실성에 대한 탄력적 대응을 가능케 하는 키로 묘사되었다. 하지만 시민들은 이 가능성과 편리함이 미래교육의 가치와 학습자의 교육적 경험에 맞닿아야 한다고 보았으며, 교육의 목적이나 방향과 유리된 수단으로 사용되는 것을 우려하였다. 실제 테크래쉬(techlash)라는 용어로 묘사되는 기술에 대한 반감은 교육 분야에서 가장 크다.[6] 미래교육위원들도 언급하였듯 이것이 기존의 명제적 지식 위주의 학습과 대비되어 극대화되는 것인지, 어린 학습자의 자아와 인지 발달이라는 발달적 특성에 기초한 것인지, 아니면 그저 형식적이고 보수적인 학교교육체제와 달라 이질감에서 촉발되는 것인지 그 원인을 명확히 진단하기는 어렵다.

우리는 흔히 에듀테크라고 하면 물화된 기기나 인터페이스 경험, 과학기술 그 자체에 집중하는 경향이 있다. 하지만 기술이 발전하면서 두드러지는 그 본질적 특징들은 오히려 인간적이다. 예컨대 기술융합은 마치 포스트모던 철학이 시도했던 경계 허물기와 비슷하고 지능정보화는 유동적인 생태계 구조와 유사하여 다시금 정체성 이슈를 논하게 된다. 이는 기술적 관점에서는 설명하기 어려운 인간의 기대와 욕망이 인

---

6 OECD(2018). *The Future of Education and Skills: Education 2020.* Position Paper.

간의 '과학하기(doing science)'에 반영되기 때문이다.7 그렇다면 우리는 새로운 에듀테크 시스템에 탄력적으로 '대응'하는 것이 아니라 에듀테크를 인지하고 활용하는 그 시작부터 주도적일 수 있다. 그리고 모든 교육 장면에서 녹아있어 당연해진 과학기술에 그 가치와 의미를 판단해보면서 바꾸어가는 것 또한 가능하다. 기술은 학습과 수업을 지원할 수 있는 자원이지만, 동시에 교육은 기술활용 역량과 기술개선 및 재창조(reinvention)의 가능성까지 고려할 수 있어야 한다. 이를 위해서는 개별 플랫폼이나 기기 활용 방법을 습득하는 소모적인 교육 활동에 집중하지 않도록 교육 구성원의 지속적인 연구와 협력이 필요하다.

정의로운 학교 공간혁신

미래교육위원들은 학생들에게 학교가 앎을 위한 공간인 동시에 그 자체로 삶의 공간이 되기를 기대하였다. 학교에서 학생들이 보내는 시간이 지식과 기술을 습득하는 동시에 자신을 세워가는 시간이 되어야 한다고 보았다. 근대 이후의 공교육 체제에서 학교는 단 한 번도 표준화된 공간이 아니었던 적이 없었다. 빠른 건축과 에너지 절약, 정확한 규격 등이 공간 효율성을 정의하는 토대가 되었으며, 그 결과 우리는 전국 어디를 가더라도 단번에 학교 건물을 알아차릴 수 있다. 미래교육위원들이 추구하고, 전망하듯 미래사회에서는 학교와 지역사회의 경계가 희미혜질 것이며, 학생들은 학교 안팎을 오가며 보다 넓고, 깊은 배움을 경험하게 될 것이다. 시민들은 이러한 패러다임 전환에 반가움으로 응답하였고, 학교 공간의 혁신을 통한 수업 혁신에 커다란 기대를

---

7 조헌국(2021). 미래 교육 및 미래 학교의 전망을 통한 과학교육의 방향과 과제. 교과교육학연구, 25, 61 – 78.

부록 2 미래교육에 대한 공감대 형성

보였다. 특히 시공간의 제약을 넘어서는 데 익숙한 오늘날의 학생들, '디지털 네이티브'로 불리는 이들은 학교와 교실을 우리 사회에서 가장 제약과 규격이 많은 공간으로 정의하였다.

그러나 시민들이 표준화의 그림자만을 이야기한 것은 아니었다. 많은 시민들은 지난날의 학교 공간 규격화가 오히려 평등한 교육을 가능하게 했을 수 있음을 지적하였다. 그리고 그 연장선에서 미래학교의 공간혁신 역시 공평한 교육기회를 간과해서는 안 된다고 보았다. 이러한 요구는 비단 공간혁신을 위한 자원의 '공정한 분배'만을 이야기하는 것이 아니었다. 그보다는 학생들의 다양한 상황과 맥락에 감응하는 학교 공간에 대한 기대를 담고 있었다. 예를 들면, 학교 밖 교육 경험의 기회가 적은 계층이나 인적, 물적 인프라가 부족한 지역의 학생들에게는 돌봄과 정의적 차원을 강화한 학교 공간이 필요함을 제안하였다.

교사들이 전한 여러 댓글에서는 학교 공간을 혁신하는 과정에 교사와 학생들이 함께 참여할 때 공간혁신의 과정 자체가 살아있는 교육과정이자 유용한 교수학습 자원이 될 수 있음을 이야기하였다. 몇몇 댓글에는 학교 공간 재구조화가 학생들에게 편의와 효용 이상의 가치를 줄 수 있을지 의문을 보이거나, 행정업무나 예산집행으로 끝나버릴까 우려의 목소리도 담겨있었다. 하지만 시민들은 "누구를, 무엇을 위한 공사(工事)"인지에 관한 질문의 끈을 놓지 않는다면 레토릭 수준의 혁신을 뛰어넘어 진정한 "교육혁신"을 실현하는 호기가 될 수 있다고 보았다. 이제까지의 학습자 중심 교육이 학습에 대한 학생들의 내용 선택권을 보장하는 수준에 머물렀다면, 학생 참여형 학교 공간혁신은 학생들에게 학습의 과정과 환경에 대한 결정권을 일부 이양함으로써 궁극적으로는 학습자의 행위 주체성을 촉진하는 데 크게 기여할 것이다.

삶의 시공간으로서의 학교와 진로교육

　마지막으로 <나우미래> 동영상 곳곳에 담긴 미래교육위원들의 개인적인 내러티브가 미래학교의 진로교육에 대한 시민들의 생각에 커다란 울림이 되었음을 발견할 수 있었다. 새로운 분야에 도전하여 창업을 시도한 공혁준 위원과 박혜린 위원의 내러티브는 적성과 흥미, 소질 등을 강조하는 오늘날의 진로교육과 거리가 있어 보였다. '진로를 찾아가는 과정'은 성공하는 삶과 좋은 삶, 추구해야 하는 삶에 대한 이상적인 모습을 미리 그려놓고 쫓아가는 과정이 아니라는 것이다. 적성과 소질, 장점과 단점 등 이제까지 원론적인 수준에서 다루어졌던 진로교육이 사실상 '직업이나 전공에 대한 정보탐색'을 '꿈을 찾아간다'는 수사로 꾸며 정작 학생들이 행복한 삶에 대한 고민해볼 기회를 제한해왔다는 댓글에서 공명의 흔적을 볼 수 있었다. "학교에서 자신만의 경쟁력이나 독창성을 키우라는 이야기를 하는 것이 오히려 무력감을 주었으며, 나의 꿈과 미래를 제대로 인식하고 설계하는데 12년의 학교교육은 그렇게 도움이 되지 않는 것 같다"는 한 학생의 댓글에도 기존의 학교와 진로교육에 대한 비판과 회의가 서려 있었다.

　그러나 사실상 '진로'와 '진로교육'에 관한 내용을 담은 댓글은 다른 주제를 담은 댓글에 비해 양적으로 그리 많지 않았다. '끼'와 같은 진로교육 관련 키워드는 언급 수는 많았지만 댓글에서의 중요도는 높지 않았다. 우리는 이 결과에 주목할 필요가 있다. 본 연구의 주제는 '미래'이다. 우리가 이야기하고 있는 '미래'는 우리 모두의 미래이며 자연스럽게 각자의 미래 모습을 상상할 수 있을텐데, 왜 이러한 결과가 나타난 것일까? 미래학교 정책들에 학생 개개인의 생애 설계에 대한 고려가 충분히 이루어지지 않은 것은 아닐까? 학교는 배움의 공간이기도 하지만 삶의 공간이다. 그렇기에 배움만 남은 학교에서는 학생들이 삶의 시간과

학교의 시간 사이의 괴리를 겪는다. 어른들이 일터에서 노동을 하는 시간에 어린이들은 학교에서 서로 다른 인격적인 체험을 하면서 시간을 보낸다. 교육과정은 이 활동과 작업이 인식과 행위, 지식이나 기술과 얽히며 발전하고 형식화된 것이다. 어쩌면 학교교육에는 배움 이전에 생과 삶이 있고, 미래교육은 여기에서부터 출발해야 할지도 모른다.

우리는 의미 있는 비전과 슬로건, 잘 구성된 예측 시스템, 성공적인 혁신을 고안하는 데 집중하였다. 하지만 시민들은 바로 지금 생활 속에서 학교에서의 시간을 직접적으로 경험하고 있고, 특히 학생들은 생애의 중요한 순간들을 학교에서 보내고 있기에 미래교육에 대한 거창한 논의가 실제로 살 부딪히며 경험하는 학교에서의 삶과는 동떨어진 이야기였을 수 있다. 미래학교와 미래교육에 대한 여러 청사진들에 인간성, 시민성부터 평가 패러다임 변화, 혁신적인 학교공간 구현까지 다양한 주제에 대해 논의가 이루어졌지만, 교육의 근간이 되는 참된 생의 의미에 대한 고민에 대한 이야기는 많지 않았다. 심지어 미래사회의 교육은 여전히 근대주의적 기술공학 관점에서 인간의 효용성과 자본적 편리성, 메리토크라시(meritocracy, 능력주의)를 전제로 설계되고 있다. 교육이야말로 인간의 생애 사업인데, 학교교육에서 진로와 진로교육을 구분된 각각의 영역으로 다루는 것 자체가 역설이 아닌가. 학생 한 사람 한 사람이 보내는 학교에서의 시간이 미래교육 혁신을 통해 어떻게 바뀔지, 한 사람의 생애에서 미래학교에서의 시간이 무엇을 의미하는지 고민해야 한다. 학교는 학생들의 삶터이고 학교 교육은 학생들의 생이 되어야 한다.

미래교육, 현재를 이야기하다

미래교육위원들의 영상을 보고 쓴 댓글 데이터를 중심으로 미래교육과 미래학교에 대한 시민들의 의견을 분석한 결과, 시민들은 다양한 관점에서 미래교육을 예측하고 이에 대해 저마다의 대응 전략을 가지고 있었다. 시민들은 교육현장의 가장 중심에 위치한 교육 구성원이기에 이들이 전하는 여러 생각들은 앞으로의 미래 교육 정책 구상에 큰 시사점을 줄 것이다.[8]

미래교육위원 2기의 활동기간과 그 성과를 분석한 기간은 어쩌면 정말 짧은 기간일 수 있다. 하지만 미래사회나 미래교육에 대한 목소리들은 계절의 변화와 함께 조금씩 달라지고 있었다. 전에 없던 등교중지로 피로와 혼란이 가중되어 비관론과 낙관론이 뒤섞였던 그때에 비해 지금은 미래에 대한 자신감이 조금 더 커진 것 같다. 미래교육에 대한 가장 효과적인 해결책은 늘 새롭게 등장할 것이고 혁신 비전은 점점 진화할 것이다. 앞으로 더 많은 불확실성에 직면하고 더 큰 변화 요구를 받을수록 우리 사회는 더욱 탄력적이고 적절한, 더 나은 교육을 만들어 갈 수 있을 것이다. 오히려 우리가 두려워해야 하는 것은 미래사회에서 나타날 현재의 문제이다. 과거 한국 교육의 병폐는 여전히 현재 한국 교육의 고질병이고, 미래 한국교육의 한계가 될 수 있다. 교육의 사회적 가치와 기능에 대해 충분히 협의하고, 통섭적인 가치를 추구하는 정책 개발과 실행방안을 모색해야 한다.

---

8 본 연구는 제한된 양의 데이터를 활용하여 엄밀하게는 '빅데이터' 텍스트 마이닝이라 보기 어렵다. 하지만 미래교육위원들의 분과회의와 여러 선행연구들을 바탕으로 질적분석을 결합하였고, 이를 통해 깊이 있는 고찰을 이끌었다.

함께 해주신 분들

정책연구진	고유정(고려대) 조현희(홍익대)	엄수정(경기도교육연구원) 조현영(인하대)	유지승(오하이오주립대)
협업 작가	남궁인(이대목동병원)		
교육부 미래교육위원 (2기)	고산 김승직 김하늬 박영민 박혜린 엄윤미 이승택 임희훈 전채원 홍성재	공희준 김유민 김 헌 박영민 신민철 오상훈 이형민 장소영 최재붕	김서준 김윤기 노숙희 박준영 안서형 유주연 임승혁 지한별 한재권
교육전문가 위원	김명랑(성신여대) 박성철(한국교육개발원) 정종원(울산과기대)	김진욱(서울과기대) 성열관(경희대) 홍원표(연세대)	김봉환(숙명여대) 손은령(충남대)
사례학교위원	김대권(영훈초)	김승철(고색고)	정숙인(사곡고)
연구조원	김경환(홍익대) 이선학(홍익대)	박지원(홍익대) 최세영(홍익대)	윤채영(홍익대)
삽화 일러스트레이션	이효선(홍익대)	조호연(홍익대)	
참여기관		교육부 미래교육기획과 고려대학교HRD정책연구소 홍익대학교	

저자소개

조현희

이화여자대학교에서 학사, 석사학위를 받고, 미국 워싱턴대학교(University of Washington)에서 교육과정 전공으로 박사학위를 받았다. 정의롭고 평등한 학교 교육과정과 수업을 창안하기 위해 교육과정 정책과 실행, 이론과 실천 사이의 역학을 항해하며 대안적 공간을 창출해나가는 교사들의 인식과 실천을 연구하고 있다. 미래인재 양성과 관련하여 고려대학교HRD정책연구소 수시과제를 담당하고 있으며, 한국과학창의재단 창의융합형 교육기부 컨설팅단 사업과제의 책임을 맡고 있다. 현재 홍익대학교 교육학과 조교수로 재직 중이다.

조현영

현상학과 미시사회학을 기반으로 한 질적 연구를 바탕으로 배움이란 무엇인가에 대하여 고민하고 있다. 최근에는 이러한 고민을 학교 교육과정에 적용하기 위한 관심으로서 교육과정 리터러시를 바탕으로 한 진로교육의 방법과 수업과 평가 혁신에 관한 연구를 진행하고 있다. 대표 저서로는 <민속방법론>과 <컨텍스트 분석과 학습의 디자인>이 있다. 현재 인하대학교 교육대학원 조교수로 재직 중이다.

엄수정

미국 콜럼비아 대학교(Columbia University) Teachers College에서 교육과정 전공으로 박사학위를 취득했다. 교육과정, 질적탐구, 포용교육, 장애학 등의 연구를 수행하고 있다. 현재 경기도교육연구원에서 부연구위원으로 재직 중이다.

고유정

고려대학교에서 학사·석사학위를 받고, 미국 텍사스대학교 오스틴캠퍼스(The University of Texas at Austin)에서 교육공학 전공으로 박사학위를 받았다. 테크놀로지의 교육적 활용, 교사교육, 수업설계를 중심으로 연구를 수행해왔으며, 최근 저서로는 <가상현실과 교육>이 있다. 현재 고려대학교 교육학과 연구교수로 재직 중이다.

유지승

이화여자대학교 초등교육과에서 학사와 석사학위를 받고, 현재 오하이오주립대학교(The Ohio States University) 교육정책 및 교사교육 전공으로 박사과정에 재학 중이다. 교육 분야에서의 빅데이터 활용에 관한 연구에 관심을 갖고 있다. 현재 서울숭신초등학교 교사로 재직 중이다.

남궁인

고려대학교 의과대학을 졸업하고 고려대학교 병원에서 응급의학과 전문의를 취득하였다. 현재 이대목동병원 임상조교수로 재직중이다. <만약은 없다> <지독한 하루> <차라리 재미라도 없든가> <제법 안온한 날들> <우리 사이엔 오해가 있다>를 썼다.

오늘 만나는 미래학교
2030 대한민국 미래교육 보고서

초판발행   2021년 8월 30일
중판발행   2021년 12월 10일

지은이   조현희·조현영·엄수정·고유정·유지승·남궁인·
             교육부 미래교육위원회·고려대학교HRD정책연구소
펴낸이   노 현

편 집   전채린
표지디자인   박현정
제 작   고철민·조영환

펴낸곳   ㈜ 피와이메이트
             서울특별시 금천구 가산디지털2로 53 한라시그마밸리 210호(가산동)
             등록 2014. 2. 12. 제2018-000080호
전 화   02)733-6771
f a x   02)736-4818
e-mail   pys@pybook.co.kr
homepage   www.pybook.co.kr
ISBN   979-11-6519-198-6   93370

정 가   18,000원

박영스토리는 박영사와 함께하는 브랜드입니다.